数量经济学科丛书

金融统计与数据分析

Financial Statistics and Data Analysis

陈南旭　主　编

贾洪文　李　昊　副主编

中国财经出版传媒集团

经济科学出版社

Economic Science Press

图书在版编目（CIP）数据

金融统计与数据分析／陈南旭主编；贾洪文，李昊

副主编 . —北京：经济科学出版社，2023.6

（数量经济学科丛书）

ISBN 978 - 7 - 5218 - 4889 - 2

Ⅰ. ①金… Ⅱ. ①陈… ②贾… ③李… Ⅲ. ①金融统

计 - 统计分析 - 教材 Ⅳ. ①F832

中国国家版本馆 CIP 数据核字（2023）第 115587 号

责任编辑：杜 鹏 武献杰 常家凤
责任校对：靳玉环
责任印制：邱 天

金融统计与数据分析

陈南旭 主 编

贾洪文 李 昊 副主编

经济科学出版社出版、发行 新华书店经销

社址：北京市海淀区阜成路甲 28 号 邮编：100142

编辑部电话：010 - 88191441 发行部电话：010 - 88191522

网址：www. esp. com. cn

电子邮箱：esp_bj@ 163. com

天猫网店：经济科学出版社旗舰店

网址：http://jjkxcbs. tmall. com

固安华明印业有限公司印装

787 × 1092 16 开 19.5 印张 370000 字

2023 年 6 月第 1 版 2023 年 6 月第 1 次印刷

ISBN 978 - 7 - 5218 - 4889 - 2 定价：49.00 元

（图书出现印装问题，本社负责调换。电话：010 - 88191545）

（版权所有 侵权必究 打击盗版 举报热线：010 - 88191661

QQ：2242791300 营销中心电话：010 - 88191537

电子邮箱：dbts@ esp. com. cn）

编委会名单

主　　编： 陈南旭

副主编： 贾洪文　李　昊

参　　编： 邓金钱　樊学瑞　张文菲
　　　　　　马　闪　严定琪　王永祥

前　言

　　2020 年 4 月 10 日，《中共中央 国务院关于构建更加完善的要素市场化配置体制机制的意见》正式发布，明确提出将数据作为一种新型生产要素。近年来，大数据、信息技术和人工智能逐渐渗透到了人类经济社会生活的方方面面，一方面，通过技术更迭催生了人们的数字化思维方式；另一方面，改变了现有行业的实践形态，推动了新行业、新业态的不断涌现。作为数据高度发达的金融领域，不可避免地"围数而动"，在数字化改革浪潮下，将"数据革命"不断引入深水区。在此背景下，我们迫切需要一本围绕"金融"和"数据"的教材，能将金融数据从理论推向实践，特别是适应我国国情的实践。但遗憾的是，当前主流教材的编写范式通常聚焦于金融学、数学、统计学或计算机科学等单一学科，国情特色也并不凸显，使读者很难抽丝剥茧，提取其所需与所求，并应用于我国实践。为此，打破学科间的天然壁垒，将金融学、数学、统计学和计算机科学等知识融会贯通于《金融统计与数据分析》，便成为本教材编写的初心，同时，秉承党的二十大精神，在传递知识的过程中，有意识地将国情特色有机融入，便成为本教材编写的标尺。

　　本教材共分为 9 章。第 1 章为金融基础知识，给出了金融学的相关术语及其概念，使我们在后续章节的论述中有统一的平台；第 2 章为金融统计数学基础知识，为后续章节中金融数据分析模型提供了数理基础，省去了我们在浩如烟海的数学世界中查找所需知识的时间；第 3 章为金融数据可视化与数据性质探索，为后续截面数据和时间序列数据分析奠定基础；第 4 章、第 5 章分别从多元统计模型和回归及诊断两个方面探索截面数据的回归分析和检验，使我们对截面数据的分析有初步的了解；第 6 章至第 8 章主要围绕常见的金融数据时间序列分析模型展开，由浅入深，从时间序列数据的平稳性检验入手，逐步到建立 ARIMA 模型、ARCH 模型和 GARCH 模型，使我们了解金融时间序列数据常见模型的建模过程；第 9 章为 R 语言应用，介绍了一个数据分析软件，同时给出了 R 语言的自主学习和成长路径。另外，本教材数据分析结果的复现也可在此找到答案。为便于读者掌据，教材最后的附录部分为大家提供了各章节实例的数据及 R 语言常见错误汇总。

围绕本教材内容，力求突出如下特色：

（1）跨学科知识体系的构建。突出当今学科多元化、跨学科发展趋势，围绕金融统计与数据分析的主要目标，我们尝试将金融学、数学、统计学和计算机科学的相关知识归纳汇总，构建跨学科知识体系，拓宽读者的知识结构，同时期望为跨学科教材建设做出微薄的贡献。

（2）思政元素的有机穿插。秉承"为党育人、为国育才"的基本理念，我们在本教材编写过程中坚持"非刻意、非生硬"的原则，将"实事求是"贯穿始终，同时向读者传递正确的人生观、世界观和价值观。

（3）金融场景的融会贯通。以便于读者理解为导向，在多学科知识介绍过程中，我们提供了金融应用场景和案例，为"呆板"的知识注入了现实的活力。

（4）章节逻辑连贯与独立性相统一。本教材的读者定位于本科生和研究生，考虑到不同群体的不同诉求，我们在章节设置过程中，既保持了连贯性，也在一定程度上保持了独立性，便于读者根据不同诉求直接锁定相关章节。

不同教材各有侧重，根据前期本教材编者的一致意见，我们决定将金融数据分析的数据类型限定于截面数据和时间序列数据，不包括面板数据类型，这样，既可以使我们分析的问题更为聚焦，也可以使"跨学科教材编写"的风险相对降低。当然，面板数据的分析是我们后续再版时要考虑的内容。

本教材编写的具体分工如下。第 1 章至第 5 章由陈南旭编写，第 6 章由邓金钱编写，第 7 章由张文菲编写，第 8 章由樊学瑞编写，第 9 章由李昊编写。陈南旭担任主编，同时负责制定本教材的编写大纲，并对整个教材进行总纂。贾洪文、马闪、严定琪对本教材进行了审读和校对，王永祥对本教材的思政环节进行了完善和补充。

感谢中央财经大学金融学博士研究生汪凡智，兰州大学 2020 级数量经济学硕士研究生李益、梅仲钦，兰州大学 2021 级数量经济学硕士研究生董北虎、王辞、翁梓煌，兰州大学 2021 级金融专业学位硕士研究生张海东、于海宏、王香、杨枝雪，他们为本教材的编写查阅了大量文献资料，付出了辛勤的劳动，并就本教材涉及的一些具体问题提出了诸多重要意见。

本教材属于兰州大学首批本科生跨学科贯通课程系列教材的重要组成，获得兰州大学 2022 年度精品自编教材建设项目立项资助，本教材的出版离不开兰州大学和经济科学出版社的鼎力相助，在此表示由衷的感谢！

虽然在本教材编写过程中，我们倾尽所能、反复校对，力求降低错误的发生率，但由于学识和能力有限，仍难免存在疏漏，希望读者不吝指正，我们深表谢意！

陈南旭

2023 年 5 月

于齐云楼

目　录

第1章　金融基础知识

在大多数人的眼中，金融是神秘的，它的运作很复杂，但实际上金融并不神秘，而是与我们的经济活动和日常生活息息相关。中央银行、国家外汇管理局可以通过制定相关金融政策，畅通国民经济循环和促进外贸出口发展；企业可以通过银行贷款、发行股票或债券等方式获得资金，扩大自身生产经营规模；居民个人收入在扣除基本生活需要后，剩余的钱可以存入银行，也可以购买保险、基金、股票等，实现套期保值。通过这些现实生活中的例子，我们可以看出，上至国家宏观经济政策，下至居民投资理财，都离不开金融市场、金融机构和金融产品。但是，你可能会进一步追问，金融市场到底是如何运作、如何来传递金融政策的呢？企业选择哪种融资方式的成本最小呢？居民在理财时，资金是投资于一种理财产品还是多种理财产品比较好呢？通过以下内容的学习，这些问题都会找到相应的答案。

我们接下来的学习目标主要有两个：一是通过学习金融统计与数据分析中常用的一些金融知识，为我们后续更深一层的学习提供一把钥匙；二是通过这些金融基础知识的学习，让我们明白，金融并不神秘，它来源于生活，服务于社会，与我们的日常生活和经济活动息息相关。我们在内容的安排方面，首先，在理解金融概念基础上，对金融在经济中的作用进行概述；其次，对金融市场的概念、构成要素、功能和结构进行介绍；再次，以货币的时间价值作为切入点，介绍了复利的相关知识；最后，按照时间顺序，对金融资产定价理论进行了介绍。我们相信通过这些内容的学习，读者对金融会有更深入的了解，对金融不再感到陌生。

1.1　金融在经济中的作用

1.1.1　什么是金融

在现代社会生活中，人们的衣食住行与经济活动都离不开金融，而且人们也在频繁地使用"金融"这个词语。但是，理论界对于金融的定义，目前仍然存在争议，没有形成统一的标准。

"金融"在我国并非古已有之，关于"金融"一词的解释，主要是伴随着东西方文化的交流与传播而逐渐丰富和完善的。现在，在大多数书籍中，将金融与finance 对应起来，在日常生活中，人们也是将其进行简单翻译并应用。

1.1.1.1 西方人关于 finance 的用法

西方人对于 finance 的使用领域比较广，对于其范畴，目前形成了最宽泛的解释、最狭窄的解释和介于两者之间的解释三种口径。

（1）最宽泛的解释。西方国家认为与货币的事务、货币的管理和金钱有关的财源等都属于 finance 的范畴。具体来说，又把 finance 划分为以下三个层次：public finance 指国家财政；corporate finance 指公司理财；personal budget 指个人理财。

（2）最狭窄的解释。这个层面的 finance 用来概括与资本市场有关的运作机制，比如股票、基金等其他金融资产价格和利率等行情的形成。西方的经济学界普遍比较认可对于 finance 的这种用法。在我国，最近几年也流行对于"金融"的狭义解释，主要是借鉴了国外学者对于 finance 的这种使用。

（3）介于两者之间的解释。介于最宽泛和最狭窄之间的口径对于 finance 的解释认为，其主要包括货币流通、资本运作和金融机构的服务等。事实上，在介于两者之间的口径中对于 finance 的解释也是不统一的。

实际上，中西方关于 finance 的用法并不是一样的，在不同的场合、不同的人群中对它的使用也不尽相同，甚至多种用法并存也很正常。即使是同一个人在同一场合，也经常多种口径同时使用。进一步，当人们将中文的金融与英文的finance进行互相对比之后发现，两者也并不是完全对等的。因此，中文金融与英文的 finance 是不能随意画等号的。我们要做的是，弄清楚两者各自的范畴，根据不同的情形合理应用。但是，我们在使用时应该牢记，若用英文标注中文的金融，仍采用 finance；用中文标注英文的 finance，仍然使用金融。

1.1.1.2 金融的概念

根据我国的实际情况，国内学者普遍认为：金融就是资金的融通，是与资金融通的工具、机构、市场和制度等相关的经济活动的总称，是经济体系的重要组成部分。金融作为资金融通的一种有机体系，以所有微观经济个体的投融资活动为基础，通过工具、机构、市场和制度等要素的相互作用，与整个经济体系中其他子体系紧密联系在一起。如此看来，我们对于金融含义的解释是一种广义的金融含义，但即使是广义的含义也要比英文的范畴窄。

金融学的研究对象非常宽泛，既包括专业金融活动，也包括政府、企业和个人的金融活动，其与许多学科有重叠与交叉。金融学学科体系如图 1－1 所示。

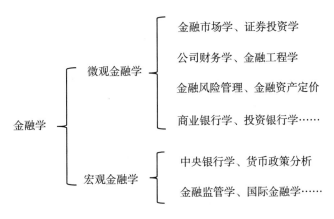

图 1－1　金融学学科体系

从金融学及其学科体系的角度来看，所谓金融学就是专门研究资金融通活动以及金融市场主体的个体行为和彼此之间相互联系与运行规律的科学。因此，在对金融的概念和金融学的概念加以阐释的基础上，我们可以依据金融体系中个体与整体的差别，对金融进一步细分，具体分为微观金融（micro－finance）和宏观金融（macro－finance）两部分。微观金融是指从金融市场主体（投资者、融资者、政府、机构和个人）的角度出发，研究其投融资活动以及金融资产的价格决定微观层次的金融活动；宏观金融是指从金融体系整体出发，研究金融体系中各个组成部分作为一个整体的行为以及金融与经济之间的相互作用。

1.1.2　金融在经济发展中的重要性

前文我们已经对金融的概念有了基本的掌握，也了解到金融市场主体的金融行为都是在金融体系这个整体环境中发生的。在现代经济生活中，金融体系（financial system）是一个内容十分庞大、复杂的有机系统，包括各种金融制度、金融市场、金融机构和金融工具等金融要素，这些要素为系统中资金融通提供了便利条件。在金融体系中，这些金融要素之间相互配合，通过吸储放贷、证券交易、调节利率等金融行为，使资金在盈余者和稀缺者之间循环，以实现购买商品和服务、扩大生产规模和投资多元化、促进经济增长和更好地满足人们生活需要的目标。

1.1.2.1 金融体系与经济体系中的流量

一个经济社会经常面临"生产哪些商品、生产多少单位、如何生产和为谁生产"四个基本问题,这也是经典经济理论必须回答的基本问题。比如,一家工厂在经营之前需要思考:是生产面包还是生产短袖?生产少量的优质短袖还是生产大量的普通短袖?使用什么设备生产?谁来操作?谁来管理?生产出来的产品由谁来使用?谁来购买?通过思考这一系列问题,我们会发现问题的本质就是如何进行资源配置。这种资源配置并不是无偿的,而是有偿的,即获得资源的一方应当为其获得的资源向资源供给方支付一定的报酬。

经济和社会通过市场交换等方式,将稀缺资源提供给最需要的生产单位和消费单位;与此同时,已获得资源的生产单位和消费单位需为其获得的资源支付相应的报酬。因此,一个经济体系必然形成商品和服务流以及资金流。经济体系中收入、支出、商品和服务的循环流动如图1-2所示。

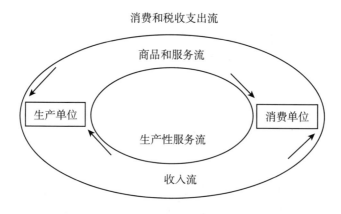

图1-2 经济体系中收入、支出以及商品和服务的循环流动

从图1-2可以看出,位于内部的环形代表投入与产出的方向。以家庭为代表的消费单位把生产要素出售给以企业为代表的生产单位,生产单位利用这些生产要素生产商品和服务,然后将其提供给消费单位。位于外部的环形代表资金流向。消费单位支付资金购买生产单位的商品和服务,生产单位将销售收入的一部分用来支付生产要素的报酬,在此过程中还会伴随着税收支出流。我们可以看出,物流和资金流是经济体系运行的两大基本流量。在经济运行中,这两大基本流量互相依赖、互相补充,缺一不可。在现代经济社会中,资金的流通转让主要通过金融体系来实现。

1.1.2.2 金融体系提供资金流动的途径

在金融体系中，资金盈余者把资金存入银行等金融机构，资金短缺者通过向银行贷款、发行股票等方式进行融资。金融体系中的金融机构与时俱进，创造出多样化的金融产品，为资金盈余者和资金短缺者进行资金融通提供了有效的途径。因此，金融体系中的资金流动不仅仅是为了满足各经济主体支付与清算的需要，更是为了满足资金供需双方的需求，在两者之间进行资金余缺调剂，而后者俨然已成为现代金融体系最基础的功能。

金融体系中的资金转移过程涉及三类重要的市场主体：最终贷款人、最终借款人和金融中介机构。最终贷款人可以是个人、企业或政府部门，也可以是国外部门，最终借款人的构成亦是如此。金融中介机构则主要是从事金融活动的金融机构，如商业银行、保险公司、投资银行等。金融体系中资金在各市场参与方之间的转移过程如图 1 – 3 所示。

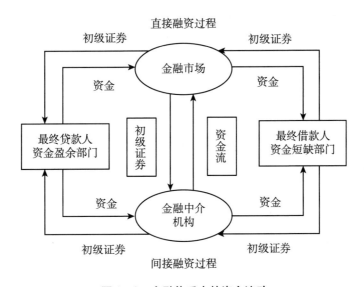

图 1 – 3 金融体系中的资金流动

我们对于金融体系中的资金流动过程进行简单概述。在资金流动过程中涉及两种融资方式，即直接融资和间接融资。直接融资行为发生时，金融体系中的资金短缺部门与资金盈余部门通过直接买卖初级证券①建立债权债务关系，只涉及两方主体，没有中介机构的介入。间接融资行为发生时，资金短缺部门与盈余部

---

① 初级证券指最终借款人为了筹集资金而发行的金融工具，如股票、债券、银行贷款合同等。

门并不直接发生直接的融资关系，而是通过银行等金融中介机构发生间接的融资关系。资金短缺部门通过购买初级证券等将闲余的资金转移到银行等金融中介机构，再由金融中介机构通过购买资金短缺部门的初级证券向其提供资金，在这里涉及三方主体。

最后，我们再对金融体系中的这两种资金融通方式的优缺点进行简单的比较。通过表1-1的分析可知，这两种融资方式各有利弊、互为补充，构成一个完整的融资体系。

表1-1　　　　　　　　　　直接融资与间接融资的比较

类型	优点	缺点
直接融资	①资金供求双方直接联系，可以灵活约定融资条件，如利率、期限等；②不用向金融中介机构支付额外的服务费用，筹资成本较低	①投资者要花费大量的时间和精力去寻找合适的交易对象；②资金供给方要承担较大的风险和责任；③在资金数量、期限、利率等方面受限于间接融资
间接融资	①金融中介机构的资产、负债多样化，能够迅速实现数量和期限的匹配；②有利于降低交易的搜寻成本和信息成本；③有利于通过分散化降低非系统性金融风险，安全性高	①隔断了资金供求双方的直接联系，在一定程度上减少了投资者对投资对象经营状况的监督；②增加了资金需求方的成本，降低了资金供给方的收益

随着直接融资方式和间接融资方式的不断完善，金融机构的专业化程度更高，金融工具也更加多样化，便利了社会生活中资金的流动，促进了金融业的健康发展。

1.1.2.3　金融是现代经济的核心

随着经济社会的发展，金融在经济中扮演着越来越重要的角色。金融的稳定、发展与安全对一个国家经济的稳定与增长乃至整个社会的安定有着举足轻重的作用。

关于金融在现代经济中的地位和作用，邓小平同志有一个著名的论断。1991年初，邓小平同志在上海视察听取上海市负责同志的工作汇报时，针对浦东新区"金融先行"的做法，明确指出："金融很重要，是现代经济的核心。金融搞好了，一着棋活，全盘皆活。"邓小平同志透过现代经济纷繁复杂的表象，敏锐地抓住了现代经济的核心，对金融在现代经济中的作用给出了科学定位，深刻地揭示了现代经济与金融之间的辩证关系。金融活动日益广泛地渗透到经济生活中，金融在调节经济中发挥的作用越来越重要，对此，习近平总书记曾强调："金融是现代经济的核心，保持经济平稳健康发展，一定要把金融搞好。"①

1.2　金融市场

在现代金融体系中，金融市场对经济运行起着至关重要的作用。金融市场是进行资金合理配置，引导资金由盈余部门流向短缺部门的市场，为资金供求双方进行资金余缺调剂、实现有价证券买卖、办理各种票据业务等提供了便利。接下来，我们将主要介绍金融市场的概念、金融市场的构成要素、金融市场的功能和金融市场的结构这几个方面的内容。

1.2.1　金融市场的概念

金融市场的含义有广义和狭义之分。广义的金融市场是指货币和资本的交易活动、交易技术、交易制度、交易产品和交易场所等的集合，是货币资金或金融商品进行交易活动的场所，也是资金融通的场所。狭义的金融市场是以金融资产为交易对象而形成的资金供求关系的总和，通过金融市场的交易活动沟通资金供求双方的关系，实现资金的直接融通或间接融通。

我们通常所说的金融市场主要指狭义的金融市场，具体包括三层含义：一是金融市场是进行金融资产交易的有形和无形的场所；二是金融市场反映了金融资产供应者和需求者之间的供求关系；三是金融市场包含交易过程中金融资产所产生的各种运行机制，其中最主要的是价格（包括利率、汇率及各种证券的价格）机制。

在这里，金融资产作为金融市场上的交易对象，泛指一切代表未来收益或资产合法要求权的凭证，又称为金融工具或者金融产品。金融资产可以划分为两大类：一类是以债务和权益为代表的基础性金融资产；另一类是以远期、期货、期权和互换等为代表的衍生性金融资产。在金融市场上，人们通过买卖金融资产实现资金盈余部门向资金稀缺部门的转移。比如，人们将闲置的资金投入股票市场进行投资，资金通过这种交易行为实现了从盈余方向稀缺方的转移，实现了资源的重新配置。从这个意义上来说，金融资产又可以称为金融工具。再者，我们将其与商品产品相比，其作为买卖的对象，又可以被称为金融产品。

---

① 2017 年 4 月 25 日，习近平总书记主持中共中央政治局第 40 次集体学习。

1.2.2　金融市场的构成要素

世界各国的金融市场发展到了什么阶段虽然不尽相同，但就金融市场自身的构成要素而言，都包括金融市场主体（市场参与者）、金融市场客体（交易对象）、市场组织和管理机构、清算机构和中介机构这几个要素。金融市场的主要构成要素如图 1-4 所示。

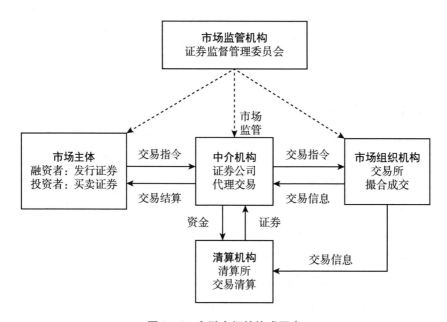

图 1-4　金融市场的构成要素

如图 1-4 所示，金融市场的主体（融资者和投资者）通常并不直接进行交易，而是通过金融中介机构（证券公司、投资银行等证券经纪商）进行交易。金融中介机构受融资者的委托，公开或非公开地发行证券，或者在接受投资者的交易指令后，代理投资者在交易所进行证券交易。随着网络技术的快速发展，融资者和投资者只需及时关注金融市场行情，便可通过计算机网络、电话等向金融中介机构下达交易指令，在交易所的计算机自动进行撮合交易。除此之外，一个规范的金融市场在运作时，还需提供清算服务。清算机构（清算所）的设立，清算所会员（证券公司、投资银行等证券经纪商）每天只需要集中进行一次结算，就能完成交易的结算过程。最后，为了对金融市场的运行进行有效监管，我国还设立了证券监督管理委员会、国家金融监督管理总局等监管机构。

1.2.2.1　金融市场主体

一般而言，金融市场的主体也就是金融市场的参与者，主要有政府部门、工商企业、居民个人与家庭、金融机构和中央银行等，下面分别予以说明。

（1）政府部门。政府部门一般是资金的需求者，政府通常在货币市场和资本市场上通过发行国库券和国债来筹集资金，从而弥补财政赤字、促进产业发展、改善基础民生。比如，2020 年新冠疫情期间，政府曾发行国债筹集资金，推进疫情防控工作和促进经济发展。

（2）工商企业。工商企业对于资金的需求仅次于政府，它们既通过商业银行等金融机构筹集短期资金满足临时性的生产需要，又通过发行股票或债券等筹措长期资金满足长期经营活动。与此同时，工商企业也是资金供给者，为了获得更高的利益，会将其闲置资金进行投资、套期保值，使其发挥最大的效益。

（3）居民个人与家庭。居民个人与家庭一般是金融市场上主要的资金供给者。人们为了预防未来支出的不确定性，如重大疾病的医疗费支出、子女教育支出等，通常会将一部分资金存入银行。与此同时，居民个人与家庭又会将一部分资金投资于资本市场、保险市场或黄金市场，通过金融资产的投资组合，在承担风险的同时获取一定的收益。

（4）金融机构。金融机构是金融市场上比较特殊的主体：一方面，金融机构充当资金供给者和需求者的中介，能够化储蓄为投资；另一方面，金融机构作为金融市场上的资金供给方，通过购买各种金融产品提供资金，而作为资金需求方，则通过发行和创造金融工具获取资金。

（5）中央银行。中央银行在金融市场上扮演着双重角色，既是金融市场的交易主体，又是金融市场的监管者。首先，中央银行可以通过公开市场操作进行有价证券买卖，调节货币供应量；其次，中央银行作为银行的银行，还充当最后贷款人的角色，为商业银行提供贷款，缓解商业银行的流动性困难。

1.2.2.2　金融市场客体

金融市场客体就是金融市场的交易对象，一般是指以具体金融工具的形态出现，在交易时作为债权、债务关系的凭证。金融工具的类型纷繁复杂，基本金融工具包括股票、债券、外汇和存单等，派生金融工具包括期货、期权和互换等。这些丰富多样的金融工具，既满足了资金供需双方在资金数量、期限和利率等方面的不同需要，也推动了各种形式的金融子市场的形成。

1.2.2.3 金融市场的组织方式

金融市场的组织方式是指组织金融工具交易时所采用的方式。金融市场的组织方式受到市场自身的发达程度、科技的发展水平、交易主体的意愿等因素的影响。金融市场的组织方式主要有以下三种：一是场内交易方式，即有固定场所、有制度、集中进行交易的方式，如交易所交易方式；二是场外交易方式，即在证券交易所之外各金融机构柜台上买卖双方进行面议的、分散交易的方式，如柜台交易方式；三是电信网络交易方式，即没有固定场所，交易双方也不直接接触，主要借助电子通信或互联网技术手段来完成交易的方式。

这几种交易组织方式各有特点，分别可以满足不同的交易需求，在一个完善的金融市场上，这几种交易方式一般是并存的。

1.2.2.4 金融市场价格

金融市场交易活动要正常运行，还必须有一个健全的价格机制来支撑，因此，金融市场的价格也是金融市场的基本构成要素之一。金融资产的交易价格如银行存款利率、股票收益率和保险费率等，与交易者的收益密切相关，目前常见的用来表示金融资产价格的是利息、利率和汇率等。

金融市场的四个基本要素之间紧密联系、彼此推动、相辅相成。这四个基本要素之中，只要金融市场主体与金融市场客体这两个基本要素存在，金融市场便会产生。随着金融市场的组织方式和金融市场价格这两个要素的出现，金融市场变得更加发达和完善。

1.2.3 金融市场的功能

金融市场的运作规律与发展特征明显不同于市场体系中的其他市场，在市场体系中有着独特的地位。这使得金融市场具有促进所有权交易、提供流动性、孕育金融机构的发展这三种明显不同于其他市场的基本功能。我们进一步将这三种基本功能具体化，把金融市场的功能归纳如下。

1.2.3.1 资金融通功能

资金融通是金融市场的首要功能。在经济社会中，有资金富余的一方，也必然有资金短缺的一方。金融市场通过提供多种融资方式，创造各种金融工具，为资金富余的一方拓展了投资理财的途径，也为资金短缺的一方提供了融资的机会。金融市场的这一功能，促使资金在不同主体之间融通，并且随着科技的进步，使得资金融通打破了时间、地区和行业的限制，进一步提高资金利用效率。

1.2.3.2 风险管理功能

金融市场上有多种融资方式可供交易主体选择，与此同时，各式各样的金融工具在期限、收益以及流动性等方面存在差别，使投资者能够灵活运用各种金融工具来分散和规避风险。金融市场越发达，金融工具的种类越丰富，越能满足交易主体分散和转移风险的需求。但是，需要注意的是，金融市场只是提供了一个分散和回避风险的平台，并不能完全消除进行金融交易活动所带来的风险。

1.2.3.3 支付与清算功能

金融市场提供的支付与清算服务，为交易主体完成购买商品、劳务和资产交易提供了途径，这是金融市场的又一重要功能。随着现代信息技术的发展，建立在互联网信息技术基础上的现代支付、清算系统使得企业和个人在支付款项时更加高效、便捷。建立一个高效的、安全可靠的支付与清算系统是现代经济运行的基本需要，支付与清算系统越发达，社会交易成本越低，生产效率越高。

1.2.3.4 价格发现功能

金融领域的价格信息，如利率、汇率和股票收益率等，对于经济部门、企业、家庭和个人制定投资决策、融资决策、风险管理决策的重要性是不言而喻的。金融市场提供了公平、公正、高效的交易运行机制，使得金融价格能够更加真实、权威。同时，随着通信技术的不断发展，打破了时间和地区的限制，金融市场上形成的价格信息能够传递至全国各地，甚至到世界各地，使得金融价格日趋国际化。

1.2.3.5 资本积累功能

资本积累功能是指金融市场引导众多分散的小额资金汇聚，然后将其转化为可以投入社会再生产的资金集合的功能。在这里，金融市场发挥着"蓄水池"的作用，调剂资金余缺：一方面，金融市场促进了金融资产的流动性；另一方面，金融市场创造了具有储蓄财富、保有资产和财富增值的金融产品，为资金供应者提供了投资的出路。

1.2.3.6 提供信息和解决激励问题

金融市场为交易主体提供了各式各样的金融产品和工具，与此同时，还为投资者提供了各种金融信息，为交易主体进行投融资决策提供了信息支持。此外，金融市场还提供了解决激励问题的途径，在公司治理中经常存在着道德风险与逆向选择、委托—代理问题，随着金融市场发达程度的提高，这类问题得到了有效缓解。比如，随着银行等金融机构的业务越成熟，对于风险识别、管理的成本越低，这类金融业务的应用范围不断扩大，有助于降低道德风险。再比如，将代理人的利益与公司的股票价格挂钩，使代理人与委托人的利益趋于一致，进而有利于缓和委托—代理的矛盾。

1.2.3.7 传递政策效应

现代金融市场是传递中央银行政策信号、开展宏观金融调控活动的重要场所。首先，随着金融市场改革的深化，我国货币政策传导机制也在不断完善。其次，政府部门在金融市场上发行国债筹集资金，为财政政策、产业政策的实施提供保障。最后，金融市场的各个子市场是紧密联系、互相影响的，能够迅速传递信息，使得货币政策、财政政策的影响范围更大。

1.2.4 金融市场的结构

在现代经济条件下，一个完整的金融市场由各类功能不尽相同的子市场构成，这些子市场相互联系、相互依赖，共同形成金融市场的有机整体。同时，金融市场的结构也因这些子市场的不同组合方式而呈现多样化的形态。金融市场的主要结构如图 1 - 5 所示。

如图 1 - 5 所示，金融市场这个有机整体，按照不同的标准分类，其结构也不同，下面将从多个角度对金融市场进行分类。

1.2.4.1 按照交易性质分类

按照交易性质划分可以将金融市场划分为发行市场和流通市场。发行市场又称为一级市场，是资金需求者将股票和债券等有价证券出售给公众的市场。工商企业、金融机构和政府部门等可以通过发行股票或债券的方式筹集资金，这些融资活动都是在发行市场进行的。流通市场通常也被称为二级市场，是指股票和债券等有价证券发行后在不同的投资者之间买卖、流通和转让的市场。

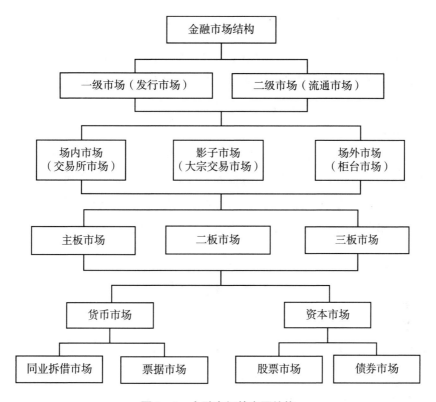

图 1 - 5 金融市场的主要结构

1.2.4.2 按照地理范围分类

按照地理范围划分为国内金融市场和国外金融市场。国内金融市场是指资金融通与资金交易等金融活动仅限于一国之内，金融工具也多由国内金融机构发行。国内金融市场进一步又可分为全国性的、区域性的和地方性的金融市场。国际金融市场是指金融交易主体与交易对象跨越国界、在不同国家之间进行资金融通与资金交易的市场。

1.2.4.3 按照交割期限分类

按照交割期限划分为现货市场和期货市场。现货市场是指交易双方在交易协议签订后立即进行交割的市场，通常在两个交易日内进行完成交割。期货市场是指交易双方在交易协议达成后并不立即交割，而是约定在未来某一特定时间进行交割的市场，也就是说，在期货市场上，成交与交割在不同时间进行，两者在时间上相分离。

1.2.4.4　按照交易标的分类

按照交易标的物的性质划分为衍生工具市场、黄金市场、证券市场和票据市场等。衍生工具市场是指各种衍生金融工具进行交易的场所，衍生金融工具是在原生金融工具的基础上发展起来的，主要包括远期合约、期货合约、期权合约和互换协议等。黄金市场是指进行黄金买卖交易的场所，黄金作为国际储备资产，在国际支付中也发挥着重要的作用，因而黄金市场也是金融市场的重要组成部分。证券市场主要是股票、债券、基金等有价证券发行和转让流通的市场。票据市场作为货币市场的重要组成部分，为各种票据进行交易提供了场所，按交易方式的不同，票据市场又可分为票据承兑市场和贴现市场。

1.3　复　利

复利曾被人们认为是世界第八大奇迹，复利可以让我们的资金变得越来越多，多到难以想象。在大多数人的眼中，想要实现的投资理财目标越大，需要投入的初始资金也就越大。但是，在复利的作用下，尽管最初用来投资理财的资金很少，但随着时间的推移，资金会实现指数般的增长。其中涉及的有关复利的知识，是接下来所要学习的内容。

1.3.1　货币时间价值

1.3.1.1　货币时间价值的概念

在现实生活中，今天的 1 元钱比一年后的 1 元钱更加值钱，因为我们可以把今天的 1 元钱存入银行，一年后从银行获得的本金与利息之和大于 1 元。对于这种金融现象，我们通常用"货币时间价值"来进行解释。所谓货币时间价值，就是同等金额的货币在现在的价值要大于其在未来的价值。

对于货币为什么会产生时间价值，我们可以通过一个例子来理解。假设你有 100 万元，存入银行后，你将失去现在消费这 100 万元和选择其他金融工具的机会和权利，对此，你通常会要求一定的补偿。因此，货币时间价值的来源主要有两个方面，即放弃当前消费机会和选择其他金融工具权利的时间补偿，这种时间补偿主要是通过利息来体现的。

最后，需要注意的是，在现实生活中，当人们放弃当前的消费机会和选择其他金融工具的权利时，由于风险和通货膨胀因素的存在，人们通常会要求更高的回报率。因此，我们所说的货币时间价值，是剔除了风险和通货膨胀因素后的时间价值。

1.3.1.2　货币时间价值的体现

货币时间价值使货币蒙上了一层面纱，给人们带来一种神秘感，似乎货币能够自动带来额外收入，事实并非如此，因为这关乎利息来源的问题。

利息是信用关系中资金借入方支付给资金借出方的报酬，是在未来一定期限内，需要在本金之外额外支付的资金，因此，利息也就成为货币时间价值的具体体现。在现实生活中，不能单纯地通过比较利息额来衡量货币的时间价值，因为不同的本金数额会产生不同的利息额。为了更加精确地衡量货币的时间价值，还需引入其他指标。

因此，本教材中引入利率的概念，利率又称利息率，是指在借贷资金期满时利息额与本金的比值。利率与利息相比能够不受最初本金数额的影响，使得货币的时间价值能够进行比较，更加适合用来体现货币的时间价值。

1.3.2　复利终值和复利现值

1.3.2.1　单利与复利

利息的多少取决于本金和利息率水平，单利法和复利法是计算利息的两种基本方法。

单利是指在计算一定时期内的利息时以最初的本金为基数进行计算，当期产生的利息不作为下一期的本金，不重复计算利息。单利计算起来简单、方便，一般用于短期信用。单利的计算公式如下：

$$I = P \cdot r \cdot n \tag{1.1}$$
$$S = P + I = P(1 + n \cdot r) \tag{1.2}$$

其中，I 为利息额；P 为本金；r 为利息率；n 为借款期限；S 为本金与利息之和，简称本利和。

【例 1-1】假设你有一笔期限为 5 年、年利率为 5% 的 100000 元的银行贷款，到期后按单利计算，应该支付给银行多少利息？本利和为多少？

利息：$100000 \times 5\% \times 5 = 25000$（元）

本利和：$100000 \times (1 + 5\% \times 5) = 125000$（元）

复利是指在计算利息时不仅本金要计算利息，而且利息也要计算利息，即所谓的"利滚利"。按这种方式，上一期的利息会和本金一起作为计算下一期利息的基数。复利的这种计算方式充分体现了货币时间价值的含义。因此，在讨论货币的时间价值时，通常采用复利进行计算。复利的计算公式为：

$$S = P(1 + r)^n \qquad (1.3)$$

$$I = S - P = P[(1 + r)^n - 1] \qquad (1.4)$$

【例1-2】假设你有一笔期限为5年、年利率为5%的100000元的银行存款，到期后按复利计算，银行应该支付给你多少利息？本利和为多少？

本利和：$100000 \times (1 + 5\%)^5 = 127628.1562$（元）

利息：$127628.1562 - 100000 = 27628.1562$（元）

随着期限的延长，可以发现上述两种利率计算结果的差距会越来越大。

1.3.2.2　现值与终值

经济学上对于货币时间价值通常用现值（PV）和终值（FV）来反映。

复利终值是指当前拥有的一笔资金按一定的利率计算，在未来某一时期所获得的资金总额，计算公式为：

$$FV = C_0(1 + r)^t = PV(1 + r)^t \qquad (1.5)$$

其中，FV为终值；PV为现值；r为利率；t为期数。

【例1-3】假设某银行的年利率为6%，你现在拥有100000元，将这笔钱存入该银行，5年后的终值是多少？

可按照复利终值公式计算，即：

$$100000 \times (1 + 6\%)^5 = 133822.5578$$（元）

复利现值是指未来某一时期获得或支出的资金，按照一定的利率计算，折算为当前的价值，计算公式为：

$$PV = \frac{C_t}{(1 + r)^t} = \frac{FV}{(1 + r)^t} \qquad (1.6)$$

该式中各个符号的含义与式（1.5）相同。

【例1-4】假设某银行的年利率为6%，你期望5年后得到100000元，你现在应该存入银行多少钱？

可通过复利现值公式计算得到，即：

$$\frac{100000}{(1+6\%)^5}=74725.8173（元）$$

不同利率和不同期限对于复利终值和复利现值的影响如图 1-6 和图 1-7 所示。图 1-6 的横轴表示时间，纵轴表示 1 元人民币的终值；图 1-7 的横轴依旧表示时间，纵轴表示 1 元人民币的现值。我们可以发现，利率越高，1 元人民币的终值随时间增长得越快；利率越高，1 元人民币的现值随时间下降得越快。

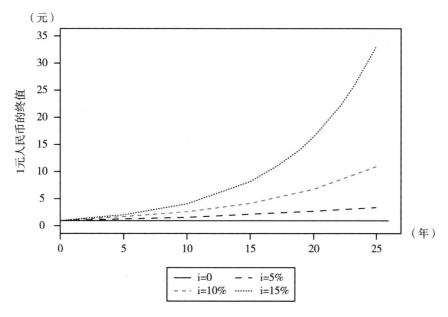

图 1-6　复利终值与利率及时间之间的关系

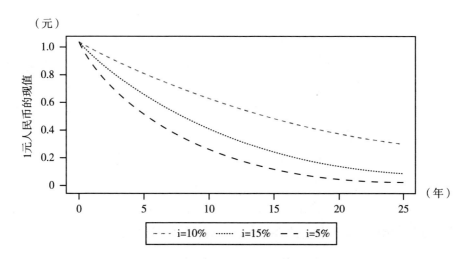

图 1-7　复利现值与利率及时间之间的关系

对复利现值和复利终值这两个概念有了基本了解之后，我们可以利用这两个工具选择最适合自己的投资方案。在现实生活中，一个投资项目大多是连续多期的，在利率水平既定的情形下，通过把投资于某一项目未来可以收到的现金流的现值进行相加，即可计算出该投资项目在今天的价值，我们可以据此对多个投资项目进行比较，从而帮助我们做出理性的投资选择。

学习完有关复利的知识后，我们可以告诉大家一个事实：在投资过程中，不是看你每天能否赚 100 元，也不是看你一年能否赚 100 元的几倍，而是看你能否每年在不赔钱的情况下稳赚 100 元本金的 30%，并且长期坚持下去。对于投资者来说，短时间的暴利不能说明他在金融领域的成功，也不能代表他长期投资的胜利，而经常的微利却可以转化成长期的巨大盈利。

1.4　资产定价理论

金融学主要研究人们在不确定的环境中如何进行资源的最优配置。在进行资源配置的过程中，决策者关注的核心问题就是资产的价格，而金融资产的最大特点就是其结果无法事先预料，因此，金融资产的定价也成为金融理论研究中最重要的问题之一，金融资产定价理论是金融学的核心问题。在资产定价理论发展完善的过程中，数理方法和计算机技术的进步是其不断前进的动力。

1.4.1　20 世纪 50 年代以前的资产定价理论

20 世纪 50 年代一般被看作是资产定价理论发展的分水岭，在此之前，可以看作是资产定价理论的萌芽期。巴舍利耶（Bacelier，1900）在其论文《投机理论》中，通过对巴黎股票市场运行规律的研究，首次将布朗运动应用到金融资产中，为后来资产定价理论的发展奠定了基础。在《投机理论》中，他指出股票价格的运行符合随机模型，并且认为价格变化服从鞅过程。这为研究股票价格变化提供了新思路，为后来期权定价公式的研究产生了直接的影响。

在路易斯·巴舍利耶理论研究的基础上，威廉姆斯（Williams，1938）在其著作《投资价值理论》中指出，股票价格等于未来股利折现值的总和，这也就是股票内在价值的理论基础。股票内在价值的具体计算公式如下：

$$P = \frac{D_1}{1 + r_1} + \frac{D_2}{(1 + r_2)^2} + \cdots + \frac{D_t}{(1 + r_t)^t} + \frac{P_t}{(1 + r_t)^t} \qquad (1.7)$$

其中，P 为股票的内在价值；D_t 为第 t 年的预期股利；P_t 为第 t 年的市场价格；r_t 为第 t 年的贴现率。

后来的学者对于股利折现进行了完善，进一步提出了现金流贴现模型，认为任何资产的价格都是未来一定时期产生的现金流按照一定的贴现率进行贴现的结果。

1.4.2   20 世纪 50～80 年代的资产定价理论

20 世纪 50 年代开始，资产定价理论的发展进入了新领域，在这一时期产生了许多重要的资产定价模型。

1.4.2.1   投资组合理论

现金流贴现模型中的现金流作为资产定价的核心，并没有解决与风险度量和风险溢价相关联的问题。因此，马科维茨（Markowit，1952）提出了投资组合理论。该理论基本假定如下：

a. 所有投资者都是规避风险的；

b. 所有投资者处于同一单期投资期；

c. 投资者以证券收益率的均值和方差为判断依据，选择投资组合。

投资组合理论认为，理性的投资者在依据收益率的均值和标准差进行投资组合选择时通常遵循以下两个原则：一是标准差相同时，选择均值最大的组合；二是均值相同时，选择标准差最小的组合。从而使投资者选择的投资组合在给定期望收益率时，实现风险最小化的目标。

投资组合收益率的计算公式如下：

$$\bar{r} = \sum_{i=1}^{n} w_i \bar{r}_i \tag{1.8}$$

其中，$\bar{r}$ 代表投资组合的收益率；w_i 代表投资组合中每种资产的权重；$\bar{r}_i$ 代表每种资产的期望收益率。

投资组合风险的计算公式为：

$$\sigma_p = \left(\sum_{i=1}^{n} w_i^2 \sigma_i^2 + 2 \sum_{0 \leqslant i < j \leqslant n} w_i w_j \sigma_i \sigma_j \rho_{ij} \right)^{\frac{1}{2}} \tag{1.9}$$

其中，σ_p 代表投资组合的风险水平；σ_i 代表每一种资产收益率的标准差；ρ_{ij} 代表资产 i 收益率和资产 j 收益率的相关系数。

在现实生活中，投资者通常遵循投资分散化的原则，在一个投资组合中，所包含的资产种类是丰富多样的。投资者可以将一部分资金投资于股票、债券，还可以将一部分资金作为银行存款，以此达到获取收益的同时降低风险的目标。投资组合的风险，按照能否通过增加资产种类来消除分为系统性风险和非系统性风险，非系统性风险可以通过增加资产的种类来消除。一个投资组合的风险与所包含的资产种类数量之间的关系如图 1-8 所示，横轴表示投资组合中所包含的资产种类的数量，纵轴表示组合收益率的标准差，也就是投资组合的风险。随着资产组合中资产种类的增加，非系统性风险可以被消除，最后只剩下系统性风险。

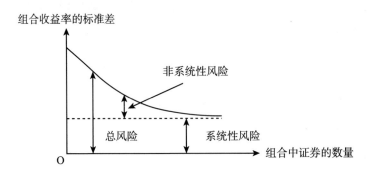

图 1-8 资产组合中系统性风险和非系统性风险

在此基础上，马科维茨还提出了有效边界理论，他认为，在同一风险水平下，有多个投资组合供人们进行选择，但这些投资组合中，只有一个组合的投资收益率是最高的，也是最优的，该组合被称为有效资产组合（如图 1-9 所示）。

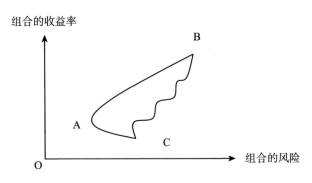

图 1-9 资产组合的有效边界

从图 1-9 中我们可以看到，区域 ABC 内的任何一点都代表一种投资组合，但只有 AB 段曲线上的资产组合是有效组合，因为这一段曲线上的投资组合可以在风险相同的情况下获得最高的收益率。

1.4.2.2　资本资产定价理论

夏普（Sharpe，1970）等在马科维茨投资组合理论的基础上，提出著名的资本资产定价模型。该模型在投资组合理论假设条件的基础上又增加了以下几个假设：

a. 所有投资者对同一证券的所有统计特征（均值和协方差）等有相同的认识；

b. 市场是完全的，即没有税负和交易费用等；

c. 存在可供投资的无风险证券，投资者可以以无风险利率无限制地进行借贷或卖空一种证券。

投资组合理论中的资产都是风险资产，在资本资产定价模型中，资产组合不仅包括风险资产，还包括无风险资产。我们用 F 代表无风险资产①，用 M 表示风险资产组合，则新的投资组合可以用 F + M 来表示。

新的投资组合的收益率为：

$$\overline{r} = w_f r_f + w_m \overline{r}_m \tag{1.10}$$

风险为：

$$\sigma = \left(w_f^2 \sigma_f^2 + w_m^2 \sigma_m^2 + 2 w_f w_m \sigma_f \sigma_m \right)^{\frac{1}{2}} \tag{1.11}$$

其中，$\overline{r}$ 表示资产组合的收益率；w_f 和 w_m 分别表示无风险资产和风险资产组合的权重；σ_f 和 σ_m 分别表示无风险资产和风险资产组合的标准差。

资本资产定价理论在确定了投资组合中资产的种类之后，又进一步讨论了单一风险资产的定价问题，认为单一风险资产的收益率由无风险利率和风险溢价组成，用公式表示为：

$$E(r_i) = R_f + \beta_i \times \left[E(r_m) - r_f \right] \tag{1.12}$$

$$\beta_i = \frac{cov(\sigma_i, \sigma_m)}{\sigma_m^2} \tag{1.13}$$

其中，$E(r_i)$ 为资产 i 的期望收益率；r_f 为无风险利率；$E(r_m)$ 为风险资产组合的期望收益率；β_i 为证券 i 与风险资产组合②之间的相关系数。

---

① 无风险资产通常指政府债券，在进行计算时，假定其风险为零。

② 该风险资产组合包括风险资产 i。

1.4.2.3 套利定价理论

斯蒂芬·罗斯（Stephen Ross，1976）提出的套利定价理论是资本资产定价理论的又一大发展。套利定价理论认为投资者的套利主要来自买卖资产的差价，具体而言，就是在买入高收益率资产的同时卖出低收益率资产。在此基础上，该理论还指出资产收益受到多种因素的影响，而非单一市场风险因素。套利定价模型的一般表达式如下：

$$\bar{r}_i = r_f + \beta_{i,f_1}(\bar{r}_{f_1} - r_f) + \beta_{i,f_2}(\bar{r}_{f_2} - r_f) + \cdots + \beta_{i,f_n}(\bar{r}_{f_n} - r_f) + \varepsilon \quad (1.14)$$

其中，$\bar{r}_{f_n}$ 为第 n 个风险要素的期望收益率；r_f 为无风险利率；β_{i,f_n} 为第 n 个风险要素的溢价系数；ε 为不可预测的其他风险。

套利定价模型与资本资产定价模型相比，显得更加科学，更切合实际，为后来期权定价模型的推导奠定了基础。但是，由于套利定价模型考虑了众多的风险因素，复杂程度高，在具体操作过程中可能存在一定的困难。

1.4.2.4 期权定价理论

期权的价格就是期权费，所谓期权费就是期权买入方支付期权卖出方的费用。布莱克和斯科尔斯（Black and Scholes，1973）等对期权定价进行了研究，并提出了著名布莱克—斯科尔斯定价模型。

布莱克—斯科尔斯定价模型有以下几个假定条件：

a. 在期间内欧式期权的价格持续变动；

b. 期间内无风险利率不变；

c. 资产指的是股票，并且在此期间内不支付股利。

在上述假设下，看涨期权的定价公式为：

$$C = S(t)N(d_1) - EN(d_2)e^{-r_f(T-t)} \quad (1.15)$$

其中，$d_1 = \dfrac{\ln[S(t)/E] + (r_f + \sigma^2/2)(T-t)}{\sigma\sqrt{T-t}}$，$d_2 = \dfrac{\ln[S(t)/E] + (r_f - \sigma^2/2)(T-t)}{\sigma\sqrt{T-t}} = d_1 - \sigma\sqrt{T-t}$。这里，C 为看涨期权的价格；S(t) 为 t 时刻的股票价格；E 为执行价格（行权价格）；T 为执行日（行权日）距离现在的时间（年）；r_f 为无风险利率；N(d) 为标准正态随机变量小于 d 的概率；$N(d_1)$ 为按照股票价格加权的行权概率；$N(d_2)$ 为期权被行权的概率。

进一步，看跌期权的定价公式为：

$$P = EN(-d_2)e^{-r_f(T-t)} - S(t)N(-d_1) \qquad (1.16)$$

以上两个期权定价公式使投资者能够更加直观地了解期权价格，因而得到了广泛的应用。

1.4.3 20世纪80年代以后兴起的行为金融资产定价理论

资产组合理论、资本资产定价理论和套利定价理论等传统资产定价理论，在研究过程中假定投资者是理性的。但是，在现实生活中，投资者并非均为理性，投资者的心理因素可能会干扰他们做出最优的决策。另外，还存在一些市场异象，如期间效应、股权溢价等现象，传统资产定价理论无法对其做出科学的解释。因此，许多学者开始研究投资者的行为和情绪对于金融决策的影响，促进了行为金融资产定价理论的产生和发展。

1.4.3.1 传统资产定价理论无法解释的现象

（1）格罗斯曼—斯蒂格利茨悖论。法玛（Fama，1965）依据投资者能够获得的信息种类，将有效市场分为三个层次：弱式有效市场（weak - form，EMH）、半强式有效市场（semi - strong - form，EMH）和强式有效市场（strong - form，EMH）。有效市场假说①认为，如果市场是有效的，任何信息都会通过资产价格立刻体现出来，人们无法从中获取超额收益，但格罗斯曼和斯蒂格利茨（Grossman and Stiglitz，1976）对此提出了质疑。他们认为，如果市场是有效的，任何信息都是公开的，就不会有人花费大量的成本去搜集信息，如果没有人去搜集最新的信息，这些信息将不会立刻体现在资产的价格上，市场就不是有效的。该悖论成为挑战有效市场假说的经典案例。

（2）反转效应与动量效应。最早发现反转效应的是经济学家邦特和塞勒（Debondt and Thaler，1985），他们在发表的一篇论文中将美国股票市场1926～1982年的股票按照其前3年的表现分为收益最高和收益最低的两组分别进行投资组合。5年之后，通过计算发现，前3年表现很差的股票反而带来了更高的收益，这种现称为股票收益的反转效应。动量效应是杰格迪什和泰特曼（Jegadeesh and Titman，1993）提出的。他们发现，以前3～12个月盈利的股票组合，在未来3～12个月依旧整体表现得比较好；以前亏损的股票组合，在未来一段时间

---

① 有效市场假说的三个前提条件：证券交易无成本；投资者无偿获得所有利息；所有投资者对信息的解释基本一致。

后，带来的收益依旧很低。对于投资者而言，可以结合自身实际情况，利用上述规律在股市中获取超额收益。

（3）期间效应。期间效应存在于很多国家的股票市场中。实证检验发现，在星期一，股票收益率为负值的可能性远远大于为正值的可能性。另外，还有一些研究表明，1月份的股票收益明显高于一年之中的其他月份。这些现象被统称为"期间效应"。

（4）孪生股票价格差异之谜。现代金融学认为，在套利机制的作用下，本质相同的两个股票在市场中的交易价格应该是相同的，但是，现实中却出现了相同证券存在不同价格的现象。这种现象被称为"孪生股票价格差异之谜"，我国A股市场和H股市场上经常出现此类现象，但有效市场假说很难充分解释这种现象。

除了以上列出的市场异象外，还有一些市场异象，如股权溢价、封闭式基金折价之谜、投资性泡沫等。经典金融学曾通过放宽有效市场的假设、加入交易成本、改变风险的衡量方式等，试图解释这些现象，但最终发现，这些改进方法是不可行的，并不能有效地解释众多的市场异象。

1.4.3.2　行为金融资产定价理论

实践证明，经典金融学家的改进是不可行的，因此，行为金融学家则试图从投资者的行为和心理因素等角度出发，对各种市场异象进行解释。

（1）噪声交易理论。朗等（Long et al. , 1990）提出了噪声交易理论，该理论将市场中的交易者分为理性交易者和噪声交易者。理性交易者能够严格按照资本资产定价理论，根据市场信息做出正确的决策；噪声交易者通常会受认知偏差的影响，做出非理性的决策。这些理性行为和非理性行为，将共同决定资产的定价。该理论进一步指出，在这种市场环境下，噪声交易者获得的收益可能高于理性投资者获得的收益。

（2）BSV模型。巴韦里斯、施莱费尔和维什尼（Barberis, Shleifer and Vishny, 1998）认为，投资者依据公开信息预测未来的现金流时会出现一些系统性错误，进而导致金融市场上异象的产生。因此，他们尝试通过建立模型来解释这种现象，该模型简称BSV模型。该模型在研究交易者的投资决策行为时引入了心理偏差因素。该模型认为，投资者在进行决策时经常存在选择性偏差和保守性偏差两种错误形式：选择性偏差是指投资者不重视数据的总体特征，仅仅关注数据近期的变化形式；保守性偏差指投资者对新信息的敏感度较弱，不能及时根据新信息来调整自己的预测模型。

（3）DHS 模型。丹尼尔、赫什莱佛和苏普拉纳玛雅（Daniel，Hirshleifer and Suhramanyam，1998）从信息的角度建立了描述投资者行为的模型，简称 DHS 模型。该模型按照私有信息状况，将投资者分为无信息的投资者和有信息的投资者两类。无信息的投资者在进行投资时不存在决策偏差；有信息的投资者则存在过度自信和有偏的自我归因。过度自信导致投资者盲目自大，有偏的自我归因导致投资者过分关注未公开的私人信息。

行为金融资产定价理论在一定程度上弥补了传统金融资产定价理论的缺点，更加切合现实生活，更加具有说服力。但是，行为金融资产定价理论仍然存在一些缺点，比如不能全面获得投资者的数据、无法进行实践检验。因此，我们认为，行为金融资产定价理论今后的发展趋势是要将一些重要的理论模型继续进一步深化，形成完整的理论体系，并且能够进行实践检验。

本章小结

本章在理解金融概念的基础上，通过介绍金融在经济中的作用、金融市场、复利与资产定价理论的知识，展示了掌握金融基础知识在后续学习和日常生活中的重要性。掌握一些金融基础知识，不仅可以帮助我们为后续其他知识的学习夯实基础，还可以帮助我们更好地理解现实生活中的金融现象，更好地制订理财计划。作为后续学习的基础，本章首先介绍了金融在经济中的重要地位；其次介绍了为资金融通提供场所的金融市场，为了进一步了解货币资金是如何升值的，引出了复利的相关知识；最后介绍了与金融资产定价相关的理论。随着数学、互联网技术的不断发展，与资产定价理论相关的内容仍在不断丰富和发展，需要我们进一步去探索。

课后习题

1. 你对"金融"的概念是怎样理解的？中文的"金融"与英文的 finance 有何区别？

2. 谈谈你对"金融是现代经济的核心"这句话的理解。

3. 简述金融市场的构成要素。

4. 金融市场的功能有哪些？

5. 结合我国金融市场发展现状，简述直接融资和间接融资的优点与缺点。

6. 谈谈你对货币时间价值的理解。

7. 简述资本资产定价理论和套利定价理论的主要内容。

拓展阅读

[1] 陈赟，沈艳，王靖一. 重大突发公共卫生事件下的金融市场反应 [J]. 金融研究，2020，480 (6)：20－39.

[2] 陈雨露. 四十年来中央银行的研究进展及中国的实践 [J]. 金融研究，2019，464 (2)：1－19.

[3] 方意，邵稚权. 中国金融周期与横向关联：时空双维度相结合视角 [J]. 金融研究，2022，499 (1)：38－56.

[4] 景光正，盛斌. 金融结构如何影响了外资进入方式选择？[J]. 金融研究，2021，491 (5)：59－77.

[5] 马勇，吕琳. 货币、财政和宏观审慎政策的协调搭配研究 [J]. 金融研究，2022，499 (1)：1－18.

[6] 马勇，付莉，姜伊晴. 金融冲击与中央银行的流动性支持政策研究 [J]. 统计研究，2021，38 (4)：58－73.

[7] 王晓珂，于李胜，王艳艳. 衍生工具应用能改善资本市场信息环境吗？——基于分析师预测行为的视角 [J]. 金融研究，2020，481 (7)：190－206.

[8] 杨子晖，陈雨恬，林师涵. 系统性金融风险文献综述：现状、发展与展望 [J]. 金融研究，2022，499 (1)：185－206.

[9] 谭小芬，虞梦微. 全球金融周期与跨境资本流动 [J]. 金融研究，2021，496 (10)：22－39.

[10] 易纲. 中国的利率体系与利率市场化改革 [J]. 金融研究，2021，495 (9)：1－11.

[11] 张宗新，林弘毅，李欣越. 经济政策不确定性如何影响金融市场间的流动性协同运动？——基于中国金融周期的视角 [J]. 统计研究，2020，37 (2)：37－51.

第 2 章　金融统计数学基础知识

　　无论是对于从事数据分析的工作者而言还是对于从事计量经济学、数理经济学、金融学等科班出身的工作者而言，扎实的数学基础都是不可缺失的重要基石。特别是在人工智能、大数据等信息技术高速发展的当下，许多科研工作者希望通过新技术准确分析问题、科学预测未来，扎实的数学基础、严谨的数理逻辑就显得越发重要。那么我们需要学习哪些数学知识？哪些数学知识是急需掌握的？这些数学知识在金融领域又是如何应用的？通过本章的学习，相信读者能够找到上述问题的答案。

　　本章的主要目的有两个：短期目标是通过本章学习，帮助读者回顾基础的数理知识；长期目标是帮助读者构建基础的数学框架，厘清各部分之间的关系以及在金融领域的应用。那么，学习本章内容难度会很大吗？为帮助读者建立信心，在开始本章学习前，在此对本章内容及难度进行简单介绍。本章分为四个部分，分别为微积分概述、矩阵概述、概率论概述及随机过程概述。微积分部分详细介绍了极限、微分与积分的基础知识，且厘清了三部分间的关系，从最为基础的定义开始，配合例题讲解定义及定理。矩阵部分介绍了行列式与矩阵的定义及简单运算，并配以例题进行深入说明。概率论部分从基础的概率论概念出发，逐步展开讲解概率分布、特征数及中心极限定理与大数定律。随机过程部分先点明随机过程的基本概念，进而引出其分类、分布函数、数字特征以及常见的随机过程。通过本章的学习，我们希望即使没有数理基础的工作者也能够掌握基本的数学框架，对于学习过大学数学课程的工作者能够有效回忆基础数学知识。同时，随着本章的学习，我们期望读者能够尝试数学推导、提高数理逻辑能力、厘清定义定理间的关系。

2.1　微积分概述

　　"无限细分、无限求和"的微积分思想萌芽于古代西方与古代中国关于圆的研究过程中。魏晋时期，刘徽提出"割圆术"，指出"割之弥细、所失弥少；割之又割以至于不可割，则与圆周合体而无所失矣"，其中就包含了微积分"无限细分、无限求和"的基本思想。古希腊科学家阿基米德在《圆的度量》一书中利用圆内接多边形及外接正多边形推算圆的面积和周长。17 世纪，莱布尼茨与牛顿将积分与微分真正统一起来，明确了两者间的联系。此后，微积分被广泛应用，如计算连续复利、衍生品定价及风险管理等。在本节，我们将学习极限、微分与积分三部分内容。

2.1.1 函数极限

2.1.1.1 一元函数极限

（1）x 趋于∞时函数的极限。

定义 1 设 f 为定义在 $[a, \infty)$ 上的函数，A 为定数。若对任意 $\varepsilon > 0$，存在正数 $M(M \geqslant a)$，使得当 $x > M$ 时有：

$$|f(x) - A| < \varepsilon$$

则称函数 f 当 x 趋于 $+\infty$ 时以 A 为极限，记作：

$$\lim_{x \to +\infty} f(x) = A \tag{2.1}$$

或

$$f(x) \to A(x \to +\infty) \tag{2.2}$$

由定义 1，我们只需将"$x > M$"分别改为"M"与"$|x| > M$"，不难得出当 $x \to -\infty$ 与 $x \to \infty$ 时的函数 f 的极限定义，读者可自行尝试给出两者的定义。

进一步，由当 $x \to -\infty$、$x \to +\infty$、$x \to \infty$ 时的极限均存在时，我们不难证明定理 1。

定理 1 若 f 为定义在 $U(\infty)$ 上的函数，则：

$$\lim_{x \to \infty} f(x) = A \Leftrightarrow \lim_{x \to -\infty} f(x) = \lim_{x \to +\infty} f(x) = A \tag{2.3}$$

【例 2 - 1】证明 $\lim\limits_{x \to +\infty} \dfrac{1}{x^3} = 0$、$\lim\limits_{x \to -\infty} \dfrac{1}{x^3} = 0$ 与 $\lim\limits_{x \to \infty} \dfrac{1}{x^3} = 0$。

证明：对于任意 $\varepsilon > 0$，取 $M = \dfrac{1}{\sqrt[3]{\varepsilon}}$，则当 $x > M$ 时有 $\left| \dfrac{1}{x^3} - 0 \right| = \left| \dfrac{1}{x^3} \right| < \dfrac{1}{M^3} = \varepsilon$，

所以 $\lim\limits_{x \to +\infty} \dfrac{1}{x^3} = 0$；

对于任意 $\varepsilon > 0$，取 $M = \dfrac{1}{\sqrt[3]{\varepsilon}}$，则当 $x < -M$ 时有 $\left| \dfrac{1}{x^3} - 0 \right| = \left| \dfrac{1}{x^3} \right| < \dfrac{1}{M^3} = \varepsilon$，所

以 $\lim\limits_{x \to -\infty} \dfrac{1}{x^3} = 0$；

对于任意 $\varepsilon > 0$，取 $M = \dfrac{1}{\sqrt[3]{\varepsilon}}$，则当 $|x| > M$ 时有 $\left| \dfrac{1}{x^3} - 0 \right| = \left| \dfrac{1}{x^3} \right| < \dfrac{1}{M^3} = \varepsilon$，

所以 $\lim\limits_{x \to \infty} \dfrac{1}{x^3} = 0$。

综上所述，$\lim\limits_{x \to +\infty} \dfrac{1}{x^3} = \lim\limits_{x \to -\infty} \dfrac{1}{x^3} = \lim\limits_{x \to \infty} \dfrac{1}{x^3} = 0$。

请利用定理 1 证明 $\lim\limits_{x \to \infty} \arctan x$ 不存在。

（2）x 趋于 x_0 时函数的极限。

定义 2　设函数 f 在点 x_0 的某个空心邻域 $U^o(x_0; \delta')$ 内有定义，A 为定数。若对任意 $\varepsilon > 0$，存在正数 $\delta(<\delta')$，使得当 $0 < |x - x_0| < \delta$ 时有 $|f(x) - A| < \varepsilon$，则称函数 f 当 x 趋于 x_0 时以 A 为极限，记作：

$$\lim\limits_{x \to x_0} f(x) = A \qquad\qquad (2.4)$$

或

$$f(x) \to A(x \to x_0) \qquad\qquad (2.5)$$

【例 2 - 2】 设 $f(x) = \dfrac{1 - x^2}{1 - x}$，证明 $\lim\limits_{x \to 1} f(x) = 2$。

证明：当 $|x \neq 1|$ 时，$|f(x) - 2| = \left| \dfrac{1 - x^2}{1 - x} - 2 \right| = |(1 + x) - 2| = |x - 1|$，对任意 $\varepsilon > 0$，取 $\delta = \varepsilon$，则当 $0 < |x - 1| < \delta$ 时有 $|f(x) - 2| < \varepsilon$，所以 $\lim\limits_{x \to 1} f(x) = 2$。

需要注意的是，〖例 2 - 2〗中函数 $f(x) = \dfrac{1 - x^2}{1 - x}$ 在 $x = 1$ 处没有定义，因此，函数 $f(x)$ 在 $x = 1$ 处没有函数值，但函数 $f(x)$ 在 $x = 1$ 处存在极限，希望读者能够通过〖例 2 - 2〗体会函数值与极限的区别。进一步讨论函数值与极限的关系，若函数 f 在 $x = x_0$ 处有定义，且当函数 f 在 $x = x_0$ 处连续（华东师范大学数学科学学院，2019）时，我们可以得出 $\lim\limits_{x \to x_0} f(x) = f(x_0)$，反之则相反。

（3）x 趋于 x_0 时函数的单侧极限。

定义 3　设函数 f 在 $U^o_+(x_0; \delta')$〔或 $U^o_-(x_0; \delta')$〕上有定义，A 为定数。若对任意 $\varepsilon > 0$，存在正数 $\delta(\delta')$，使得当 $x_0 < x < x_0 + \delta$（或 $x_0 - \delta < x < x_0$）时有 $|f(x) - A| < \varepsilon$，则称 A 为函数 f 当 x 趋于 x_0^+（或 x_0^-）时的左右极限，记作：

$$\lim_{x \to x_0^+} f(x) = A \left[\lim_{x \to x_0^-} f(x) = A \right] \tag{2.6}$$

或

$$f(x) \to A(x \to x_0^+) \left[f(x) \to A(x \to x_0^-) \right] \tag{2.7}$$

左极限与右极限统称为单侧极限。f 在点 x_0 的左极限与右极限又可以分别记作：

$$\lim_{x \to x_0 - 0} f(x) = \lim_{x \to x_0^-} f(x) \qquad 与 \qquad \lim_{x \to x_0 + 0} f(x) = \lim_{x \to x_0^+} f(x) \tag{2.8}$$

由此容易证明：

定理 2

$$\lim_{x \to x_0} f(x) = A \Leftrightarrow \lim_{x \to x_0^-} f(x) = \lim_{x \to x_0^+} f(x) = A \tag{2.9}$$

请利用〖例 2 - 2〗验证定理 2。

（4）函数极限的四则运算。

定理 3　若极限 $\lim\limits_{x \to x_0} f(x)$ 与 $\lim\limits_{x \to x_0} g(x)$ 都存在，则函数 $f \pm g$，$f \cdot g$ 当 $x \to x_0$ 时极限也存在，则：

$$\lim_{x \to x_0} \left[f(x) \pm g(x) \right] = \lim_{x \to x_0} f(x) \pm \lim_{x \to x_0} g(x) \tag{2.10}$$

$$\lim_{x \to x_0} \left[f(x) g(x) \right] = \lim_{x \to x_0} f(x) \cdot \lim_{x \to x_0} g(x) \tag{2.11}$$

若 $\lim\limits_{x \to x_0} g(x) \neq 0$，则 f/g 当 $x \to x_0$ 时极限存在，且有：

$$\lim_{x \to x_0} \frac{f(x)}{g(x)} = \lim_{x \to x_0} f(x) / \lim_{x \to x_0} g(x) \tag{2.12}$$

2.1.1.2　二元函数的极限

（1）重极限。

定义 4　设函数 f 为定义在 D 上的二元函数，P_0 为 D 的一个聚点（华东师范大学数学科学学院，2019），A 是一个确定的实数。若对任意正数 ε，总存在某正数 δ，使得当 $P \in \mathring{U}P_0$，$\delta \cap D$ 时，都有：

$$\left| f(P) - A \right| < \varepsilon \tag{2.13}$$

则称 f 在 D 上当 $P \to P_0$ 时以 A 为极限，记作：

$$\lim_{\substack{P \to P_0 \\ P \in D}} f(P) = A \tag{2.14}$$

定义 5　设 D 为二元函数 f 的定义域，$P_0(x_0, y_0)$ 是 D 的一个聚点。若对任意正数 M，总存在 P_0 的某个邻域（半径为 δ），使得当 $P(x, y) \in \overset{\circ}{U}P_0, \delta \cap D$ 时，都有 $f(P) > M$，则称 f 在 D 上当 $P \to P_0$ 时，存在非正常极限，记作：

$$\lim_{(x,y) \to (x_0, y_0)} f(x, y) = +\infty \tag{2.15}$$

或

$$\lim_{P \to P_0} f(P) = +\infty \tag{2.16}$$

可类似定义：

$$\lim_{P \to P_0} f(P) = -\infty \tag{2.17}$$

$$\lim_{P \to P_0} f(P) = \infty \tag{2.18}$$

（2）累次极限。在上述重极限中，x 和 y 同时趋于 x_0 和 y_0，我们将进一步讨论 x 和 y 按先后顺序趋于 x_0 和 y_0 时 f 的极限。

定义 6　设 $f(x, y)$，$(x, y) \in D$，D 在 x 轴、y 轴上的投影分别为 X，Y，即：

$$X = \{x \mid (x,y) \in D\}, Y = \{y \mid (x,y) \in D\}$$

x_0 和 y_0 分别是 X 和 Y 的聚点。若对每一个 $y \in Y (y \neq y_0)$，存在极限 $\lim_{x \to x_0} f(x, y)$，它一般与 y 有关，故记作：

$$\varphi(y) = \lim_{x \to x_0} f(x, y) \tag{2.19}$$

如果进一步还存在极限：

$$L = \lim_{y \to y_0} \varphi(y) \tag{2.20}$$

则称此极限 L 为 $f(x, y)$ 先对 $x \to x_0$，后对 $y \to y_0$ 的累次极限，记作：

$$L = \lim_{y \to y_0} \lim_{x \to x_0} f(x, y) \tag{2.21}$$

类似可以有先对 $y \to y_0$、后对 $x \to x_0$ 的累次极限，记作：

$$K = \lim_{x \to x_0} \lim_{y \to y_0} f(x, y) \tag{2.22}$$

定理 4　若 $f(x, y)$ 在点 (x_0, y_0) 存在二重极限 $\lim_{(x,y) \to (x_0, y_0)} f(x, y)$ 与累次极限 $L = \lim_{y \to y_0} \lim_{x \to x_0} f(x, y)$ 或 $K = \lim_{x \to x_0} \lim_{y \to y_0} f(x, y)$，则二重极限与累次极限必相等。

定理 5　若累次极限 $L = \lim_{y \to y_0} \lim_{x \to x_0} f(x, y)$、$K = \lim_{x \to x_0} \lim_{y \to y_0} f(x, y)$ 两者均存在但不相等，则相应二重极限不存在。

2.1.2 导数与微分

2.1.2.1 一元函数导数与微分

（1）导数的概念。

定义7 设函数 $y = f(x)$ 在点 x_0 的某邻域内有定义，若极限

$$\lim_{x \to x_0} \frac{f(x) - f(x_0)}{x - x_0} \tag{2.23}$$

存在，则称函数 f 在点 x_0 处可导，并称该极限为函数 f 在点 x_0 处的导数，记作 $f'(x_0)$。

式（2.23）也可改写为 $\lim_{\Delta x \to 0} \frac{\Delta y}{\Delta x} = \lim_{\Delta x \to 0} \frac{f(x_0 + \Delta x) - f(x_0)}{\Delta x} = f'(x_0)$。请读者结合单侧极限的概念，尝试给出单侧导数的定义，并证明定理6。

定理6 若函数 $y = f(x)$ 在点 x_0 的某邻域上有定义，则 $f'_+(x_0)$ 与 $f'_-(x_0)$ 都存在，且 $f'_+(x_0) = f'_-(x_0)$。

【**例2-3**】证明函数 $f(x) = C$ 在任何一点 x 的导数都等于零。

证明：对任意 x_0，由定义7求得：

$$f'(x_0) = \lim_{\Delta x \to 0} \frac{f(x_0 + \Delta x) - f(x_0)}{\Delta x} = \lim_{\Delta x \to 0} \frac{C - C}{\Delta x} = \lim_{\Delta x \to 0} \frac{0}{\Delta x} = 0$$

由此可知函数 $f(x) = C$ 在任何一点 x 的导数 $f'(x_0) = 0$。

【**例2-4**】求函数 $f(x) = x^3$ 在点 $x = 1$ 处的导数。

解：由定义7求得：

$$f'(1) = \lim_{\Delta x \to 0} \frac{f(1 + \Delta x) - f(x)}{\Delta x} = \lim_{\Delta x \to 0} \frac{(1 + \Delta x)^3 - 1}{\Delta x}$$

$$= \lim_{\Delta x \to 0} \frac{3\Delta x + 3\Delta x^2 + \Delta x^3}{\Delta x} = \lim_{\Delta x \to 0} (3 + 3\Delta x + \Delta x^2) = 3$$

定理7 若函数 f 在点 x_0 可导，则 f 在点 x_0 连续。

定义8 若函数 f 在点 x_0 的某邻域 $U(x_0)$ 上对一切 $x \in U(x_0)$ 有：

$$f(x_0) \geq f(x) [f(x_0) \leq f(x)] \tag{2.24}$$

则称函数 f 在点 x_0 取得极大（小）值，称点 x_0 为极大（小）值点，极大值、极小值统称为极值，极大值点、极小值点统称为极值点。

定理8 设函数 $y = f(x)$ 在点 x_0 的某邻域内有定义，且在点 x_0 可导，若点 x_0

为 f 的极值点，则必有 $f'(x_0) = 0$，且满足 $f'(x_0) = 0$ 的点为稳定点。

【例 2 – 5】求函数 $f(x) = x - \ln x$ 在其定义域内的稳定点。

解：由定义求得：

$$f'(x) = 1 - \frac{1}{x} = 0$$

解得 $x = 1$ 为函数 $f(x) = x - \ln x$ 定义域内的稳定点。

（2）求导法则。

定理 9　若函数 $u(x)$ 和 $v(x)$ 在点 x_0 可导，则有：

a. 函数 $f(x) = u(x) \pm v(x)$ 在点 x_0 可导，即：

$$f'(x_0) = u'(x_0) \pm v'(x_0) \tag{2.25}$$

b. 函数 $f(x) = u(x) \cdot v(x)$ 在点 x_0 可导，即：

$$f'(x_0) = u'(x_0)v(x_0) + v'(x_0)u(x_0) \tag{2.26}$$

c. 若函数 $v(x) \neq 0$，函数 $f(x) = \dfrac{u(x)}{v(x)}$ 在点 x_0 可导，即：

$$f'(x_0) = \frac{u'(x_0)v(x_0) - v'(x_0)u(x_0)}{[v(x_0)]^2} \tag{2.27}$$

【例 2 – 6】求函数 $f(x) = x\sin x + \dfrac{\ln x}{x}$ 的导数。

解：根据定理 9 求得：

$$f'(x) = (x\sin x)' + \left(\frac{\ln x}{x}\right)' = (\sin x + x\cos x) + \left(\frac{1 - \ln x}{x^2}\right) = \sin x + x\cos x + \frac{1 - \ln x}{x^2}$$

定理 10　设 $y = f(x)$ 为 $x = \varphi(y)$ 的反函数，若 $\varphi(y)$ 在点 y_0 的某邻域上连续，严格单调且 $\varphi'(y_0) \neq 0$，则 $f(x)$ 在点 $x_0 [x_0 = \varphi(y_0)]$ 可导，则：

$$f'(x_0) = \frac{1}{\varphi'(y_0)} \tag{2.28}$$

【例 2 – 7】设 $f(x) = \arctan x$，求 $f'(x)$。

解：由定理 10 得：

$$f'(x) = (\arctan x)' = \frac{1}{(\tan x)'} = \frac{1}{1 + \tan y^2} = \frac{1}{1 + x^2}$$

定理 11　设 $u = \varphi(x)$ 在点 x_0 可导，$y = f(u)$ 在点 $u_0 = \varphi(x_0)$ 可导，则复合函数 $f \circ \varphi$ 在点 x_0 可导，则：

$$(f \circ \varphi)'(x_0) = f'(u_0)\varphi'(x_0) = f'(\varphi(x_0))\varphi'(x_0) \tag{2.29}$$

【例 2 - 8】设 $f(x) = \cos x^2$，求 $f'(x)$。

解：将 $\cos x^2$ 看作 $y = \cos u$ 与 $u = x^2$ 的复合函数，于是有：

$$(\cos x^2)' = -\sin u \cdot 2x = -2x\sin x^2$$

对于基本初等函数求导而言，有下述关系成立：

$$(C)' = 0 \ (C \text{ 为常数}) \tag{2.30}$$

$$(x^\alpha)' = \alpha x^{\alpha-1} \ (\alpha \text{ 为任意实数}) \tag{2.31}$$

本教材汇总常用函数求导公式如下：$(\sin x)' = \cos x$，$(\cos x)' = -\sin x$，$(\tan x)' = \sec^2 x$，$(\cot x)' = -\csc^2 x$，$(\sec x)' = \sec x \tan x$，$(\csc x)' = -\csc x \cos x \cot x$，$(\arcsin x)' = \dfrac{1}{\sqrt{1-x^2}}$，$(\arccos x)' = -\dfrac{1}{\sqrt{1-x^2}}$，$(\arctan x)' = \dfrac{1}{1+x^2}$，$(\text{arccot} x)' = -\dfrac{1}{1+x^2}$，$(a^x)' = a^x \ln a$，$(e^x)' = e^x$，$(\log_a x)' = \dfrac{1}{x \ln a}$，$(\ln x)' = \dfrac{1}{x}$。

（3）微分的概念。

定义 9 设函数 $y = f(x)$ 定义在点 x_0 的某邻域 $U(x_0)$。当给 x_0 一个增量 Δx，$x_0 + \Delta x \in U(x_0)$ 时，相应地得到函数的增量为：

$$\Delta y = f(x_0 + \Delta x) - f(x_0) \tag{2.32}$$

如果存在常数 A，使得 Δy 能表示为：

$$\Delta y = A\Delta x + o(\Delta x) \tag{2.33}$$

则称函数 f 在点 x_0 可微，并称 $A\Delta x$ 为 f 在点 x_0 的微分，记作 $dy|_{x=x_0} = A\Delta x$ 或 $df(x)|_{x=x_0} = A\Delta x$。

定理 12 函数 f 在点 x_0 可微的充要条件是函数 f 在点 x_0 可导，则：

$$\Delta y = A\Delta x + o(\Delta x) \tag{2.34}$$

其中，$A = f'(x_0)$。

【例 2 - 9】求 $y = x\ln x + e^{\sin x}$ 的微分。

解：$dy = d(x\ln x + e^{\sin x}) = d(x\ln x) + d(e^{\sin x})$

$= xd(\ln x) + \ln x d(x) + e^{\sin x} d(\sin x)$

$= (1 + \ln x)dx + e^{\sin x}\cos x dx = (1 + \ln x + e^{\sin x}\cos x)dx$

2.1.2.2 多元函数微分学

（1）可微性。

定义 10　设函数 $z = f(x,y)$，$f(x,y) \in D$。若 $(x_0, y_0) \in D$，且 $f(x_0, y_0)$ 在 x_0 的某一邻域内有定义，则当极限

$$\lim_{\Delta x \to 0} \frac{\Delta f(x_0, y_0)}{\Delta x} = \lim_{\Delta x \to 0} \frac{f(x_0 + \Delta x, y_0 + \Delta y) - f(x_0, y_0)}{\Delta x} \qquad (2.35)$$

存在时，称这个极限为函数 f 在点 (x_0, y_0) 关于 x 的偏导数，记作：

$$f_x(x_0, y_0) \text{ 或 } z_x(x_0, y_0), \frac{\partial f}{\partial x}\bigg|_{(x_0, y_0)}, \frac{\partial z}{\partial x}\bigg|_{(x_0, y_0)}$$

同样可得函数 f 在点 (x_0, y_0) 关于 y 的偏导数。

定义 11　设函数 $z = f(x, y)$ 在点 $P_0(x_0, y_0)$ 的某邻域 $U(P_0)$ 上有定义，对于 $U(P_0)$ 中的点 $P(x, y) = (x_0 + \Delta x, y_0 + \Delta y)$，若函数 f 在点 P_0 处的全增量 Δz 可表示为：

$$\Delta z = f(x_0 + \Delta x, y_0 + \Delta y) - f(x_0, y_0) = A\Delta x + B\Delta y + o(\rho) \qquad (2.36)$$

其中，A 和 B 是仅与点 P_0 有关的常数，$\rho = \sqrt{\Delta x^2 + \Delta y^2}$，$o(\rho)$ 是较 ρ 高阶的无穷小量，则称函数 f 在点 P_0 可微，并称 $A\Delta x + B\Delta y$ 为函数 f 在点 P_0 的全微分，记作：

$$dz\big|_{P_0} = df(x_0, y_0) = A\Delta x + B\Delta y \qquad (2.37)$$

其中，A 为函数 f 在点 (x_0, y_0) 关于 x 的偏导数；B 为函数 f 在点 (x_0, y_0) 关于 y 的偏导数。

定理 13　若函数 $x = \alpha(s, t)$，$y = \beta(s, t)$ 在点 $(s, t) \in D$ 可微，$z = f(x, y)$ 在点 $(x, y) = [\alpha(s, t), \beta(s, t)]$ 可微，则复合函数

$$z = f[\alpha(s, t), \beta(s, t)] \qquad (2.38)$$

在点 (s, t) 可微，且它关于 s 与 t 的偏导数分别为：

$$\frac{\partial z}{\partial s}\bigg|_{(s,t)} = \frac{\partial z}{\partial x}\bigg|_{(x,y)} \frac{\partial x}{\partial s}\bigg|_{(s,t)} + \frac{\partial z}{\partial y}\bigg|_{(x,y)} \frac{\partial y}{\partial s}\bigg|_{(s,t)} \qquad (2.39)$$

$$\frac{\partial z}{\partial t}\bigg|_{(s,t)} = \frac{\partial z}{\partial x}\bigg|_{(x,y)} \frac{\partial x}{\partial t}\bigg|_{(s,t)} + \frac{\partial z}{\partial y}\bigg|_{(x,y)} \frac{\partial y}{\partial t}\bigg|_{(s,t)} \qquad (2.40)$$

该定理也称为链式法则。

（2）极值问题。

定义 12　设函数 f 在点 $P_0(x_0, y_0)$ 的某邻域 $U(P_0)$ 上有定义。若对于任何点 $P(x, y) \in U(P_0)$，有如下不等式成立：

$$f(P) \leqslant f(P_0) \left[f(P) \geqslant f(P_0) \right] \tag{2.41}$$

则称函数 f 在点 $P_0(x_0, y_0)$ 取得极大（或极小）值，点 P_0 称为 f 的极大（或极小）值点。

对于无约束条件下函数 $f(x, y)$ 极值求解步骤如下：

第一步，求解驻点，计算满足 $\begin{cases} f_x(x, y) = 0 \\ f_y(x, y) = 0 \end{cases}$ 的点 $P_0(x_0, y_0)$。

第二步，求二阶偏导数 $\begin{cases} f_{xx}(x, y) \\ f_{xy}(x, y) \\ f_{yy}(x, y) \end{cases}$，并将点 $P_0(x_0, y_0)$ 代入二阶偏导数

得 $\begin{cases} f_{xx}(x_0, y_0) \\ f_{xy}(x_0, y_0) \\ f_{yy}(x_0, y_0) \end{cases}$

第三步，利用第二步结果进行判断，可能的判断结果如下。

a. 若 $f_{xx}(P_0) > 0$，$(f_{xx}f_{yy} - f_{xy}^2)(P_0) > 0$，则 f 在点 P_0 取得极小值；

b. 若 $f_{xx}(P_0) < 0$，$(f_{xx}f_{yy} - f_{xy}^2)(P_0) > 0$，则 f 在点 P_0 取得极大值；

c. 若 $(f_{xx}f_{yy} - f_{xy}^2)(P_0) < 0$，则 f 在点 P_0 不能取得极值；

d. 若 $(f_{xx}f_{yy} - f_{xy}^2)(P_0) = 0$，则无法判断 f 在点 P_0 是否取得极值。

有约束条件 $\omega(x, y) = \gamma$ 下函数 $f(x, y)$ 极值求解步骤如下：

第一步，将约束条件 $\omega(x, y) = \gamma$ 转换为 $\varphi(x, y) = \omega(x, y) - \gamma$。

第二步，构造引入拉格朗日乘子 λ 的拉格朗日函数，则：

$$L(x, y, \lambda) = f(x, y) - \lambda \varphi(x, y) \tag{2.42}$$

第三步，将拉格朗日函数对 x、y、λ 求偏导，并令其为零，则：

$$\begin{cases} L_x(x, y, \lambda) = 0 \\ L_y(x, y, \lambda) = 0 \\ L_\lambda(x, y, \lambda) = 0 \end{cases} \tag{2.43}$$

第四步，求方程组（2.43）的解（此时利用矩阵求解方程组）。

2.1.2.3　积分

（1）一元积分。

定义 13　设 f 是定义在 [a, b] 上的一个函数，J 是一个确定的实数。若对

于任意正数 ε, 总存在某一正数 δ, 使得对 [a, b] 的任何分割 T 以及在其上任意选取的点集 {ξᵢ}, 只要 ‖T‖ < δ, 则有:

$$\left| \sum_{i=1}^{n} f(\xi_i) \Delta x_i - J \right| < \varepsilon \qquad (2.44)$$

称函数 f 在区间 [a, b] 上可积或黎曼积分, 数 J 称为 f 在区间 [a, b] 上的定积分或黎曼积分, 记作:

$$J = \int_a^b f(x) dx \qquad (2.45)$$

其中, f 称为被积函数; x 称为积分变量; [a, b] 称为积分区间; a、b 分别称为这个定积分的下限与上限。

定理 14 若函数 f 在区间 [a, b] 上连续, 且存在原函数 F, 即 F′(x) = f(x), x ∈ [a,b], 则 f 在 [a, b] 上可积, 且:

$$\int_a^b f(x) dx = F(a) - F(b) \qquad (2.46)$$

式 (2.46) 称为牛顿—莱布尼茨公式, 也常写为:

$$\int_a^b f(x) dx = F(x) \big|_a^b \qquad (2.47)$$

【例 2 – 10】 计算 $\int_a^b e^x dx$ 、$\int_1^2 x^n dx$ 和 $\int_0^\pi \sin x dx$ 。

解: $\int_a^b e^x dx = e^x \big|_a^b = e^b - e^a$;

$\int_1^2 x^n dx = \dfrac{x^{n+1}}{n+1} \bigg|_1^2 = \dfrac{x^{n+1} - 1}{n+1}$;

$\int_0^\pi \sin x dx = -\cos x \big|_0^\pi = 2$ 。

定积分有如下性质。

性质 1 若 f 在区间 [a, b] 上可积, k 为常数, 则 kf 在 [a, b] 上可积, 则:

$$\int_a^b kf(x) dx = k \int_a^b f(x) dx \qquad (2.48)$$

性质 2 若 f、g 都在 [a, b] 上可积, 则 f ± g 在 [a, b] 上也可积, 则:

$$\int_a^b [f(x) \pm g(x)] dx = \int_a^b f(x) dx \pm \int_a^b g(x) dx \qquad (2.49)$$

性质 3 若 f、g 都在 [a, b] 上可积, 则 f、g 都在 [a, b] 上可积。

性质 4　f 在 [a，b] 上可积的充要条件是：任意 c∈(a,b)，f 在 [a，c] 与 [c，b] 上都可积。则：

$$\int_a^b f(x)\,dx = \int_a^c f(x)\,dx + \int_c^b f(x)\,dx \qquad (2.50)$$

性质 5　设 f 为在 [a，b] 上的可积函数，若 f(x)≥0，x∈[a，b]，则：

$$\int_a^b f(x)\,dx \geqslant 0 \qquad (2.51)$$

性质 6　若 f 在区间 [a，b] 上可积，则 |f| 在 [a，b] 上也可积，那么有：

$$\left| \int_a^b f(x)\,dx \right| \leqslant \left| \int_a^b |f(x)|\,dx \right| \qquad (2.52)$$

定理 15　若 f 在区间 [a，b] 上连续，则至少存在一点 ξ∈[a，b]，使得：

$$\int_a^b f(x)\,dx = f(\xi)(b-a) \qquad (2.53)$$

定义 14　设 f 为定义在无穷区间 [a，+∞) 上的函数，且在任何有限区间 [a，u] 上可积。如果存在极限：

$$\lim_{u \to +\infty} \int_a^u f(x)\,dx = J \qquad (2.54)$$

则称极限 J 为函数 f 在无穷区间 [a，+∞) 上的无穷限反常积分（简称无穷积分），记作：

$$J = \int_a^{+\infty} f(x)\,dx \qquad (2.55)$$

称 $\int_a^{+\infty} f(x)\,dx$ 收敛；反之，称为发散。

【例 2-11】 计算无穷积分 $\int_1^{+\infty} \frac{1}{x^2}dx$ 的值。

解：由于

$$\int_1^u \frac{1}{x^2}dx = -\frac{1}{x}\bigg|_1^u = 1 - \frac{1}{u}$$

因而有：

$$\lim_{u \to +\infty} \int_1^u \frac{1}{x^2}dx = \lim_{u \to +\infty}\left(1 - \frac{1}{u}\right) = 1$$

　定义 15　设 f 为 (a，b) 上的函数，在点 a 的任一右邻域上无界，但在任一

区间 $[u, b] \subset (a, b)$ 上有界且可积。如果存在极限：

$$\lim_{u \to a^+} \int_u^a f(x) dx = J \tag{2.56}$$

则称极限 J 为无界函数 f 在 $(a, b]$ 上的反常积分，记作：

$$J = \int_a^b f(x) dx \tag{2.57}$$

并称反常积分 $\int_a^b f(x) dx$ 收敛；反之，称为发散。其中，a 称为 f 的瑕点，$\int_a^b f(x) dx$ 也称为瑕积分。

【例 2-12】 计算瑕积分 $\int_0^1 \frac{1}{x^2} dx$ 的值。

解：由于

$$\int_u^1 \frac{1}{x^2} dx = -\frac{1}{x} \Big|_u^1 = \frac{1}{u} - 1$$

因而有：

$$\lim_{u \to 0^+} \int_u^1 \frac{1}{x^2} dx = \lim_{u \to 0^+} \left(\frac{1}{u} - 1 \right) = -1$$

请通过对比〖例 2-11〗与〖例 2-12〗体会无穷积分与瑕积分的区别和联系，并尝试计算函数 $f(x) = \frac{1}{x^p}$ 在不同 p 值下的两种无穷积分。

（2）重积分。

定义 16　设 $f(x, y)$ 是定义在可求面积的有界区域 D 上的函数。J 是一个确定的数，若对任意正数 ε，总存在某个正数 δ，是对于 D 的任何分割 T，当它的细度 $\|T\| < \delta$ 时，属于 T 的所有积分和都有下式成立：

$$\left| \sum_{i=1}^n f(\xi_i, \eta_i) \Delta \sigma_i - J \right| < \varepsilon \tag{2.58}$$

则称 $f(x, y)$ 在 D 上可积，数 J 称为函数 $f(x, y)$ 在 D 上的二重积分，记作：

$$J = \iint_D f(x, y) d\sigma \tag{2.59}$$

其中，$f(x, y)$ 称为二重积分的被积函数，x、y 称为积分变量，D 称为积分区域。

二重积分有如下性质。

性质 1　若 $f(x, y)$ 在区域 D 上可积，k 为常数，则 $kf(x, y)$ 在 D 上也可积，

那么有：

$$\iint_D kf(x,y)d\sigma = k\iint_D f(x,y)d\sigma \tag{2.60}$$

性质2 若 $f(x,y)$、$g(x,y)$ 在区域 D 上可积，则 $f(x,y)\pm g(x,y)$ 在区域 D 上也可积，那么有：

$$\iint_D [f(x,y)\pm g(x,y)]d\sigma = \iint_D f(x,y)d\sigma \pm \iint_D g(x,y)d\sigma \tag{2.61}$$

性质3 若 $f(x,y)$ 在 D_1、D_2 上可积，且 D_1、D_2 无公共点，则 $f(x,y)$ 在 $D_1\cup D_2$ 上也可积，那么有：

$$\iint_{D_1\cup D_2} f(x,y)d\sigma = \iint_{D_1} f(x,y)d\sigma + \iint_{D_2} f(x,y)d\sigma \tag{2.62}$$

性质4 若 $f(x,y)$、$g(x,y)$ 在区域 D 上可积，且 $f(x,y)\leqslant g(x,y)$，$(x,y)\in D$，那么有：

$$\iint_D f(x,y)d\sigma \leqslant \iint_D g(x,y)d\sigma \tag{2.63}$$

性质5 若 $f(x,y)$ 在区域 D 上可积，则 $|f(x,y)|$ 在区域 D 上也可积，那么有：

$$\left|\iint_D f(x,y)d\sigma\right| \leqslant \left|\iint_D |f(x,y)|d\sigma\right| \tag{2.64}$$

性质6 若 $f(x,y)$ 在区域 D 上可积，且 $m\leqslant f(x,y)\leqslant M$，$(x,y)\in D$，那么有：

$$mS_D \leqslant \iint_D f(x,y)d\sigma \leqslant MS_D \tag{2.65}$$

性质7 若 $f(x,y)$ 在区域 D 上连续，则存在 $(\xi_i,\eta_i)\in D$，使得：

$$\iint_D f(x,y)d\sigma = f(\xi_i,\eta_i)S_D \tag{2.66}$$

定义17 设 $f(x,y,z)$ 为定义在三维空间可求体积的有界闭区域 V 上的函数，J 是一个确定的数。若对任意正数 ε，总存在某一个正数 δ，使得对于 V 的任何分割 T，只要 $\|T\|<\delta$ 时，属于 T 的所有积分和都有下式成立：

$$\left|\sum_{i=1}^n f(\xi_i,\eta_i,\zeta_i)\Delta V_i - J\right| < \varepsilon \tag{2.67}$$

则称 $f(x, y, z)$ 在 V 上可积，数 J 称为函数 $f(x, y, z)$ 在 V 上的三重积分，记作：

$$J = \iiint_V f(x,y,z)\,dV = \iiint_V f(x,y,z)\,dxdydz \qquad (2.68)$$

其中，$f(x, y, z)$ 称为三重积分的被积函数；x，y，z 称为积分变量；V 称为积分区域。

设 n 元函数 $f(x_1, y_1, z_1)$ 为定义在 n 维空间可求体积的有界闭区域 V 上的函数，类比一元积分、二重积分及三重积分的概念，对 V 进行分割，取每一分割的近似替代并求和取极限，我们就可以得到 n 重积分的概念：

$$I = \overbrace{\int \cdots \int}^{n个} f(x_1, x_2, \cdots, x_1)\,dx_1 dx_2 \cdots dx_n \qquad (2.69)$$

2.2　矩阵知识概述

代数学是一门重要的数学分支，是研究数与数、数与字母运算性质和规律的科学。代数方程是高等代数的主要研究对象。高等代数的第一个概念是行列式，于 17 世纪末由德国数学家莱布尼茨和日本数学家关孝分别独立提出。19 世纪，英国数学家凯利提出了矩阵的概念。20 世纪初，对线性空间理论的公理化处理标志着高等代数理论基本成形。随着时代的发展，矩阵被广泛应用在金融领域，如金融计量、风险评估与风险管理等，在本节我们将学习行列式、矩阵的概念及运算、初等矩阵三部分内容。

2.2.1　行列式

2.2.1.1　行列式的定义及常见的行列式

（1）行列式的定义。

定义 18　n 阶行列式定义为：

$$|a_{ij}|_n = \begin{vmatrix} a_{11} & a_{12} & \cdots & a_{1n} \\ a_{21} & a_{22} & \cdots & a_{2n} \\ \vdots & \vdots & \ddots & \vdots \\ a_{n1} & a_{n2} & \cdots & a_{nn} \end{vmatrix} \qquad (2.70)$$

等于所有取自不同行不同列的 n 个元素的乘积的代数和，即：

$$a_{1j_1} a_{2j_2} \cdots a_{nj_n} \tag{2.71}$$

其中，$j_1 j_2 \cdots j_n$ 是一个 n 级排列。当 $j_1 j_2 \cdots j_n$ 是偶排列时，该项前面带正号；当 $j_1 j_2 \cdots j_n$ 是奇排列时，该项前面带负号，即：

$$|a_{ij}|_n = \begin{vmatrix} a_{11} & a_{12} & \cdots & a_{1n} \\ a_{21} & a_{22} & \cdots & a_{2n} \\ \vdots & \vdots & \ddots & \vdots \\ a_{n1} & a_{n2} & \cdots & a_{nn} \end{vmatrix} = \sum_{j_1 j_2 \cdots j_n} (-1)^{\tau(j_1 j_2 \cdots j_n)} a_{1j_1} a_{2j_2} \cdots a_{nj_n} \tag{2.72}$$

值得注意的是，由 n 级排列的性质可知，n 级行列式共有 n! 项，其中冠以正号的项和冠以负号的项（不算元素本身所带的负号）各占一半。

（2）常见行列式。

a. 上三角、下三角、对角行列式：

$$\begin{vmatrix} a_{11} & a_{12} & & \\ a_{21} & a_{22} & \cdots & * \\ \vdots & & \ddots & \vdots \\ 0 & & \cdots & a_{nn} \end{vmatrix} = \begin{vmatrix} a_{11} & a_{12} & \cdots & 0 \\ a_{21} & a_{22} & & \\ \vdots & & \ddots & \vdots \\ * & & \cdots & a_{nn} \end{vmatrix}$$

$$= \begin{vmatrix} a_{11} & & \\ & \ddots & \\ & & a_{nn} \end{vmatrix} = a_{11} a_{22} \cdots a_{nn} \tag{2.73}$$

b. 副对角方向的行列式：

$$\begin{vmatrix} & & a_{1,n-1} & a_{1n} \\ * & \cdots & a_{2,n-1} & a_{2n} \\ \vdots & \iddots & & \vdots \\ a_{n1} & \cdots & & 0 \end{vmatrix} = \begin{vmatrix} 0 & \cdots & a_{1,n-1} & a_{1n} \\ & & a_{2,n-1} & a_{2n} \\ \vdots & \iddots & & \vdots \\ a_{n1} & \cdots & & * \end{vmatrix} = \begin{vmatrix} & & & a_{1n} \\ & & a_{2,n-1} & \\ & \iddots & & \\ a_{n1} & & & \end{vmatrix}$$

$$= (-1)^{\frac{n(n-1)}{2}} a_{1n} a_{2,n-1} \cdots a_{n1} \tag{2.74}$$

c. 范德蒙行列式：

$$\begin{vmatrix} 1 & 1 & \cdots & 1 \\ a_1 & a_2 & \cdots & a_n \\ a_1^2 & a_2^2 & \cdots & a_n^2 \\ \vdots & \vdots & \ddots & \vdots \\ a_1^{n-1} & a_2^{n-1} & \cdots & a_n^{n-1} \end{vmatrix} = \prod_{1 \leqslant j < i \leqslant n}(a_i - a_j)(n \geqslant 2) \qquad (2.75)$$

2.2.1.2　行列式性质

性质 1　行列式与它的转置行列式相等。

性质 2　互换行列式的两行（列），行列式变号。

性质 3　行列式中某一行（列）中所有的元素都乘以同一个数，等于用这个数乘以此行列式，即某一行（列）中所有的元素的公因子可以提到整个行列式的外面。

性质 4　若行列式中有两行成比例，则此行列式等于零。

性质 5　若某一行（列）是两组数之和，则这个行列式等于两个行列式之和，而这两个行列式除这一行（列）以外全与原来行列式的对应的行（列）一样。

性质 6　把行列式某一行（列）的各元素乘以同一数然后加到另一行（列）对应的元素上，行列式的值不变。

【例 2－13】 $D = \begin{vmatrix} a_{11} & a_{12} & a_{13} \\ a_{21} & a_{22} & a_{23} \\ a_{31} & a_{32} & a_{33} \end{vmatrix} = 3$，计算 $\begin{vmatrix} a_{11} & a_{12} & a_{13} \\ 2a_{21} - a_{31} & 2a_{22} - a_{32} & 2a_{23} - a_{33} \\ a_{31} & a_{32} & a_{33} \end{vmatrix}$

解：

$$\begin{vmatrix} a_{11} & a_{12} & a_{13} \\ 2a_{21} - a_{31} & 2a_{22} - a_{32} & 2a_{23} - a_{33} \\ a_{31} & a_{32} & a_{33} \end{vmatrix}$$

$$= 2\begin{vmatrix} a_{11} & a_{12} & a_{13} \\ a_{21} & a_{22} & a_{23} \\ a_{31} & a_{32} & a_{33} \end{vmatrix} - 2\begin{vmatrix} a_{11} & a_{12} & a_{13} \\ a_{31} & a_{32} & a_{33} \\ a_{31} & a_{32} & a_{33} \end{vmatrix} + \begin{vmatrix} a_{11} & a_{12} & a_{13} \\ a_{31} & a_{32} & a_{33} \\ a_{31} & a_{32} & a_{33} \end{vmatrix} = 2 \times 3 = 6$$

2.2.1.3　行列式的按行（列）展开及计算

（1）子式与余子式。

定义 19　在 n 级行列式 $D = |a_{ij}|$ 中，去掉元素 a_{ij} 所在的第 i 行和第 j 列后，

余下的 n - 1 级行列式称为 a_{ij} 的余子式，记作 M_{ij}。

定义 20 $A_{ij} = （-1）^{i+j} M_{ij}$ 称为 a_{ij} 的代数余子式。

定义 21 （k 级子式）在 n 级行列式 $D = |a_{ij}|$ 中，任意选定 k 行和 k 列（$1 \leqslant k \leqslant n$），位于这些行列交叉处的 k^2 个元素按原来顺序构成一个 k 级行列式 M，称为 D 的一个 k 级子式。当 k < n 时，在 D 中划去这 k 行和 k 列后余下的元素按照原来的次序组成的 n - k 级行列式 M′称为 k 级子式 M 的余子式。

（2）按一行（列）展开。

定理 16 行列式任一行（列）的各元素与其对应的代数余子式乘积之和等于行列式的值。

按第 i 行展开：

$$D = a_{i1} A_{i1} + a_{i2} A_{i2} + \cdots + a_{in} A_{in} （i = 1, 2, \cdots, n）;$$

按第 j 列展开：

$$D = a_{1j} A_{1j} + a_{2j} A_{2j} + \cdots + a_{nj} A_{nj} （j = 1, 2, \cdots, n）。$$

定理 17 行列式某一行（列）的元素与另一行（列）的对应元素的代数余子式乘积之和等零，即：

$$a_{i1} A_{i1} + a_{i2} A_{i2} + \cdots + a_{in} A_{in} = 0(i \neq j) \tag{2.76}$$

或

$$a_{1j} A_{1j} + a_{2j} A_{2j} + \cdots + a_{nj} A_{nj} = 0(i \neq j) \tag{2.77}$$

（3）按 k 行（k 列）展开。

定理 18（拉普拉斯定理） 在 n 阶行列式中，任意取定 k 个行（k 列）（$1 \leqslant k \leqslant n-1$），由这 k 行（k 列）元素组成的所有的 k 级子式与它们的代数余子式的乘积之和等于行列式的值。

（4）其他性质。

性质 1 设 A 为 n 阶方阵，则 $A' = A$。

性质 2 设 A 为 n 阶方阵，则 $|kA| = k^n |A|$。

性质 3 设 A、B 为 n 阶方阵，则 $|AB| = |A||B|$，但 $|A \pm B| \neq |A| \pm |B|$。

性质 4 设 A 为 m 阶方阵，设 B 为 n 阶方阵，则 $\begin{vmatrix} A & * \\ 0 & B \end{vmatrix} = \begin{vmatrix} A & 0 \\ * & B \end{vmatrix} = |A||B|$。

性质 5 行列式的乘法定理：两个 n 级行列式乘积等于 n 阶行列式。

$$
\begin{vmatrix} a_{11} & a_{12} & \cdots & a_{1n} \\ a_{21} & a_{22} & \cdots & a_{2n} \\ \vdots & \vdots & \ddots & \vdots \\ a_{n1} & a_{n2} & \cdots & a_{nn} \end{vmatrix} \cdot \begin{vmatrix} b_{11} & b_{12} & \cdots & b_{1n} \\ b_{21} & b_{22} & \cdots & b_{2n} \\ \vdots & \vdots & \ddots & \vdots \\ b_{n1} & b_{n2} & \cdots & b_{nn} \end{vmatrix} = \begin{vmatrix} c_{11} & c_{12} & \cdots & c_{1n} \\ c_{21} & c_{22} & \cdots & c_{2n} \\ \vdots & \vdots & \ddots & \vdots \\ c_{n1} & c_{n2} & \cdots & c_{nn} \end{vmatrix}
$$

其中，$c_{ij} = a_{i1}b_{1j} + a_{i2}b_{2j} + \cdots + a_{in}b_{nj}$，$i$，$j = 1$，$2$，$\cdots$，$n$。

【例 2 – 14】计算下列三阶行列式。

(1) $\begin{vmatrix} 1 & 2 & 3 \\ 3 & 1 & 2 \\ 2 & 3 & 1 \end{vmatrix}$

(2) $\begin{vmatrix} \begin{vmatrix} 2 & 0 \\ 3 & 1 \end{vmatrix} & 0 & 0 \\ 0 & \begin{vmatrix} 0 & -3 \\ 1 & 8 \end{vmatrix} & 0 \\ 0 & 0 & \begin{vmatrix} 2 & 2 \\ 1 & 3 \end{vmatrix} \end{vmatrix}$

(3) $\begin{vmatrix} 5 & 3 & -1 & 2 & 0 \\ 1 & 7 & 2 & 5 & 2 \\ 0 & -2 & 3 & 1 & 0 \\ 0 & -4 & -1 & 4 & 0 \\ 0 & 2 & 3 & 5 & 0 \end{vmatrix}$

解：

(1) $\begin{vmatrix} 1 & 2 & 3 \\ 3 & 1 & 2 \\ 2 & 3 & 1 \end{vmatrix} = \begin{vmatrix} 6 & 6 & 6 \\ 3 & 1 & 2 \\ 2 & 3 & 1 \end{vmatrix} = 6\begin{vmatrix} 1 & 1 & 1 \\ 3 & 1 & 2 \\ 2 & 3 & 1 \end{vmatrix} = 6\begin{vmatrix} 1 & 1 & 1 \\ 0 & -2 & -1 \\ 0 & 1 & -1 \end{vmatrix}$

$= 6\begin{vmatrix} 1 & 1 & 1 \\ 0 & -2 & -1 \\ 0 & 0 & -\frac{3}{2} \end{vmatrix} = 6 \times 1 \times (-1) \times \left(-\frac{3}{2}\right) = 18$

(2) $\begin{vmatrix} \begin{vmatrix} 2 & 0 \\ 3 & 1 \end{vmatrix} & 0 & 0 \\ 0 & \begin{vmatrix} 0 & -3 \\ 1 & 8 \end{vmatrix} & 0 \\ 0 & 0 & \begin{vmatrix} 2 & 2 \\ 1 & 3 \end{vmatrix} \end{vmatrix} = \begin{vmatrix} 2 & 0 & 0 \\ 0 & 3 & 0 \\ 0 & 0 & 4 \end{vmatrix} = 24$

$$(3) \begin{vmatrix} 5 & 3 & -1 & 2 & 0 \\ 1 & 7 & 2 & 5 & 2 \\ 0 & -2 & 3 & 1 & 0 \\ 0 & -4 & -1 & 4 & 0 \\ 0 & 2 & 3 & 5 & 0 \end{vmatrix} = (-1)^{2+5} 2 \begin{vmatrix} 5 & 3 & -1 & 2 \\ 0 & -2 & 3 & 1 \\ 0 & -4 & -1 & 4 \\ 0 & 2 & 3 & 5 \end{vmatrix}$$

$$= -2 \times 5 \begin{vmatrix} -2 & 3 & 1 \\ -4 & -1 & 4 \\ 2 & 3 & 5 \end{vmatrix} = -10 \begin{vmatrix} -2 & 3 & 1 \\ 0 & -7 & 2 \\ 0 & 6 & 6 \end{vmatrix} = (-10) \times (-2) \begin{vmatrix} -7 & 2 \\ 6 & 6 \end{vmatrix}$$

$$= 20 \times (-42 - 12) = -1080$$

2.2.2　矩阵的概念及运算

2.2.2.1　矩阵的概念

定义22　由 $s \times n$ 个数 a_{ij}（$i = 1, 2, \cdots, s$；$j = 1, 2, \cdots, n$）排成 s 行 n 列的数表：

$$\begin{pmatrix} a_{11} & \cdots & a_{1n} \\ \vdots & \ddots & \vdots \\ a_{s1} & \cdots & a_{sn} \end{pmatrix} \tag{2.78}$$

称为 s 行 n 列矩阵，简记为 $A = (a_{ij})_{s \times n}$。

定义23　设 $A = (a_{ij})_{m \times n}$，$B = (b_{ij})_{m \times n}$，如果 $m = l$，$n = k$，且 $a_{ij} = b_{ij}$，对 $i = 1, 2, \cdots, m$ 和 $j = 1, 2, \cdots, n$ 都成立，则称 A 与 B 相等，记 $A = B$。

2.2.2.2　矩阵的基本运算

定义24　矩阵的加减法。

$$\begin{pmatrix} a_{11} & \cdots & a_{1n} \\ \vdots & \ddots & \vdots \\ a_{s1} & \cdots & a_{sn} \end{pmatrix} \pm \begin{pmatrix} b_{11} & \cdots & b_{1n} \\ \vdots & \ddots & \vdots \\ b_{s1} & \cdots & b_{sn} \end{pmatrix} = \begin{pmatrix} a_{11} \pm b_{11} & \cdots & a_{1n} \pm b_{1n} \\ \vdots & \ddots & \vdots \\ a_{s1} \pm b_{s1} & \cdots & a_{sn} \pm b_{sn} \end{pmatrix} \tag{2.79}$$

其运算规律为：

a. $A + B = B + A$；

b. $(A + B) + C = A + (B + C)$；

c. $A + O = A$；

d. $A + (-A) = O$。

定义 25 矩阵的数乘。

$$k\begin{pmatrix} a_{11} & \cdots & a_{1n} \\ \vdots & \ddots & \vdots \\ a_{s1} & \cdots & a_{sn} \end{pmatrix} = \begin{pmatrix} ka_{11} & \cdots & ka_{1n} \\ \vdots & \ddots & \vdots \\ ka_{s1} & \cdots & ka_{sn} \end{pmatrix} \qquad (2.80)$$

其运算规律为：

a. $(k + l)A = kA + lA$；

b. $k(A + B) = kA + kB$；

c. $k(lA) = (kl)A$；

d. $A + (-A) = O$。

定义 26 矩阵的乘法。

$$\begin{pmatrix} a_{11} & \cdots & a_{1n} \\ \vdots & \ddots & \vdots \\ a_{s1} & \cdots & a_{sn} \end{pmatrix}\begin{pmatrix} b_{11} & \cdots & b_{1n} \\ \vdots & \ddots & \vdots \\ b_{s1} & \cdots & b_{sn} \end{pmatrix} = \begin{pmatrix} c_{11} & \cdots & c_{1n} \\ \vdots & \ddots & \vdots \\ c_{s1} & \cdots & c_{sn} \end{pmatrix} \qquad (2.81)$$

其中，$c_{ij} = a_{i1}b_{1i} + a_{i2}b_{2i} + \cdots + a_{in}b_{ni}$，$i = 1, 2, \cdots, s$；$j = 1, 2, \cdots, n$。

其运算规律为：

a. $(AB)C = A(BC)$；

b. $A(B + C) = AB + AC$；

c. $(B + C)A = BA + CA$；

d. $k(AB) = A(kB) = (kA)B$。

一般情况下：

a. $AB \neq BA$；

b. $AB = AC$，$A \neq 0$，不能得到 $B = C$；

c. $AB = 0$ 不能得到 $A = 0$ 或 $B = 0$。

定义 27 矩阵的转置。

设 $A = \begin{pmatrix} a_{11} & \cdots & a_{1n} \\ \vdots & \ddots & \vdots \\ a_{s1} & \cdots & a_{sn} \end{pmatrix}$，$A$ 的转置就是指：

$$A' = \begin{pmatrix} a_{11} & \cdots & a_{1s} \\ \vdots & \ddots & \vdots \\ a_{n1} & \cdots & a_{sn} \end{pmatrix} \tag{2.82}$$

其运算规律为：

a. $(A')' = A$；

b. $(A + B)' = A' + B'$；

c. $(AB)' = B'A'$；

d. $(kA)' = kA'$。

定义 28 矩阵的逆：n 级方阵 A 称为可逆的，如果有 n 阶方阵 B，使得：

$$AB = BA = E \tag{2.83}$$

其中，E 为单位矩阵。

定义 29 设 A_{ij} 是矩阵 $\begin{pmatrix} a_{11} & \cdots & a_{1n} \\ \vdots & \ddots & \vdots \\ a_{n1} & \cdots & a_{nn} \end{pmatrix}$ 中 a_{ij} 元素的代数余子式，矩阵

$$A^* = \begin{pmatrix} A_{11} & \cdots & A_{1n} \\ \vdots & \ddots & \vdots \\ A_{n1} & \cdots & A_{nn} \end{pmatrix} \tag{2.84}$$

称为 A 的伴随矩阵。其基本性质为：

a. 矩阵 A 可逆的充分必要条件是 A 非退化（$|A| \neq 0$），因而有：

$$A^{-1} = \frac{A^*}{|A|} \tag{2.85}$$

b. 如果矩阵 A 与 B 可逆，那么 A' 与 AB 也可逆，由 $(A')^{-1} = (A^{-1})'$ 可得：

$$(AB)^{-1} = B^{-1}A^{-1} \tag{2.86}$$

c. 设 A 是 s×n 矩阵，如果 P 是 s×s 可逆矩阵，Q 是 n×n 可逆矩阵，那么有：

$$rank(A) = rank(PA) = rank(AQ) \tag{2.87}$$

【例 2 – 15】设 $AB = A + 2B$，且 $A = \begin{pmatrix} 3 & 0 & 1 \\ 1 & 1 & 0 \\ 0 & 1 & 4 \end{pmatrix}$，求 B。

解：$(A-2E)B = A$，且 $(A-2E)^{-1} = \begin{bmatrix} 2 & -1 & -1 \\ 2 & -2 & -1 \\ -1 & 1 & 1 \end{bmatrix}$，则有：

$$B = (A-2E)^{-1} \times A = \begin{bmatrix} 5 & -2 & -2 \\ 4 & -3 & -2 \\ -2 & 2 & 3 \end{bmatrix}。$$

【例 2-16】若 A 为 4 阶方阵，$|A| = 2$，求 $\left| \left(\frac{1}{2}A\right)^{-1} - \frac{3}{2}A^* \right|$。

解：$\left| \left(\frac{1}{2}A\right)^{-1} - \frac{3}{2}A^* \right| = \left| 2A^{-1} - \frac{3}{2}A^* \right| = \left| 2 \cdot \frac{1}{|A|}A^* - \frac{3}{2}A^* \right|$

$$= \left| A^* - \frac{3}{2}A^* \right| = \left| -\frac{1}{2}A^* \right| = \left(-\frac{1}{2}\right)^4 |A^*|$$

$$= \left(-\frac{1}{2}\right)^4 |A|^{4-1} = \left(-\frac{1}{2}\right)^4 2^{4-1} = \frac{1}{2}。$$

【例 2-17】设方阵 A 满足 $A^2 - 5A + 4E = O$，证明 A 及 A-3E 都可逆，并求 A^{-1} 及 $(A-3E)^{-1}$。

解：由 $A^2 - 5A + 4E = O$ 得 $A(A-5E) = -4E$，$(A-5E)A = -4E$，从而有 $A\frac{(5E-A)}{4} = E$，$\frac{(5E-A)}{4}A = E$，则 A 可逆，且 $A^{-1} = \frac{1}{4}(5E-A)$。由 $A^2 - 5A + 4E = O$ 得 $A^2 - 3A - 2A + 6E - 2E = O$，即 $A(A-3E) - 2(A-3E) - 2E = O$ 或 $(A-3E)A - (A-3E) \cdot 2 - 2E = O$，也即 $(A-2E)(A-3E) - 2E = O$ 或 $(A-3E)(A-2E) - 2E = O$，从而 $\frac{(A-2E)}{2}(A-3E) = E$，$(A-3E)\frac{(A-2E)}{2} = E$，则 A-3E 可逆，且 $(A-3E)^{-1} = \frac{1}{2}(A-2E)$。

2.2.3　矩阵的分块及初等矩阵

2.2.3.1　矩阵的分块

如果我们把一个大矩阵看成是由一些小矩阵组成的，并在运算过程中把这些小矩阵当作数一样来处理，这就是矩阵的分块。例如：

$$A = \begin{pmatrix} 1 & 0 & 0 & 0 \\ 0 & 1 & 0 & 0 \\ -1 & 2 & 1 & 0 \\ 1 & 1 & 0 & 1 \end{pmatrix} = \begin{pmatrix} E_1 & O \\ A_1 & E_2 \end{pmatrix}$$

其中，$E_1 = E_2 = \begin{pmatrix} 1 & 0 \\ 0 & 1 \end{pmatrix}$，$O = \begin{pmatrix} 0 & 0 \\ 0 & 0 \end{pmatrix}$，$A_1 = \begin{pmatrix} -1 & 2 \\ 1 & 1 \end{pmatrix}$。

对于两个有相同分块的准对角矩阵：

$$A = \begin{pmatrix} A_1 & & 0 \\ & \ddots & \\ 0 & & A_n \end{pmatrix}, B = \begin{pmatrix} B_1 & & 0 \\ & \ddots & \\ 0 & & B_n \end{pmatrix} \qquad (2.88)$$

如果它们相应的分块是同级的，则有：

a. $AB = \begin{pmatrix} A_1B_1 & & 0 \\ & \ddots & \\ 0 & & A_nB_n \end{pmatrix}$

b. $A \pm B = \begin{pmatrix} A_1 \pm B_1 & & 0 \\ & \ddots & \\ 0 & & A_n \pm B_n \end{pmatrix}$

c. $|A| = |A_1||A_2|\cdots|A_n|$

d. A 可逆的充要条件 A_1，A_2，$\cdots$，A_n 是可逆，且有：

$$A^{-1} = \begin{pmatrix} A_1^{-1} & & O \\ & \ddots & \\ O & & A_n^{-1} \end{pmatrix}$$

2.2.3.2　初等矩阵

定义 30　初等变换包含初等行变换与初等列变换，初等行（列）变换具体包括如下三种形式：

a. 用一个非零的数 k 乘矩阵的第 i 行（列）记作 $r_i \times k$（$c_i \times k$）；

b. 互换矩阵中 i 和 j 两行（列）的位置，记作 $r_i \leftrightarrow r_j$（$c_i \leftrightarrow c_j$）；

c. 将第 i 行（列）的 k 倍加到第 j 行（列）上，记作 $r_i + kr_j$（$c_i + kc_j$）。

定义 31　由单位矩阵 E 经过一次初等变换得到的矩阵称为初等矩阵。

定理 19　对一个 s × n 矩阵 A 作一次初等行变换就相当于在 A 的左边乘上相应的 s × s 初等矩阵，对 A 作一次初等列变换就相当于在 A 的右边乘上相应的 n × n 初等矩阵。

定理 20　任意一个 s × n 矩阵 A 都与如下形式矩阵等价。

$$\begin{pmatrix} 1 & \cdots & 0 & 0 & \cdots & 0 \\ \vdots & \ddots & \vdots & \vdots & & \vdots \\ 0 & \cdots & 1 & 0 & \cdots & 0 \\ 0 & \cdots & 0 & 0 & \cdots & 0 \\ \vdots & & \vdots & \vdots & \ddots & \vdots \\ 0 & \cdots & 0 & 0 & \cdots & 0 \end{pmatrix} \tag{2.89}$$

式（2.89）称为矩阵 A 的标准型，主对角线上 1 的个数等于 A 的秩。

定理 21　n 级矩阵 A 为可逆的充分必要条件是它能表示成一些初等矩阵的乘积。

定理 22　两个 s×n 矩阵 A 和 B 等价的充分必要条件是存在可逆的 s 级矩阵 P 与可逆的 n 级矩阵 Q，使 B = PAQ。

2.3　概率论知识概述

概率论作为重要的数学分支，始于 17 世纪人们对于偶然现象的研究，起源于对赌博问题的探索。惠更斯（Huygens，1657）将帕斯卡和费马（Pascal and Fermat）关于分赌注问题的讨论及结果总结为《关于赌博中的推断》一书，被认为是或然数学的奠基之作。18 世纪，随着欧洲工商业的发展，保险公司为获得丰厚的利润，必须确定意外发生的概率，保险业发展过程中对于概率论的需求成为促进概率论迅速发展的直接动力。随着时代的发展，概率论被广泛应用在金融领域，如金融计量、保险精算与风险管理等，在本节将介绍概率论基础概念、随机变量及分布、特征数及大数定律与中心极限定理四部分内容。

2.3.1　概率论基础概念

2.3.1.1　基本概念

随机现象是指在一定条件下不总是出现相同结果的现象。

随机现象有两个特点：第一，结果不止一个；第二，人们并不知道会出现哪种结果。

【例 2–18】随机现象举例。

答：抛硬币的结果、抛骰子出现的点数、中国银行 A 股市场的股票价格、1

分钟内通过路口的车辆数量。

随机事件的一切可能结果组成的集合称为样本空间，即 = {ω}，其中，ω 表示基本结果，又称为样本点。样本空间分为离散样本空间与连续样本空间，离散样本空间指样本点个数为有限或可列个的情况，连续样本空间指样本点的个数为不可列无限个的情况。进一步讲，样本空间中的元素可以为数，也可以不是数。

【例 2 - 19】 写出〖例 2 - 18〗中随机现象的样本空间。

解：抛硬币结果的样本空间为 $\Omega_1 = \{\omega_1, \omega_2\}$，$\omega_1$ 为正面向上，ω_2 为背面向上；抛骰子出现点数的样本空间为 $\Omega_2 = \{1,2,3,4,5,6\}$；中国银行 A 股市场的股票价格的样本空间为 $\Omega_3 = \{p; p \geq 0\}$；1 天内通过路口的车辆数量的样本空间为 $\Omega_4 = \{1,2,3,\cdots,20,\cdots,10^3,\cdots\}$。

随机事件是指随机现象的某些样本点组成的集合，可简称为事件。用来表示随机现象结果的变量称为随机变量，常用大写字母 X、Y、Z 表示。

【例 2 - 20】 抛骰子出现点数的样本空间为 $\Omega = \{1,2,3,4,5,6\}$，写出其三个随机事件。

解：事件 A = 出现奇数点数，它由 Ω 的三个样本点 1、3、5 组成；事件 B = 出现点数小于 5 的点数，它由 Ω 的四个样本点 1、2、3、4 组成；事件 C = 出现的点数小于 1，Ω 中任何样本点都不在 C 中，所以 C 为空集，即 ∅。

定义 32 设 Ω 为样本空间，Φ 为 Ω 的某些子集所组成的集合类，如果 Φ 满足下列条件，则称 Φ 为一个事件域，又称为 σ 域或 σ 代数。

a. $\Omega \in \Phi$；

b. 若 $A \in \Phi$，则对立事件 $\bar{A} \in \Phi$；

c. 若 $A_n \in \Phi$，n = 1, 2, …可列，并且 $\cup_{n=1}^{\infty} A_n \in \Phi$。

2.3.1.2 概率的定义及性质

定义 33 设 Ω 为一个样本空间，Φ 为 Ω 的某些子集组成的一个事件域。如果对任意事件 $A \in \Phi$，定义在 Φ 上的一个实值函数 P（A）满足如下条件。

a. 非负性公理：若 $A \in \Phi$，则 $P(A) \geq 0$。

b. 正则性公理：$P\{\Omega\} = 1$。

c. 可列可加性公理：若 A_1，A_2，…，A_n 互不相容，则：

$$P(\cup_{i=1}^{\infty} A_i) = \sum_{i=1}^{\infty} P(A_i) \tag{2.90}$$

其中，P（A）为事件 A 的概率；三元素（Ω，Φ，P）为概率空间。

（1）确定概率的方法。我们通过频率方法与古典方法确定概率，以下介绍两种方法的基本思想。

确定概率的频率方法的基本思想是通过大量重复实验，运用频率的稳定值得到概率，即对事件 A 有关的随机现象进行大量重复实验，计算事件 A 出现的频数（次数）$n(A)$，并计算事件 A 出现的频率 $f_n(A) = \dfrac{n(A)}{n}$。长期实践表明，随着实验次数 n 的增加，$f_n(A)$ 会稳定在某一常数 a 附近，这个常数 a 为频率的稳定值，也就是概率。

相对地，古典方法的基本思想是：

a. 所涉及的随机现象只有有限样本点。

b. 每个样本点发生的可能性相等（称为等可能性）。

c. 若事件 A 含有 k 个样本点，则事件 A 的概率为：

$$P(A) = \frac{\text{事件 A 所含样本点的个数}}{\Omega \text{ 中所有样本点的个数}} = \frac{k}{n} \tag{2.91}$$

【例 2 - 21】某城市的电话号码为 6 位数，且第一位为 6 或 8，求随机抽取的一个电话号码由完全不相同的数字组成的概率以及随机抽取的电话号码末位数是 8 的概率。

解：A = {抽取的电话号码由完全不相同的数字组成}，B = {抽取的电话号码末位数是 8}，则有：

$$P(A) = \frac{2 \times A_9^5}{2 \times 10^5}$$

$$P(B) = \frac{2 \times 10^4}{2 \times 10^5}$$

（2）概率的性质。

性质 1　$P(\varnothing) = 0$。

性质 2（有限可加性）　若有限个事件 A_1，A_2，$\cdots$，A_n 互不相容，则有 $P(\cup_{i=1}^n A_i) = \sum_{i=1}^n P(A_i)$。

性质 3　对任一事件 A，有 $P(\overline{A}) = 1 - P(A)$。

性质 4　若 $A \supset B$，则 $P(A - B) = P(A) - P(B)$。

性质 5　对任意两个事件 A、B，有 $P(A - B) = P(A) - P(AB)$。

性质 6（加法公式）　对任意两个事件 A、B，有 $P(A \cup B) = P(A) + P(B) -$ 　53

$P(AB)$，对任意 n 个事件 A_1，A_2，$\cdots$，A_n 有：

$$P(\cup_{i=1}^n A_i) = \sum_{i=1}^n P(A_i) - \sum_{1 \leqslant i < j \leqslant n} P(A_i A_j) + \sum_{1 \leqslant i < j < k \leqslant n} P(A_i A_j A_k) + \cdots +$$
$$(-1)^{n-1} P(A_1 A_2 \cdots A_n)$$

（3）条件概率的定义及性质。

定义 34 设 A 与 B 是样本空间 Ω 中的两个事件，若 $P(B) > 0$，则称

$$P(A \mid B) = \frac{P(AB)}{P(B)} \qquad (2.92)$$

为在 B 发生下 A 的条件概率，简称条件概率。

性质 1 条件概率是概率，即若设 $P(B) > 0$，则下式成立：

a. $P(A \mid B) \geqslant 0$，$A \in \Phi$；

b. $P(\Omega \mid B) = 1$；

c. 若 Φ 中的 A_1，A_2，$\cdots$，A_n 互不相容，则 $P(\cup_{i=1}^{\infty} A_i \mid B) = \sum_{i=1}^{\infty} P(A_i \mid B)$。

性质 2（乘法公式） 若 $P(B) > 0$，则 $P(AB) = P(B)P(A \mid B)$ 且 $P(A_1 A_2 \cdots A_{n-1}) > 0$，则下式成立：

$$P(A_1 A_2 \cdots A_n) = P(A_1)P(A_2 \mid A_1)P(A_3 \mid A_1 A_2) \cdots P(A_n \mid A_1 A_2 \cdots A_{n-1})$$
$$(2.93)$$

性质 3（全概率公式） 设 B_1，B_2，$\cdots$，B_n 为样本空间 Ω 的一个分割，即 B_1，B_2，$\cdots$，B_n 互不相容，且 $\cup_{i=1}^n B_i = \Omega$，如果 $P(B_i) > 0$，$i = 1, 2, \cdots, n$，则对任一事件 A 有：

$$P(A) = \sum_{i=1}^n P(B_i)P(A \mid B_i) \qquad (2.94)$$

性质 4（贝叶斯公式） 设 B_1，B_2，$\cdots$，B_n 为样本空间 Ω 的一个分割，即 B_1，B_2，$\cdots$，B_n 互不相容，且 $\cup_{i=1}^n B_i = \Omega$，如果 $P(B_i) > 0$，$i = 1, 2, \cdots$，n，则：

$$P(B_i \mid A) = \frac{P(B_i)P(A \mid B_i)}{\sum_{i=1}^n P(B_i)P(A \mid B_i)} \qquad (2.95)$$

【例 2-22】某工厂有一、二、三 3 个车间生产同一种产品，每个车间的产量占总产量的 45%、35%、20%，如果每个车间成品中的次品率分别为 5%、

4%、2%。

（1）从全厂产品中任意抽取 1 个产品，求取出是次品的概率；

（2）从全厂产品如果抽出的 1 个恰好是次品，求这个产品由一车间生产的概率。

解：设 A = {任取一件产品为次品}，B_i = {任取一件产品是第 i 个车间生产的}，i = 1，2，3，则 A = $B_1 A \cup B_2 A \cup B_3 A$，且 $B_1 A$、$B_2 A$、$B_3 A$ 两两互不相容。已知：

$$P(B_1) = 0.45, P(B_2) = 0.35, P(B_3) = 0.20, P(A|B_1) = 0.05,$$

$$P(A|B_2) = 0.04, P(A|B_3) = 0.02$$

$$P(A) = P(B_1)P(A|B_1) + P(B_2)P(A|B_2) + P(B_3)P(A|B_3) = 0.0405$$

$$P(B_1|A) = \frac{P(B_1 A)}{P(A)} = \frac{P(B_1)P(A|B_1)}{P(A)} = \frac{5}{9}$$

2.3.2　随机变量及分布

2.3.2.1　一维随机变量及分布

定义 35　定义在样本空间 Ω 上的实值函数 X = X(ω) 称为随机变量，常用大写字母 X、Y、Z 等表示随机变量，其取值用小写字母 x、y、z 等表示。随机变量分为离散随机变量与连续随机变量，离散随机变量指可能取为有限个或可列个值，连续随机变量指可能取为不可列无限个值。

定义 36　设 X 是一个随机变量，对任意实数 x，称下式为随机变量 X 的分布函数，且称 X 服从 F(x)，记为 X ~ F(x)：

$$F(x) = P(X \leqslant x) \tag{2.96}$$

有时也可用 $F_X(x)$ 以表明是 X 的分布函数。

定理 23　任一分布函数 F(x) 都具有如下性质：

a. 单调性。F(x) 是定义在整个实数轴 $(-\infty, \infty)$ 上的单调非减函数，即对任意的 $x_1 < x_2$，有：

$$F(x_1) \leqslant F(x_2) \tag{2.97}$$

b. 有界性。对任意的 x，有 $0 \leqslant F(x) \leqslant 1$，且：

$$F(-\infty) = \lim_{x \to -\infty} F(x) = 0 \tag{2.98}$$

$$F(\infty) = \lim_{x \to \infty} F(x) = 1 \qquad (2.99)$$

c. 右连续性。F(x)是 x 的右连续函数，即对任意的 x_0，有：

$$\lim_{x \to x_0^+} F(x) = F(x_0) \qquad (2.100)$$

即：

$$F(x_0 + 0) = F(x_0) \qquad (2.101)$$

2.3.2.2 一维离散随机变量

定义 37 设 X 是一个离散随机变量，如果 X 的所有可能取值是 x_1，x_2，$\cdots$，x_n，则称 X 取 x_i 的概率：

$$p_i = p(x_i) = P(X = x_i), i = 1, 2, \cdots, n \qquad (2.102)$$

为 X 的概率分布列或简称为分布列，记为 $X \sim \{p_i\}$。

分布列也可用如列表方式来表示，如表 2-1 所示。

表 2-1

X	x_1	x_2	$\cdots$	x_n	$\cdots$
P	$p(x_1)$	$p(x_2)$	$\cdots$	$p(x_n)$	$\cdots$

或记为：

$$\begin{pmatrix} x_1 & x_2 & \cdots & x_n & \cdots \\ p(x_1) & p(x_2) & \cdots & p(x_n) & \cdots \end{pmatrix} \qquad (2.103)$$

2.3.2.3 一维连续随机变量

定义 38 设随机变量 X 的分布函数为 F(x)，如果存在实数轴上的一个非负可积函数 p(x)，使得对任意实数 x 有：

$$F(x) = \int_{-\infty}^{x} p(t) dt \qquad (2.104)$$

则称 p(x) 为 X 的概率密度函数，简称为密度函数，或称密度。

【例 2-23】 假设有 3 个不同的球，随机地投入编号为 1、2、3、4 的 4 个盒子中，X 表示有球盒子的最小号码，求 X 的分布律。

解：X 的分布律列表如表 2-2 所示。

表 2 – 2

X	1	2	3	4
P	$\dfrac{(4^3 - 3^3)}{4^3}$	$\dfrac{(3^3 - 2^3)}{4^3}$	$\dfrac{(2^3 - 1)}{4^3}$	$\dfrac{1}{4^3}$

【例 2 – 24】 设随机变量 X 的概率密度为 $f(x) = \begin{cases} \dfrac{A}{\sqrt{1 - x^2}}, & |x| \leqslant 1 \\ 0, & \text{其他} \end{cases}$,

试求:(1) A;(2) $P\left\{|X| < \dfrac{1}{2}\right\}$;(3) X 的分布函数 $F(x)$。

解:

(1) 由归一性可得 $\displaystyle\int_{-\infty}^{+\infty} f(x)\,dx = \int_{-1}^{1} \dfrac{A}{\sqrt{1 - x^2}}\,dx = A\arcsin x \big|_{-1}^{1} = \pi A = 1$,所

以 $A = \dfrac{1}{\pi}$。

(2) $P\left\{|X| < \dfrac{1}{2}\right\} = \displaystyle\int_{-\frac{1}{2}}^{\frac{1}{2}} f(x)\,dx = \int_{-\frac{1}{2}}^{\frac{1}{2}} \dfrac{1}{\pi}\dfrac{1}{\sqrt{1 - x^2}}\,dx = \dfrac{1}{3}$。

(3) $F(x) = \displaystyle\int_{-\infty}^{x} f(t)\,dx = \begin{cases} 0, & x < -1 \\ \displaystyle\int_{1}^{x} \dfrac{1}{\pi}\dfrac{1}{\sqrt{1 - t^2}}\,dx = \dfrac{1}{\pi}\arcsin x, & -1 \leqslant x \leqslant 1 \\ 1, & x > 1 \end{cases}$

2.3.2.4　多维随机变量及分布

(1) 多维随机变量及分布概念。

定义 39　设 E 是一个随机试验,它的样本空间是 $\Omega = \{\omega\} \cdot X_1(\omega)$,$X_2(\omega)$,$\cdots$,$X_n(\omega)$ 是定义在 Ω 上的 n 个随机变量,称

$$X_1(\omega), X_2(\omega), \cdots, X_n(\omega) \tag{2.105}$$

为 n 维随机变量或随机向量。

定义 40　对于任意 n 个实数 x_1,x_2,$\cdots$,x_n,则 n 个事件 $\{X_1 \leqslant x_1\}$,$\{X_2 \leqslant x_2\}$,$\cdots$,$\{X_n \leqslant x_n\}$ 同时发生的概率

$$F(x_1, x_2, \cdots, x_n) = P(X_1 \leqslant x_1, X_2 \leqslant x_2, \cdots, X_n \leqslant x_n) \tag{2.106}$$

称为 n 维随机向量 (x_1, x_2, $\cdots$, x_n) 的联合分布函数。

分布函数 $F(x, y)$ 具有以下基本性质:

a. $0 \leqslant F(x, y) \leqslant 1$。

b. 单调性。$F(x, y)$分别对 x 和 y 是非减的，即：当 $x_2 > x_1$ 时，有 $F(x_2, y) \geq F(x_1, y)$；当 $y_2 > y_1$ 时，有 $F(x, y_2) \geq F(x, y_1)$。

c. 右连续性。$F(x, y)$分别对 x 和 y 是右连续的，即：

$$F(x,y) = F(x+0,y)$$

$$F(x,y) = F(x,y+0)$$

d. 有界性。$F(-\infty, +\infty) = F(-\infty, y) = F(x, +\infty) = 0$

$$F(+\infty, +\infty) = 1$$

e. 非负性。对于 $x_1 < x_2$，$y_1 < y_2$，有：

$$P(x_1 < x \leq x_2, y_1 < y \leq y_2) = F(x_2,y_2) - F(x_2,y_1) - F(x_1,y_2) + F(x_1,y_1) \geq 0$$

（2）多维离散随机变量。

定义 41 如果二维随机变量（X，Y）的所有可能取值为至多可列个有序对 (x_i, y_j)，则称（X，Y）为离散型随机量。

设（X，Y）的所有可能取值为 (x_i, y_j) $(i, j = 1, 2, \cdots)$，且事件 $\{\xi(x_i, y_j)\}$ 的概率为 p_{ij}，则

$$P\{(X,Y) = (x_i,y_j)\} = p_{ij}(i,j = 1,2,\cdots) \qquad (2.107)$$

为（X，Y）的分布律或称为 X 和 Y 的联合分布律。联合分布有时也用如表 2-3 所示的概率分布表来表示。

表 2-3　　　　　　　　　　　联合分布概率分布表

x ＼ y	y_1	y_2	$\cdots$	y_j	$\cdots$
x_1	p_{11}	p_{12}	$\cdots$	p_{1j}	$\cdots$
x_2	p_{21}	p_{22}	$\cdots$	p_{2j}	$\cdots$
$\vdots$	$\vdots$	$\vdots$		$\vdots$	$\vdots$
x_i	p_{i1}		$\cdots$	p_{ij}	$\cdots$
$\vdots$	$\vdots$	$\vdots$		$\vdots$	$\vdots$

这里 p_{ij} 具有下面两个性质：

a. $p_{ij} \geq 0$ （i, j = 1, 2, $\cdots$）；

b. $\sum_i \sum_j p_{ij} = 1$。

（3）多维连续随机变量。

定义 42 对于二维随机变量（X，Y），如果存在非负函数 $f(x, y)$，则二维随机变量（X，Y）的分布函数 $F(x, y)$ 可表示为：

$$F(x,y) = \int_{-\infty}^{x} \int_{-\infty}^{y} f(u,v) \, du \, dv \qquad (2.108)$$

则称（X，Y）为二维连续型随机变量，并称 $f(x,y)$ 为（X，Y）的联合分布密度。

分布密度 $f(x,y)$ 具有下面两个性质：

a. $f(x,y) \geqslant 0$；

b. $\int_{-\infty}^{+\infty} \int_{-\infty}^{+\infty} f(x,y) \, dx \, dy = 1$。

（4）边际分布。

定义 43 二维随机变量（X，Y）作为一个整体，具有分布函数 $F(x,y)$。而 X 和 Y 都是随机变量，各自也有分布函数，将它们分别记为 $F_X(x)$ 和 $F_Y(y)$，依次称为二维随机变量（X，Y）关于 X 和关于 Y 的边缘分布函数。

$$p_{i\cdot} = \sum_{j=1}^{\infty} p_{ij} = P\{X = x_i\}, i = 1,2,\cdots \qquad (2.109)$$

$$p_{\cdot j} = \sum_{i=1}^{\infty} p_{ij} = P\{Y = y_j\}, j = 1,2,\cdots \qquad (2.110)$$

分别称 $p_{i\cdot}$、$p_{\cdot j}$ 为（X，Y）关于 X 和关于 Y 的边缘分布律。

$$f_X(x) = \int_{-\infty}^{\infty} f(x,y) \, dy \qquad (2.111)$$

$$f_Y(y) = \int_{-\infty}^{\infty} f(x,y) \, dx \qquad (2.112)$$

分别称 $f_X(x)$、$f_Y(y)$ 为 X、Y 关于 X 和关于 Y 的边缘概率密度。

（5）条件分布。

定义 44 若（X，Y）是二维离散型随机变量，对于固定的 j，若 $P\{Y = y_j\} > 0$，则：

$$P\{X = x_i | Y = y_j\} = \frac{P\{X = x_i, Y = y_j\}}{P\{Y = y_j\}} = \frac{p_{ij}}{p_{\cdot j}}, i = 1,2,\cdots \qquad (2.113)$$

为在 $Y = y_j$ 条件下随机变量 X 的条件分布律，同样有：

$$P\{Y = y_j | X = x_i\} = \frac{P\{X = x_i, Y = y_j\}}{P\{X = x_i\}} = \frac{p_{ij}}{p_{i\cdot}}, j = 1,2,\cdots \qquad (2.114)$$

为在 $X = x_i$ 条件下随机变量 X 的条件分布律。

定义 45 设二维离散型随机变量（X，Y）的概率密度为 $f(x,y)$，（X，Y）

关于 Y 的边缘概率密度为 $f_Y(y)$，若对于固定的 y，$f_Y(y) > 0$，则称 $\dfrac{f(x, y)}{f_Y(y)}$ 为在 Y = y 的条件下 X 的条件概率密度，记为：

$$f_{X|Y}(x \mid y) = \frac{f(x,y)}{f_Y(y)} \tag{2.115}$$

（6）独立性。

定义46 设 $F(x, y)$ 及 $F_X(x)$、$F_Y(y)$ 分别是二维离散型随机变量（X, Y）的分布函数及边缘分布函数。若对于所有 x、y 有：

$$P\{X = x, Y = y\} = P\{X \leqslant x\} P\{Y \leqslant y\} \tag{2.116}$$

即：

$$F(x,y) = F_X(x) F_Y(y) \tag{2.117}$$

则称随机变量 X 和 Y 是相互独立的。

【例2–25】设随机变量 X_1 与 X_2 独立同分布，且已知 $P(X_i = k) = 1/3$，（k = 1，2，3；i = 1，2），记随机变量 $Y_1 = \max\{X_1, X_2\}$，$Y_2 = \min\{X_1, X_2\}$。求：

（1）（Y_1，Y_2）的联合分布列；

（2）判断 Y_1 与 Y_2 是否互相独立；

（3）求 $P(Y_1 + Y_2 \leqslant 3)$，$P(Y_1 = Y_2)$。

解：

（1）（Y_1，Y_2）的联合分布列如表2–4所示。

表2–4

Y_1 \\ Y_2	1	2	3
1	$\frac{1}{9}$	0	0
2	$\frac{2}{9}$	$\frac{1}{9}$	0
3	$\frac{2}{9}$	$\frac{2}{9}$	$\frac{1}{9}$

（2）两个边缘分布列如表2–5所示。

表2–5

Y_1	1	2	3
P	$\frac{1}{9}$	$\frac{1}{3}$	$\frac{5}{9}$

Y_2	1	2	3
P	$\dfrac{5}{9}$	$\dfrac{1}{3}$	$\dfrac{1}{9}$

因为 $P(Y_1=1)\,P(Y_2=1)=\dfrac{1}{9}\times\dfrac{5}{9}=\dfrac{5}{81}\neq\dfrac{1}{9}=P(Y_1=1,\ Y_2=1)$，所以 Y_1 与 Y_2 不独立。

（3）$P(Y_1+Y_2\leqslant3)=P(Y_1=1,\ Y_2=1)+P(Y_1=1,\ Y_2=2)+P(Y_1=2,\ Y_2=1)=\dfrac{1}{3}$

$P(Y_1=Y_2)=P(Y_1=1,\ Y_2=1)+P(Y_1=2,\ Y_2=2)+P(Y_1=3,\ Y_2=3)=\dfrac{1}{3}$

【例 2 – 26】已知（X，Y）的联合概率密度为：

$$f(x,y)=\begin{cases}4x,&0\leqslant x\leqslant1,0\leqslant y\leqslant x^2\\ 0,&\text{其他}\end{cases}$$

（1）求关于 X 和 Y 的边缘概率密度 $f_X(x)$，$f_Y(y)$；

（2）判断 X 与 Y 是否相互独立；

（3）求 $P\{X\geqslant\dfrac{1}{3}\}$，$P\{X\geqslant\dfrac{1}{3},\ Y\geqslant\dfrac{1}{3}\}$。

解：

（1）$f_X(x)=\displaystyle\int_{-\infty}^{+\infty}f(x,y)dy=\begin{cases}\displaystyle\int_0^{x^2}4xdy=4x^3,&0\leqslant x\leqslant1\\ 0,&\text{其他}\end{cases}$

$f_Y(y)=\displaystyle\int_{-\infty}^{+\infty}f(x,y)dx=\begin{cases}\displaystyle\int_{\sqrt{y}}^1 4xdx=2-2y,&0\leqslant y\leqslant1\\ 0,&\text{其他}\end{cases}$

（2）在 $f(x,y)$ 的非零区域内 $f(x,y)\neq f_X(x)\,f_Y(y)$，故 X 与 Y 不独立。

（3）$P\{X\geqslant\dfrac{1}{2}\}=\displaystyle\iint_{x\geqslant\frac{1}{2}}f(x,y)dxdy=\int_{\frac{1}{2}}^1dx\int_0^{x^2}4x\ dy=\dfrac{15}{16}$；

$P\{X\geqslant\dfrac{1}{2},Y\geqslant\dfrac{1}{2}\}=\displaystyle\iint_{x\geqslant\frac{1}{2},y\geqslant\frac{1}{2}}f(x,y)dxdy=\int_{\frac{1}{\sqrt{2}}}^1dx\int_{\frac{1}{2}}^{x^2}4xdy=\dfrac{1}{4}$。

2.3.3 特征数

2.3.3.1 期望、方差与标准差

定义 47 设离散型随机变量 X 的分布律为 $P\{X=x_k\}=p_k$，$k=1$，2，…，

若级数 $\sum\limits_{k=1}^{\infty} x_k p_k$ 绝对收敛，则称级数 $\sum\limits_{k=1}^{\infty} x_k p_k$ 的和为随机变量 X 的数学期望，记为 E(X)，即：

$$E(X) = \sum_k x_k p_k \tag{2.118}$$

定义 48 连续型随机变量 X 的概率密度为 f(x)，若积分 $\int_{-\infty}^{\infty} x f(x) dx$ 绝对收敛，则称积分 $\int_{-\infty}^{\infty} x f(x) dx$ 的值为随机变量 X 的数学期望，记为 E(X)，即：

$$E(X) = \int_{-\infty}^{\infty} x f(x) dx \tag{2.119}$$

定理 24 设 Y 是随机变量 X 的函数 Y = g(X)（g 是连续函数），如果 X 是离散型随机变量，它的分布律为 $P\{X = x_k\} = p_k$，k = 1，2，…，若 $\sum\limits_{k=1}^{\infty} g(x_k) p_k$ 绝对收敛，则有：

$$E(Y) = E[g(X)] = \sum_{k=1}^{\infty} g(x_k) p_k \tag{2.120}$$

如果 X 是连续型随机变量，它的分概率密度为 f(x)，若 $\int_{-\infty}^{\infty} g(x) f(x) dx$ 绝对收敛，则有：

$$E(Y) = E[g(X)] = \int_{-\infty}^{\infty} g(x) f(x) dx \tag{2.121}$$

数学期望的重要性质：

a. 设 C 是常数，则有 E(C) = C；

b. 设 X 是随机变量，C 是常数，则有 E(CX) = CE(X)；

c. 设 X、Y 是两个随机变量，则有 E(X + Y) = E(X) + E(Y)；

d. 设 X、Y 是相互独立的随机变量，则有 E(XY) = E(X) E(Y)。

定义 49 设 X 是一个随机变量，若 $E\{[X - E(X)]^2\}$ 存在，则称 $E\{[X - E(X)]^2\}$ 为 X 的方差，记为：

$$D(x) = E\{[X - E(X)]^2\} \tag{2.122}$$

且

$$D(x) = E[X - E(X)]^2 = E(X^2) - (EX)^2 \tag{2.123}$$

在实际应用中经常会用到 $\sqrt{D(x)}$，记为 σ(x)，称为标准差或均方差。

方差的重要性质：

a. 设 C 是常数，则有 D(C) = 0。

b. 设 X 是随机变量，C 是常数，则有：

$$D(CX) = C^2 D(X) \tag{2.124}$$

$$D(X + Y) = D(X) \tag{2.125}$$

c. 设 X，Y 是两个随机变量，则有：

$$D(X + Y) = D(X) + D(Y) + 2E\{(X - E(X))(Y - E(Y))\} \tag{2.126}$$

特别地，若 X、Y 相互独立，则有：

$$D(X + Y) = D(X) + D(Y) \tag{2.127}$$

d. D(X) = 0 的充要条件是 X 以概率 1 取常数 E(X)，即：

$$P\{X = E(X)\} = 1 \tag{2.128}$$

设随机变量 X 具有数学期望 E(X) = σ^2，则对于任意正数 ε 如下不等式成立（切比雪夫不等式）：

$$P\{|X - \mu| \geqslant \varepsilon\} \leqslant \frac{\sigma^2}{\varepsilon^2} \tag{2.129}$$

2.3.3.2　协方差与相关系数

定义 50　设（X，Y）是一个二维随机变量，则

$$E\{[X - E(X)][Y - E(Y)]\} \tag{2.130}$$

称为随机变量 X 与 Y 的协方差为 Cov（X，Y），即：

$$Cov(X,Y) = E[(X - E(X))(Y - E(Y))] = E(XY) - E(X)E(Y) \tag{2.131}$$

而

$$\rho_{XY} = \frac{Cov(X,Y)}{\sqrt{D(X)}\ \sqrt{D(Y)}} \tag{2.132}$$

称为随机变量 X 和 Y 的相关系数。

对于任意两个随机变量 X 和 Y 有：

$$D(X \pm Y) = D(X) + D(Y) \pm 2Cov(X,Y) \tag{2.133}$$

协方差具有下述性质：

a. $Cov(X, Y) = Cov(Y, X)$，$Cov(aX, bY) = abCov(X, Y)$；

b. $Cov(X_1 + X_2, Y) = Cov(X_1, Y) + Cov(X_2, Y)$。

定理 25 $|\rho_{XY}| \leq 1$ 与 $|\rho_{XY}| = 1$ 的充要条件是存在常数 a 和 b，使 $P\{Y = a + bx\} = 1$，当 $\rho_{XY} = 0$ 时，称 X 和 Y 不相关。

2.3.3.3 几种常用的概率分布表

下面将平时学习中常用分布的参数、分布律、数学期望和方差以表格形式呈现，如表 2-6 所示。

表 2-6 　　　　　　　　　　常用概率分布及其参数、数学期望和方差

分布	参数	分布律或概率密度	数学期望	方差
两点分布	$0 < p < 1$	$P(X = k) = p^k(1-p)^{1-k}$, $k = 0, 1$	p	$p(1-p)$
二项式分布	$n \geq 1$, $0 < p < 1$	$P(X = k) = C_n^k p^k(1-p)^{n-k}$, $k = 0, 1, \cdots, n$	np	$np(1-p)$
泊松分布	$\lambda > 0$	$P(X = k) = \dfrac{\lambda^k e^{-\lambda}}{k!}$, $k = 0, 1, 2, \cdots$	λ	λ
几何分布	$0 < p < 1$	$P(X = k) = (1-p)^{k-1}p$, $k = 1, 2, \cdots$	$\dfrac{1}{p}$	$\dfrac{1-p}{p^2}$
均匀分布	$a < b$	$f(x) = \begin{cases} \dfrac{1}{b-a}, & a < x < b \\ 0, & 其他 \end{cases}$	$\dfrac{a+b}{2}$	$\dfrac{(b-a)^2}{12}$
指数分布	$\theta > 0$	$f(x) = \begin{cases} \dfrac{1}{\theta}e^{-x/\theta}, & x > 0 \\ 0, & 其他 \end{cases}$	θ	θ^2
正态分布	μ, $\sigma > 0$	$f(x) = \dfrac{1}{\sqrt{2\pi}\sigma}e^{-\frac{(x-\mu)^2}{2\sigma^2}}$	μ	σ^2

2.3.3.4 分布的其他特征数

定义 51 设 X 为随机变量，k 为正整数。如果 μ_k、v_k 的数学期望均存在，则称

$$\mu_k = E(X^k) \tag{2.134}$$

为 X 的 k 阶原点矩。称

$$v_k = E(X - E(X))^k \tag{2.135}$$

为 X 的 k 阶中心矩。

定义 52 设随机变量 X 的二阶矩存在，则称比值

$$C_v(X) = \frac{\sqrt{\mathrm{Var}(X)}}{E(X)} = \frac{\sigma(X)}{E(X)} \tag{2.136}$$

为 X 的变异系数。

定义 53 设随机变量 X 的前三阶矩存在，则比值

$$\beta_S = \frac{v_3}{v_2^{3/2}} = \frac{E(X - EX)^3}{[\mathrm{Var}(X)]^{\frac{3}{2}}} \tag{2.137}$$

称为 X 的偏度系数，简称偏度。当 $\beta_S > 0$ 时，称该分布为正偏或右偏；当 $\beta_S < 0$ 时，称该分布为负偏或左偏。

定义 54 设随机变量 X 的前四阶矩存在，则

$$\beta_k = \frac{v_4}{v_2^2} - 3 = \frac{E(X - EX)^4}{[\mathrm{Var}(X)]^2} - 3 \tag{2.138}$$

称为 X 的峰度系数，简称峰度。

【例 2 - 27】 某保险公司规定，如一年中顾客的投保事件 A 发生，则赔偿 a 元。经统计，一年中 A 发生的概率为 p，若公司期望得到的收益为 $\frac{a}{10}$，则顾客应交多少保险费？

解：设保险费为 X 元，收益为 Y 元，则 $Y = \begin{cases} x, & A \text{ 发生} \\ x - a, & A \text{ 不发生} \end{cases}$，Y 的分布律如表 2 - 7 所示。

表 2 - 7

Y	x	x - a
P	1 - p	p

故 $E(Y) = x - ap = \frac{a}{10}$，求得 $x = ap + \frac{a}{10}$。

【例 2 - 28】 设 X 的概率密度为 $f(x) = \begin{cases} ax, & 0 < x < 2 \\ bx + c, & 2 \le x < 4 \\ 0, & \text{其他} \end{cases}$，且 $E(X) = 2$，$P\{1 < X < 3\} = 3/4$，求 a、b、c、$E(e^X)$。

解：由归一性得 $\int_{-\infty}^{+\infty} f(x)\,dx = \int_0^2 ax\,dx + \int_2^4 (bx + c)\,dx = 2a + 6b + 2c = 1$，而

$$E(X) = \int_{-\infty}^{+\infty} xf(x)dx = \int_0^2 x \cdot axdx + \int_2^4 x(bx+c)dx = \frac{8a}{3} + \frac{56b}{3} + 6c = 2$$

$$P\{1 < X < 3\} = \int_1^3 f(x)dx = \int_1^2 axdx + \int_2^3 (bx+c)dx = \frac{3a}{2} + \frac{5b}{2} + c = \frac{3}{4}$$

解得：$a = \frac{1}{4}$，$b = -\frac{1}{4}$，$c = 1$，则有：

$$E(e^X) = \int_{-\infty}^{+\infty} e^x f(x)dx = \int_0^2 e^x \cdot \frac{x}{4}dx + \int_2^4 e^x\left(1 - \frac{x}{4}\right)dx = \frac{1}{4}e^4 - \frac{1}{2}e^2 + \frac{1}{4}。$$

【例 2-29】设（X，Y）在以（0，1）、（1，0）、（1，1）为顶点的三角形区域上服从均匀分布，试求 D（X+Y）。

解：（X，Y）的概率密度为 $f(x,y) = \begin{cases} 2, & 0 \leqslant x \leqslant 1,\ 1-x \leqslant y \leqslant 1 \\ 0, & 其他 \end{cases}$

$$E(X+Y) = \int_{-\infty}^{+\infty}\int_{-\infty}^{+\infty} (x+y)f(x,y)dxdy = \int_0^1 dx\int_{1-x}^1 (x+y)2dy$$

$$= \int_0^1 (x^2 + 2x)dx = \frac{4}{3}$$

$$E[(X+Y)^2] = \int_0^1 dx\int_{1-x}^1 (x+y)^2 2dy = \int_0^1 \frac{2}{3}[(x+1)^3 - 1]dx = \frac{11}{6}$$

$$D(X+Y) = E[(X+Y)^2] - [E(X+Y)]^2 = \frac{1}{18}$$

【例 2-30】设（X，Y）的概率密度为 $f(x,y) = \begin{cases} x+y, & 0 \leqslant x \leqslant 1,\ 0 \leqslant y \leqslant 1 \\ 0, & 其他 \end{cases}$，

试求 ρ_{XY}。

解：$E(X) = \int_{-\infty}^{+\infty}\int_{-\infty}^{+\infty} xf(x,y)dxdy = \int_0^1 dx\int_0^1 x(x+y)dy = \frac{7}{12}$

$E(X^2) = \int_0^1 dx\int_0^1 x^2(x+y)dy = \frac{5}{12}$，$D(X) = E(X^2) - [E(X)]^2 = \frac{11}{144}$

由对称性得 $E(Y) = \frac{7}{12}$，$D(Y) = \frac{11}{144}$，而 $E(XY) = \int_0^1 dx\int_0^1 xy(x+y)dy = \frac{1}{3}$，

故有：$Cov(X,Y) = E(XY) - E(X)E(Y) = -\frac{1}{144}$

$$\rho_{XY} = \frac{Cov(X,Y)}{\sqrt{D(X)D(Y)}} = -\frac{1}{11}$$

2.3.4 大数定律与中心极限定理

大数定律是指在随机试验中每次出现的结果不同，但是大量重复试验出现的

结果的平均值却几乎总是接近于某个确定的值，或随机事件的频率近似于它的概率，意味着偶然中包含着某种必然。中心极限定理是指在一定条件下大量独立随机变量的平均数是以正态分布为极限的，即随机变量均值的采样分布近似于正态分布，而与该变量在总体中的分布无关。

2.3.4.1　大数定律

定理 26 ［弱大数定理（辛钦大数定理）］　设 X_1，X_2，$\cdots$，X_n 是相互独立、服从统一分布的随机变量序列，并具有数学期望 $E(X_k) = \mu(k = 1, 2, \cdots)$，前 n 个变量的算术平均为 $\dfrac{1}{n}\sum\limits_{k=1}^{n} X_k$，则对于任意 $\varepsilon > 0$ 有：

$$\lim_{n \to \infty} P\left\{\left|\frac{1}{n}\sum_{k=1}^{n} X_k - \mu\right| < \varepsilon\right\} = 1 \tag{2.139}$$

定义 55　设 Y_1，Y_2，$\cdots$，Y_n 是一个随机变量序列，a 是一个常数，若对于任意正数 ε 有：

$$\lim_{n \to \infty} P\left\{|Y_n - a| < \varepsilon\right\} = 1 \tag{2.140}$$

则称序列 Y_1，Y_2，$\cdots$，Y_n 依概率收敛于 a，记为：

$$Y_n \xrightarrow{\ p\ } a \tag{2.141}$$

定理 27（伯努利大数定理）　设 f_A 是 n 次独立重复试验中事件 A 发生的次数，p 是事件 A 在每次试验中发生的概率，则对于任意正数 $\varepsilon > 0$ 有：

$$\lim_{n \to \infty} P\left\{\left|\frac{f_n}{n} - p\right| < \varepsilon\right\} = 1 \tag{2.142}$$

或

$$\lim_{n \to \infty} P\left\{\left|\frac{f_n}{n} - p\right| \geqslant \varepsilon\right\} = 0 \tag{2.143}$$

2.3.4.2　中心极限定理

定理 28（独立同分布的中心极限定理）　设随机变量 X_1，X_2，$\cdots$，X_n 相互独立，服从同一分布，且具有数学期望和方差 $E(X_i) = \mu, D(X_k) = \sigma^2 (k = 1, 2, \cdots)$，随机变量之和 $\sum\limits_{i=1}^{n} X_k$ 的标准化变量为：

$$Y_n = \frac{\sum\limits_{k=1}^{n} X_k - E\left(\sum\limits_{k=1}^{n} X_k\right)}{\sqrt{D\left(\sum\limits_{k=1}^{n} X_k\right)}} = \frac{\sum\limits_{i=1}^{n} X_k - n\mu}{\sqrt{n}\,\sigma} \qquad (2.144)$$

定理 29（棣莫弗 – 拉普拉斯定理） 设随机变量 η_n（$n = 1$，2，…）服从参数为 n、$p(0 < p < 1)$ 的二项分布，则对任意 x 有：

$$\lim_{n \to \infty} P\left\{\frac{\eta_n - np}{\sqrt{np(1-p)}} \leq x\right\} = \int_{-\infty}^{x} \frac{1}{\sqrt{2\pi}} e^{-t^2/2} dt = \Phi(x) \qquad (2.145)$$

2.4 随机过程

在概率论中，我们学习了如何对有限多个随机变量进行分析，但在实际的金融分析中，有许多随机现象仅用静止的有限个随机变量去描述是不够的。在大数定理和中心极限定理中，我们考虑了无穷多个随机变量，然而其中假定了这些随机变量之间相互独立。当它们并非相互独立时，概率论的知识就无能为力了。在分析实际问题时，有些随机现象要涉及随时间 t 而改变的随机变量，如某只股票的价格。我们把这种随着时间 t 变化的随机变量称为随机过程。

2.4.1 随机过程的基本概念

2.4.1.1 随机过程的定义

设 E 为随机试验，S = {e} 为样本空间，如果对于每个参数 $t \in T$，X(e, t) 为建立在 S 上的随机变量，且对每一个 $e \in S$，X(e, t) 为 t 的函数，那么称随机变量族 {X(e, t)，$t \in T$，$e \in S$} 为一个随机变量，简记为 {X(t)，$t \in T$} 或 X(t)。对于一切 $e \in S$、$t \in T$、X(e, t) 的全部可能取值的集合 E 称为该随机过程的状态集，参数 t 的变化范围 T（本书中的 T 一般代表时间）称为参数集或参数空间。

为什么称 {X(e, t)，$t \in T$，$e \in S$} 为随机过程呢？不难发现，{X(e, t)，$t \in T$，$e \in S$} 实际上可以看成是变量 e 和 t 的函数，当随机过程在 $t = t_0$（$t_0 \in T$）时，$X(e_0, t_0) = x_0$ 是一个随机变量，并称该过程在 t_0 时刻处于状态 x_0，它反映

了 X (t) 的随机性。对于一个特定的实验结果 $e_0 \in S$, $X(e_0, t)$ 就是对应于 e_0 的确定的样本函数, 简记为 $X_0(t)$, 它反映了 X(t) 变化的过程。

常见的随机过程场景数不胜数, 如 2022 年 6 月 13 ~ 26 日上证指数的收盘价格。每一个上证指数的收盘价格都可看作一个随机变量, 而这些随机变量构成的序列就是一个随机过程。

2.4.1.2　随机过程的分类

下面将随机过程 X (t) 按照其参数性质和状态是否连续分为四类。

(1) 根据参数集 T 的性质分类。根据参数集 T 的性质分类, 大体可分为两类: 参数集 T 是由离散变量构成的, 如 T = {0, 1, 2, …}, 则这类随机过程为离散参数随机过程; 参数集 T 是由连续变量构成的, 如 T = {t | t≥0}, 则这类随机过程为连续参数随机过程。

(2) 根据 X(t) 的状态特征分类。根据 X(t) 的状态特征分类, 同样可分为两类: 离散状态, 即 X(t) 所取的值是离散的; 连续状态, 即 X(t) 所取的值在一个范围内是连续的。

综合考虑参数性质和随机过程的状态特征又可将随机过程分为如表 2 – 8 所示的四类。

表 2 – 8　　　　　　　　　　　　　　随机过程的分类

参数性质	离散	连续
离散	离散随机序列	连续随机序列
连续	离散型随机过程	连续型随机过程

2.4.1.3　随机过程的分布函数

下面给出描述随机过程统计特性的概率分布。

随机过程 X(t) 对每一时刻 $t_1 \in T$, X_{t_1} 都是一维随机变量, 其分布函数

$$F_{t_1}(x_1) = P(X_{t_1} \leqslant x_1) \tag{2.146}$$

称为随机过程 X(t) 的一维分布函数。

随机过程 X(t) 在任意两个时刻 t_1, $t_2 \in T$ 的取值 X_{t_1} 和 X_{t_2} 构成二维随机向量 (X_{t_1}, X_{t_2}), 其联合分布函数

$$F_{t_1, t_2}(x_1, x_2) = P(X_{t_1} \leqslant x_1, X_{t_2} \leqslant x_2) \tag{2.147}$$

称为随机过程 X(t) 的二维分布函数。

随机过程 $X(t)$ 在任意 n 个时刻 t_1，t_2，$\cdots$，$t_n \in T$ 的取值 X_{t_1}，X_{t_2}，$\cdots$，X_{t_n} 构成 n 维随机向量 $(X_{t_1}, \cdots, X_{t_n})$，其联合分布函数为：

$$F_{t_1,\cdots,t_n}(x_1,\cdots,x_n) = P(X_{t_1} \leqslant x_1, \cdots, X_{t_n} \leqslant x_n) \tag{2.148}$$

n 维联合密度函数通常记为 $f_{t_1,\cdots,t_n}(x_1, \cdots, x_n)$。一般地，$n$ 维联合分布函数和联合密度函数分别记为 $F(x_1, \cdots, x_n; t_1, \cdots, t_n)$ 和 $f(x_1, \cdots, x_n; t_1, \cdots, t_n)$。

一般将式（2.148）的分布函数全体即 $\{F_{t_1,\cdots,t_n}(x_1, \cdots, x_n): n \geqslant 1, t_1, \cdots, t_n \in T\}$ 称为随机过程 $X(t)$ 的有穷维分布函数。

2.4.1.4 随机过程的数字特征

随机过程分析中常用到的数字特征包括数学期望、方差、相关函数等。相较于随机变量的数字特征是固定数值，随机变量的数字特征不再固定，而是时间的函数。

（1）数学期望。对于任一时间 $t \in T$，随机过程 $X(t)$ 的数学期望定义为：

$$\mu_{X_t} = E(X_t) = \int_{-\infty}^{+\infty} x\,dF_t(x) \tag{2.149}$$

其中，$E(X_t)$ 是时间 t 的函数。

（2）方差与矩。随机过程 $X(t)$ 的二阶中心距

$$\sigma_{x_t}^2 = D(X_t) = E[(X_t - E(X_t))^2] \tag{2.150}$$

称为随机过程 $X(t)$ 的方差，$\sigma_{x_t}^2$ 是时间 t 的函数，它描述了随机过程 $X(t)$ 的诸样本对于其数学期望的偏移程度。

随机过程 $X(t)$ 的二阶中心距定义为：

$$E(X_t^2) = \int_{-\infty}^{+\infty} x^2\,dF_t(x) \tag{2.151}$$

值得注意的是，数学期望和方差并不能反映出随机过程的内在联系。因此，引入协方差函数和自相关函数用来描述随机过程任意两个时刻的状态之间的内在联系。

（3）协方差函数和自相关函数。随机过程 $X(t)$ 在任意两个时刻 t_1，$t_2 \in T$，其协方差函数定义为：

$$\text{Cov}_x(t_1, t_2) = \sigma_{X_{t_1} X_{t_2}} = E[(X_{t_1} - E(X_{t_1}))(X_{t_2} - E(X_{t_2}))] \tag{2.152}$$

当 $t_1 = t_2 = t$ 时，协方差函数与方差等价。

随机过程 X(t) 的自相关函数定义为：

$$r(t_1, t_2) = E(X_{t_1} X_{t_2}) \tag{2.153}$$

其中，t_1，$t_2 \in T$。

设随机过程 X(t) 为实随机过程，若对任意 $t \in T$，其均方值函数 $E(X_t^2) < +\infty$，则称 X(t) 为实二阶矩过程。由 Cauchy – Schwarz 不等式

$$[E(X_{t_1} X_{t_2})]^2 \leq E(X_{t_1}^2) E(X_{t_2}^2) \tag{2.154}$$

可知，二阶矩过程自相关函数 $r(t_1, t_2) = E(X_{t_1} X_{t_2})$ 一定存在。

【例 2 – 31】判断随机过程 $X(t) = X\cos\omega t$ 在下列两种情况下是否为二阶矩过程。

（1）$X \sim N(\mu, \sigma^2)$，ω 为常数。因为 $E(X_t^2) = E(X^2\cos^2\omega t) = \cos^2\omega t E(X^2) = (\sigma^2 + \mu^2)\cos^2\omega t < +\infty$，故 X(t) 是二阶矩过程。

（2）X 具有概率密度 $f(x) = \dfrac{1}{\pi(1+x^2)}$。因为 $E(X_t^2) = \displaystyle\int_{-\infty}^{+\infty} \dfrac{x^2\cos^2\omega t}{\pi(1+x^2)}dx = +\infty$，故 X(t) 不是二阶矩过程。

2.4.2　几种随机过程

2.4.2.1　离散时间随机过程

当时间参数 $t \in T$ 取离散值 t_1，t_2，$\cdots$，t_n，这种随机过程被称为离散时间随机过程。此时的随机过程 X(t) 是一系列随机变量 X_{t_1}，X_{t_2}，$\cdots$，X_{t_n} 所构成的随机序列。汇率的变化、股价的波动等都构成时间序列。

2.4.2.2　正态随机过程

正态随机过程 X(t) 的 n 维概率密度为：

$$f_{t_1, \cdots, t_n}(x_1, x_2, \cdots, x_n) = \dfrac{1}{(\sqrt{2\pi})^n \left| \sum \right|^{\frac{1}{2}}} \exp\left\{ -\dfrac{1}{2}(x-\mu)^T \sum{}^{-1} (x-\mu) \right\}$$

$$\tag{2.155}$$

其中，μ 是 n 维向量，$\sum$ 是 $n \times n$ 阶的协方差矩阵，$\sum^{-1}$ 是 $\sum$ 的逆矩阵，它的第 i 行 j 列的元素为：

$$c_{ij} = c_X(t_i, t_j) = E\big[(X_{t_i} - E(X_{t_i}))(X_{t_j} - E(X_{t_j}))\big] = r_{X_{t_i}X_{t_j}}\sigma_{X_{t_i}}\sigma_{X_{t_j}}$$

$$(2.156)$$

其中，$r_{X_{t_i}X_{t_j}}$ 为相关系数。

若对正态随机过程 $X(t)$ 在 n 个不同时刻 t_1，t_2，$\cdots$，t_n 采样，所得到的一组随机变量 X_{t_1}，X_{t_2}，$\cdots$，X_{t_n} 两两互不相关，即 $c_{ij} = 0$（$i \neq j$），则这些随机变量也是相互独立的。

2.4.2.3 Poisson 过程

Poisson 过程在金融分析中的应用十分广泛，特别是在研究一定时间间隔内某事件出现的次数的统计规律时尤为重要。例如，某只股票在一段时间内的交易次数、某段时间内电话咨询交易情况的次数等。

（1）独立随机过程。设随机过程 $X(t)$ 对于任意 n 个不同的 t_1，t_2，$\cdots$，$t_n \in T$，随机变量 $X(t_1)$，$X(t_2)$，$\cdots$，$X(t_n)$ 是相互独立的，则称 $X(t)$ 为具有独立随机变量的随机过程，简称独立随机过程。

（2）独立增量过程。设随机过程 $X(t)$ 对于任意 n 个不同的 t_1，t_2，$\cdots$，$t_n \in T$，且 $t_1 < t_2 < \cdots < t_{n-1} < t_n$，随机变量 $X(t_2) - X(t_1)$，$X(t_3) - X(t_2)$，$\cdots$，$X(t_n) - X(t_{n-1})$ 是相互独立的，则称 $X(t)$ 为具有独立增量的随机过程。

（3）独立平稳增量过程。设 $X(t)$ 是独立增量过程，若对任意的 t，$t + \tau \in T$，增量 $X(t + \tau) - X(t)$ 的概率分布只依赖于 τ 而与 t 无关，则称随机过程 $X(t)$ 为齐次的或时齐的。即齐次随机过程 $X(t)$ 的增量所服从的分布与过程的时间起点无关，只与时间间隔 τ 有关，当时间间隔相同时，增量服从的分布也相同，此时称该过程具有平稳性。具有独立增量和平稳增量的过程 $X(t)$ 称为独立平稳增量过程。常见的独立增量平稳过程有 Poisson（泊松）过程和 Wiener（维纳）过程。

（4）计数过程。若用 $X(t)$ 表示 $[0, t)$ 内随机事件发生的总数，则随机过程 $X(t)$ 称为一个计数过程。计数过程需满足下列条件：

a. $X(t) \geq 0$；

b. $X(t)$ 是非负整数值；

c. 对于任意两个时刻 $0 \leq t_1 < t_2$，有 $X(t_1) < X(t_2)$；

d. 对于任意两个时刻 $0 \leq t_1 < t_2$，有 $X(t_2) - X(t_1)$ 等于在区间 (t_1, t_2) 中发生事件的个数。

若计数过程 $X(t)$ 在不相交的时间区间中发生的事件个数是独立的，则称计数过程有独立增量。若在任一时间区间中发生的事件个数的分布只依赖于时间区间的长度，即对任意 $0 \leqslant t_1 < t_2$ 和 $\tau > 0$，增量 $X(t_2) - X(t_1)$ 和 $X(t_2 + \tau) - X(t_1 + \tau)$ 有相同的概率分布，则称计数过程有平稳增量。

（5）Poisson 过程。设随机过程 $X(t)$ 是一个计数过程，参数为 $\lambda(\lambda > 0)$，若满足下列条件，则称 $X(t)$ 是具有参数 λ 的 Poisson 过程，其中，$o(h)$ 表示当 $h \to 0$ 时，对 h 的高阶无穷小。

a. $X(0) = 0$；

b. 过程有平稳的独立增量；

c. $P\{X(h) = 1\} = \lambda h + o(h)$，$h > 0$；

d. $P\{X(h) \geqslant 2\} = o(h)$，$h > 0$。

由于 Poisson 过程是独立平稳增量过程，所以 Poisson 过程的数字特征如下。

a. Poisson 过程的均值、方差和矩为：

$$E[X(t)] = D[X(t)] = \lambda t, E[X^2(t)] = \lambda t + \lambda t^2$$

b. Poisson 过程的自相关函数为：

$$r(t_1, t_2) = E[X(t_1)X(t_2)] = \lambda \min\{t_1, t_2\} + \lambda^2 t_1 t_2$$

c. Poisson 过程的自协方差函数为：

$$\mathrm{Cov}_X(t_1, t_2) = \sigma_{X(t_1)X(t_2)} = \lambda \min\{t_1, t_2\}$$

【例 2-32】顾客依 Poisson 过程 $X(t)$ $(t \geqslant 0)$ 访问股票交易系统，其速率为 $\lambda = 4$ 人/分钟，试求：

①$X(t)$ 的均值、方差、自相关函数和协方差函数。

②第 3 分钟到第 5 分钟之间访问股票交易系统人数的分布概率。

答：①根据题意，强度 $\lambda = 4$，则：

均值函数与方差函数 $E[X(t)] = D[X(t)] = 4t$，

自相关函数 $r(t_1, t_2) = E[X(t_1)X(t_2)] = 4\min\{t_1, t_2\} + 16t_1 t_2$，

协方差函数 $\mathrm{Cov}(t_1, t_2) = \sigma_{X(t_1)X(t_2)} = 4\min\{t_1, t_2\}$。

②第 3 分钟到第 5 分钟之间访问股票交易系统的人数 $X_{3,5}(t) = X(5) - X(3)$，所以其分布概率为：

$$P(X_{3,5}(t) = k) = P(X(2)) = k = \frac{(4 \times 2)^k}{k!}e^{-4 \times 2} = \frac{(8)^k}{k!}e^{-8}, \ k = 1, 2 \cdots$$

（6）齐次 Poisson 过程。设随机过程 $X(t)$ 是一个计数过程，若满足：

a. $X(0) = 0$；

b. $X(t)$ 是独立增量过程；

c. 对任意 $0 < s$，增量 $X(t + s) - X(t)$ 具有参数 $\lambda s(\lambda > 0)$ 的 Poisson 过程，即

$$P\{X(t + s) - X(t) = k\} = \frac{(\lambda s)^k}{k!}e^{-\lambda s}, \ k = 0, 1, 2, \cdots$$

则称 X(t) 为具有参数 λ 的齐次 Poisson 过程。通常也用 {X(t)，t≥0} 表示齐次 Poisson 过程。从定义中可知，Poisson 过程有平稳增量且 E[X(t)] = λt，并称 λ 为此过程的速率或强度（单位时间内发生的事件的平均个数）。

本章小结

本章我们学习了与金融统计相关的微积分、矩阵及概率论知识。在微积分部分中，我们从极限开始，介绍了极限、微分与积分知识，并分别介绍了相应的一元与多元知识，其中重点介绍一元极限、一元微分及一元积分。矩阵部分中，我们从行列式开始，分别学习了行列式与矩阵知识。其中，行列式部分介绍了行列式的定义及计算两个部分，矩阵部分讲解了矩阵的定义、四则运算与初等矩阵的相关知识。在概率论部分中，我们分别学习了概率论基础概念、一元及多元分布、特征数、大数定律与中心极限定理。其中，概率论的基础概念是学习概率论的基础，读者需充分理解，建立对概率的基础认知。在现实生活中，有些随机现象涉及随时间变化而改变的随机变量，这种随时间变化的随机变量就是随机过程。随机过程的描述方法有很多，可以根据随机过程的状态和参数性质是否连续来对其种类进行描述，也可以按照随机过程的分布函数和概率密度对其特性进行描述。虽然随机过程的概率分布能完整地描述随机过程的统计特性，但在应用中要确定随机过程的概率分布并加以分析是比较困难的，因此，常使用随机过程的数字特征来研究和刻画随机过程的主要特性。在介绍了随机过程的基础概念和基本内容后，简单介绍了离散时间随机过程、正态随机过程和 Poisson 过程，它们在实际问题中都具有极其广泛的应用。

课后习题

1. 请读者尝试推导连续复利公式（提示：从离散复利公式出发，利用极限思想推导公式）。

2. 假设某股票的收益率 r 服从正态分布：

$$f(r) = \frac{1}{\sqrt{2\pi}\sigma}e^{-\frac{(r-\mu)^2}{2\sigma^2}}$$

试求其预期回报，并进一步思考期望 μ 与方差 σ^2 如何通过已有数据进行估计。

3. 请简要回答大数定律与中心极限定理在概率论与数理统计中的意义，并思考其在金融中的应用。

4. 如何理解随机过程?

5. 如何理解随机过程的自相关函数?

拓展阅读

[1] 安博文, 黄寰. 考虑时间特征的客观 AHP 判断矩阵构造方法 [J]. 数量经济技术经济研究, 2022, 39 (6): 161 – 181.

[2] 蔡光辉, 吴志敏. 函数型 EGARCH 模型的构建及其波动预测研究 [J]. 统计研究, 2022, 39 (5): 146 – 160.

[3] 董直庆, 王林辉. 中国股价行为模式分析 [J]. 数量经济技术经济研究, 2003 (5): 130 – 134.

[4] 刘超, 刘彬彬. 金融机构尾部风险溢出效应——基于改进非对称 CoVaR 模型的研究 [J]. 统计研究, 2020, 37 (12): 58 – 74.

[5] 潘慧峰, 班乘炜. 复杂衍生品定价是否公平——基于深南电案例的分析 [J]. 金融研究, 2013 (9): 97 – 109.

[6] 钱宗鑫, 王芳, 孙挺. 金融周期对房地产价格的影响——基于 SV – TVP – VAR 模型的实证研究 [J]. 金融研究, 2021 (3): 58 – 76.

[7] 谢赤, 吴雄伟. 跳跃 – 扩散过程下的利率期限结构模型 [J]. 数量经济技术经济研究, 2001 (11): 38 – 40.

[8] 周上尧. 非线性 MS – DSGE 模型的条件最优粒子滤波与贝叶斯估计 [J]. 数量经济技术经济研究, 2021, 38 (3): 160 – 180.

第3章 金融数据可视化
与数据性质探索

　　数据具有十分悠久的历史，一直以来它都以一种记录符号的形式为人们所熟知。随着社会的发展，数据已经不再局限于统计图表里的数字、符号或者存储于硬盘中等待被选取分析的资源，人们日常生活中的一个表情、举止行为甚至生理变化出现的细微改变都能被转换为数据进行记录和分析。步入新时代以来，由于互联网快速发展和所连接设备的数量飞速增长，当今世界正处于信息爆炸之中。适逢党的十九届四中全会提出："健全劳动、资本、土地、知识、技术、管理、数据等生产要素由市场评价贡献、按贡献决定报酬的机制。"数据已成为金融数字化发展的基础性、战略性资源，数据分析的重要性日益凸显。正如谷歌首席经济学家、加州大学伯克利分校的范里安教授所言："数据正在变得无处不在、触手可及，而数据创造的真正价值，在于我们能否提供更加稀缺的附加服务。数据分析是获得这种增值服务的有效方法。"那么，如何充分发挥数据的基础资源作用？数据可视化与数据性质探索的重要性不言而喻。可视化一般被理解为一个生成图形或图像的过程。在计算机科学领域，唐泽圣和朱为（2011）将数据可视化定义为：利用人眼的感知能力对数据进行交互的可视表达，以增强认知的技术。在金融领域，数据可视化的主要目的为视物致知。因此，在进行金融数据可视化分析的过程中应当格外注意数据倾向性，即数据可视化表达的意象对社会生产生活具有何种意义与影响。

　　通过本章的学习，读者应该能够熟练使用直方图、密度估计图、样本分位数图和概率图对数据资源进行分析。本章的主要内容包括金融数据概述（金融数据的主要类型、特点和来源），直方图，密度估计图，样本分位数图，概率图。另外，本书选取 R 语言对数据进行选取、整理、总结、可视化分析与建模。R 语言是一个非常灵活的开源软件，是专用于探索、展示并理解数据的语言。R 语言在本章中仅作为工具使用，读者不需具备专业知识，掌握对相应图形的正确分析方法即可。

3.1　金融数据概述

金融数据是指金融领域中所包含的行业数据、企业数据、产品定价数据等的总称，凡是金融领域涉及相关的数据均能够纳入金融市场大数据体系之中，为从业者开展金融市场研究工作提供依据。

3.1.1　金融数据的主要类型

金融数据大体分为宏观金融数据和微观金融数据，货币供应量、股票、债券、外汇等数据是宏观金融数据，上市公司的资产负债等数据是微观金融数据。此外，在研究领域，研究人员普遍将金融数据分为截面数据、时间序列数据和面板数据。本章也将主要介绍这三种数据类型。

3.1.1.1　截面数据

截面数据（cross sectional data）是指在同一时点上不同个体（国家、城市，也可以是公司、单位和个人）的观测数据，体现的是不同个体之间的差异。例如，2022 年 6 月 15 日下午 4 点 A 股上市公司所有股票的收益率，中国各省份 2022 年财政收支情况，淘宝、京东、拼多多等电商平台 2022 年 11 月 11 日的销售额等。

在分析截面数据时应注意以下问题：第一，截面数据可能存在异方差。截面数据是同一时间的不同个体的数据，个体之间本身就存在差异，所以截面数据可能存在异方差；第二，截面数据进行回归时应注意数据的一致性，确保各变量数据的时间一致、数据样本容量一致和数据统计标准一致。

3.1.1.2　时间序列数据

时间序列数据（time series data）是指同一个体在不同时间截面的观测数据。例如某公司每年的利润率，一家公司每天的营业收入，中国各年的进出口额等。

时间序列数据主要用于研究变量的时间变化特征，并依据历史数据来预测未来的发展。例如以国家宏观经济背景为基础研究一国的股票指数价格的变化，在发现一国股票指数价格和宏观经济关系的同时，也可以预测未来股价的变化。

在分析时间序列数据时要注意以下问题：第一，时间序列数据进行回归时应注意数据的一致性，确保各变量数据的频率相同；第二，模型随机误差项有可能产生序列相关；第三，数据的平稳性问题；第四，数据的可比性，消除不同时点的数据受通货膨胀因素的影响。

3.1.1.3 面板数据

面板数据（panel data）是指不同个体在不同时间截面上的观测数据，其在金融学和实际生活中也较为常见。相比纯粹的截面数据（只包含不同个体在一个时间点上的观测值）或者时间序列数据（只包含一个个体在不同时间点上的观测值），面板数据同时包括了横截面和时间序列两个维度的数据：个体维度和时间维度。个体可以是个人、企业、行业或者国家，时间维度可以是年、月、日、时、分、秒。例如，中国各省 2012～2021 年的数字普惠金融指数以及中国所有上市银行 2012～2021 年的贷款数据等。

3.1.2 金融数据的特点

与宏观经济数据相比，金融数据在频率、周期性、准确性等方面均具有自己的特点。针对不同的研究问题采用不同频率的金融数据，根据频率可将金融数据分为低频数据、高频数据、超高频数据。随着科学技术的发展，金融数据的周期由以前的年、月、周等变化为现在的时、分、秒。总的来说，金融数据呈现出周期越来越短、规模越来越大的特点。因此，科学先进的数据分析方法显得尤为重要。

3.1.3 金融数据的来源

（1）政府部门官网和国际组织网站。中国的宏观经济数据和宏观金融数据可在国家统计局官网中获得，世界的经济数据可在国际组织网站上获得，比如世界银行网站、国际货币基金组织网站。

（2）信息公司和企业官网。一般而言，公司的市盈率、资产、负债等财务数据可在该公司官网、信息公司建立的专业性数据库或者股票软件等进行查询。

（3）抽样调查。如果分析人员需要更为具体的数据，可通过抽样调查的方式来获得。一般而言，在实际中很难对总体数据进行分析，因为获得总体数据的难度很大，只能通过抽样来估计总体，如中国家庭金融调查。

常用金融机构和数据库网址如表 3－1 所示，有需要的读者可自行留存查阅。

表 3 – 1 　　　　　　　　　　常用金融机构和数据库网址

机构或数据库名称	网址
纽约证券交易所	http：//www. nysc. com
伦敦证券交易所	http：//www. londonstockexchange. com
东京证券交易所	http：//www. tse. or. jp
芝加哥期货交易所	http：//www. cbot. com
上海证券交易所	http：//www. sse. com. cn
深圳证券交易所	http：//www. szse. cn
计量经济学会	http：//www. econometricsociety. org/es
证券交易委员会	http：//www. sec. gov
中国金融经济数据库	http：//www. ccer. edu. cn

3.2　直方图

直方图是一种统计报告图，又称为柱状图，由一系列高度不等的纵向条纹或线段表示数据分布的情况。在直方图中，一般来说，横轴表示数据类型，纵轴表示数据的分布概率。数据使用者绘制直方图的目的在于较为直观地观察到数据的分布情况①。

假定边缘累积分布函数为 F，概率密度函数为 f，直方图是概率密度函数的估计结果。构建直方图的具体步骤如下：第一，对数据进行分组，即将整个数据样本分为一系列等间距的数组；第二，计算每组中含有的具体数据量，并计算其出现频率；第三，用横轴表示数据分组情况，纵轴表示频率，完成直方图的绘制。2021 年 6 月 1 日到 2022 年 6 月 30 日上证指数的日对数收益率的直方图如图 3 – 1 所示。其中，图 3 – 1（a）是将上证指数的日对数收益率分为 30 组画出的直方图；图 3 – 1（b）是将上证指数的日对数收益率分为 50 组画出的直方图。从图 3 – 1 中可以看出，上证指数的日对数收益率主要分布在 – 0.02 ~ 0.02，且集中分布在 0 值附近，但也存在少许偏离值。存在少许偏离值的原因可能是该序列存在异常值，但由于样本量过大，小频率单元不易于在直方图上被观测出来。

---

① 　R 语言中创建直方图的函数为 hist(x)。

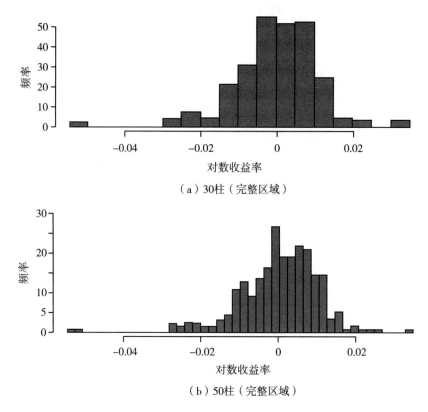

（a）30柱（完整区域）

（b）50柱（完整区域）

图3-1　上证指数日对数收益率直方图

通过图3-1可以看出，利用直方图进行概率密度估计得到的估计结果是比较粗糙的，这也暴露出直方图存在如下缺点：

a. 原始数据无法在图中表示出来，导致部分基本信息丢失；

b. 图形不平滑，无法体现邻近数据的关联和差别；

c. 不同组数画出的直方图差别很大；

d. 无法计算概率密度值。

由于直方图存在上述缺点，并且手机、笔记本电脑等日常设备已拥有强大的计算能力，研究人员更倾向于使用密度估计图。密度估计图是在直方图基础上得到的。在密度估计图中，研究人员尝试通过绘制连续曲线来展现数据的基本概率分布情况，通过样本数据估计出该曲线较为常用的一种方法就是核密度估计。关于密度估计图的具体知识将在第3.3节介绍。

3.3　密度估计图

3.3.1　密度估计

密度估计问题是指已知随机变量 x 服从密度函数 f(x)，且有 N 个观测值 $(x_1, x_2, \cdots, x_n)$，试求 f(x) 的问题。密度估计方法大体分为三类：参数方法、半参数方法和非参数方法。

参数方法属于推断统计的一部分，是指在总体分布已知的情况下利用样本数据推断总体的方法。一般而言，当获得总体数据较为困难或总体数据无法全部得到时，有必要进行抽样，得到样本数据，然后通过样本推断总体。回归分析 (regression analysis) 是常用的参数方法。

半参数方法是指对数据分组，假设每组符合一种概率分布，然后使用混合概率分布对所有数据进行分析。

非参数方法是指在假设检验中检验统计量不依赖于总体的分布或参数时所用的检验方法。参数方法和非参数方法的根本区别在于参数方法要利用到总体的信息（总体分布、总体的一些参数特征如方差），以总体分布和样本信息对总体参数做出推断。由于在众多实际问题中，数据使用者很难对样本分布函数做出正确的假设，所以非参数方法适用范围较为广泛。本节将重点介绍非参数方法中的核密度估计。

3.3.2　核密度估计

核密度估计，就是在每个数据点的位置画一个较小宽度的连续曲线（核），然后将所有这些曲线加起来之后得到的最终密度估计。核密度估计认为空间是由所有的数据集构成的，空间中的所有点都会对空间造成影响。设 x_i 为观测点，x 为样本点，当样本点距离观测点越近，观测点对样本点的影响越大；反之，如果观测点距离样本点越远，观测点对样本点的影响越小。核密度估计避免了由于主观意识而带来的失误，其完全利用样本数据信息对样本进行估计，与参数估计相比，核密度估计能够对样本进行最大程度的拟合。

3.3.2.1　概率密度函数

概率密度曲线的生成方法是将频率直方图的组距逐步减小，矩形宽度也随之减小，在极限情况下频率直方图就会变成一条曲线（微积分思想）。对于概率密度曲线，已知随机变量的取值落在某区域内的概率值为概率密度函数在这个区域的积分（见概率密度函数），即：

$$P(a < x \leqslant b) = \int_a^b f(x)\,dx \tag{3.1}$$

分布函数为 $F(x)$，有：

$$F(x) = \int_{-\infty}^x f(x)\,dx \tag{3.2}$$

对上式求微分有：

$$f(x_0) = F'(x_0) = \lim_{h \to 0} \frac{F(x_0 + h) - F(x_0 - h)}{2h} \tag{3.3}$$

则概率密度函数为：

$$f(x) = F'(x) = \lim_{h \to 0} \frac{F(x + h) - F(x - h)}{2h} \tag{3.4}$$

3.3.2.2　核密度函数

将 2021 年 6 月 1 日 ~ 2022 年 6 月 30 日上证指数日对数收益率分为 30 组后画出的直方图如图 3 - 2 所示，2021 年 6 月 1 日 ~ 2022 年 6 月 30 日上证指数日对数收益率的核密度估计图（窗口宽度为 0.0027，窗口宽度的具体内容会在后文予以介绍）如图 3 - 3 所示。从图 3 - 2 中可以看出，直方图的分布曲线不光滑。这一现象表明，在直方图中，有一个组中的样本具有相同概率密度，这显然与现实情况不相符。解决上述问题的一个方法是将直方图的组距缩小（增加组数）。当组数与样本量一样大时，直方图中的概率密度与真实的概率密度相符。但当组数与样本量一样大时，直方图中的概率密度又不能代表变量的所有分布概率，其只能代表样本的概率分布，此时，样本中没有包括的值的概率为 0，导致变量概率密度函数不连续。为了改善这种变量概率密度不连续的问题，人们通常会利用样本中某一个值的概率密度的邻近信息进行估计。与图 3 - 2 相比，图 3 - 3 中的概率密度曲线光滑且连续。从图 3 - 2 直方图和图 3 - 3 核密度估计图的对比中可以看出，核密度估计图与直方图的轮廓很接近，但核密度估计图比直方图光滑。

那么，如何计算核密度函数并画出核密度估计图？与前文所述的微积分思想同理，读者可以将核密度估计曲线想象成极限情况下的直方图，然后计算核密度函数并作图。

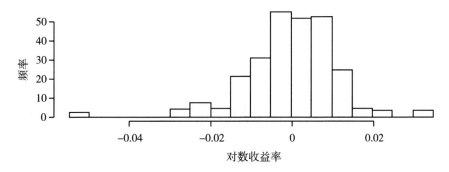

图 3 - 2　上证指数的直方图

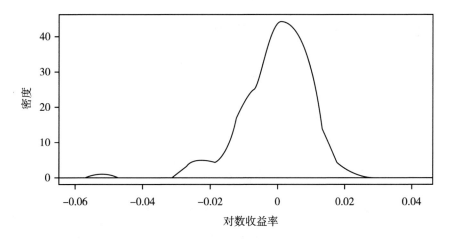

图 3 - 3　上证指数的核密度估计图

具体过程为，设 x_1，x_2，$\cdots$，x_n 为单元变量 X 的独立同分布的一个样本，样本的累积分布函数为 $F(x)$，概率密度函数为 $f(x)$，则有：

$$P(x_{i-1} < x \leqslant x_i) = \int_{x_{i-1}}^{x_i} f(x)\,dx \tag{3.5}$$

$$F(x) = \int_{-\infty}^{x} f(x)\,dx \tag{3.6}$$

对上式求微分有：

$$f(x_i) = F'(x_i) = \lim_{h \to 0} \frac{F(x_i + h) - F(x_i - h)}{2h} \tag{3.7}$$

经验累积分布函数为 $F_n(t)$，已知经验累积分布函数是 x_i 落在 $[x_i - h, x_i + h]$ 区间的点的个数的概率，即：

$$F_n(t) = \frac{1}{n} \sum_{i=1}^{n} I\{x_i \leq t\} \tag{3.8}$$

其中，$I\{x_i \leq t\}$ 是示性函数，是样本中 $x_i \leq t$ 出现的次数。综合上述公式可得：

$$f(x_i) = \lim_{h \to 0} \frac{1}{2nh} \sum_{i=1}^{n} I\{x_i - h \leq x_i \leq x_i + h\} \tag{3.9}$$

其中，h 被称为核密度估计中的窗口宽度，在使用该方法进行概率密度函数估计时，关键的问题在于核函数以及窗口宽度的确定。在确定窗口宽度后，可以写出 $f(x)$ 的表达式：

$$f(x) = \frac{1}{2nh} \sum_{i=1}^{n} I\{x_i - h \leq x_i \leq x_i + h\} \tag{3.10}$$

记 $G(t) = I\{x_i \leq t\}$，则式（3.10）可写为：

$$f(x) = \frac{1}{2nh} \sum_{i=1}^{n} G\left(\frac{x - x_i}{h}\right) \tag{3.11}$$

令 $K(t) = \frac{1}{2} G(t)$，则 X 所服从分布的密度函数 $f(x)$ 的核密度估计为：

$$f(x) = \frac{1}{nh} \sum_{i=1}^{n} K\left(\frac{x - x_i}{h}\right) \tag{3.12}$$

其中，$K(t)$ 为核函数；h 为窗口宽度。在一维核密度的基础上可推出二维核密度估计计算公式。数据 $t = (x, y)$，令 $h = (h_x, h_y)$ 为一个窗宽向量，则二维核密度函数为：

$$f_n(x) = \frac{1}{N} \sum_{i=1}^{N} \frac{1}{h} K_h(x, x_i) \tag{3.13}$$

$$K_h(x, y) = \frac{1}{h_x h_y} \left\{ K\left(\frac{x - x_i}{h_x}\right) K\left(\frac{y - y_i}{h_y}\right) \right\} \tag{3.14}$$

选取的核密度必须满足三条性质：非负性，$K(x) \geq 0$，$x \in R$；对称性，$K(x) = K(-x)$，$x \in R$；归一性，即 $K(x)$ 在区间 $[-\infty, +\infty]$ 上的积分为 1，$\int_{-\infty}^{+\infty} K(x) dx = 1$。

核密度估计思想的本质就在于通过核密度估计量得到合理的密度函数。其中，使用较为广泛的核函数是高斯核函数。

3.3.3　高斯核函数

高斯核函数（gaussian kernel），也称径向基（radial basis function，RBF）函数，是某种沿径向对称的标量函数，用于将有限维数据映射到高维空间。应用中常选取的核密度函数是高斯核函数，即：

$$K(x) = \frac{1}{\sqrt{2\pi}} e^{-\frac{x^2}{2}} \tag{3.15}$$

如何确定窗口宽度是在使用高斯核函数进行概率密度函数估计的关键。

均方积分误差是衡量估计所得的概率密度函数 $f_h(x)$ 与真实概率密度函数 $f(x)$ 之间的差异，英文缩写为 MISE（Mean Integrated Square Error），表达式为：

$$MISE(h) = E\left[\int \{f_h(x) - f(x)\}^2 dx\right] \tag{3.16}$$

$K(x)$ 在区间 $[-\infty, +\infty]$ 上的积分为 1，即 $\int_{-\infty}^{+\infty} K(x) dx = 1$。选择的窗宽为 MISE 取值最小的情况，即：

$$h_{MISE} = argmin MISE(h) \tag{3.17}$$

3.3.4　核密度估计图

在绘制核密度估计图的过程中，窗口宽度是关键，那么如何确定窗口宽度？由式（3.12）可知，在样本容量 n 确定的情况下，若窗口宽度太大，则不符合极限思想中 h 趋于 0 的要求；若窗口宽度太小，则样本数据太少，容易导致方差过大。所以在选择窗口宽度时，需要权衡偏度和方差。窗口宽度既与样本容量有关，也与样本的密度分布有关，然而，样本的密度分布是未知的，只能进行估计的说法并不准确。一般来说，窗口宽度越小则包含的噪声也越多，得出的概率密度函数越不平滑；窗口宽度过大，则包含的细节越少，得出的概率密度函数会过分平滑。在实际问题中，一般依据主观判断来选择窗口宽度，如果认为概率分布曲线波动幅度较大，就选择较小的窗口宽度；如果认为概率分布曲线波动幅度较小，则选择较大的窗口宽度。21 世纪以来，已有大量研究关注窗口宽度的选择，在 R 语言中，默认用函数"bw. nrd( )"来计算窗口宽度。窗口宽度反映了核密度估计曲线的平坦程度，窗口宽度越大，密度曲线波动幅度越小，观察到的数据点在最终的核密度估计曲线中所占比重越小；窗口宽度越小，密度曲线波动幅度越大，观察到的数据点在最终的核密度估计曲线中所占比重越大。

通过本节的学习可知，核密度估计的优势在于其不需要对随机变量的先验分布做出假设，只需要确定输入变量、核函数、最优窗口宽度，就可以得到该变量的连续概率密度曲线图。在此基础上，样本分位数图将进一步分析样本数据是否符合正态分布并比较不同样本的分布是否相似。

3.4　样本分位数图

3.4.1　样本分位数

样本分位数是分位数也称分位点，是指将一个随机变量的概率分布分为几个等份的数值点，常用的有二分位数（中位数）、四分位数、百分位数等。样本分位数的计算过程包括三步：将样本观测值从小到大排列；确定 q 分位数的位置；确定 q 分位数具体的值。

本章对于样本分位数的介绍从概率论与数理统计的角度出发，假定 Y_1，Y_2，$\cdots$，Y_n 是累积分布函数 F 的随机样本，样本或经验累积分布函数 $F_n(y)$ 定义为小于或等于 y 的样本的比例，即：

$$F_n(y) = \frac{\sum_{i=1}^{n} I\{Y_i \leqslant y\}}{n} \tag{3.18}$$

其中，$I\{\cdot\}$ 是指示函数，如果 $Y_i \leqslant y$，则 $I\{Y_i \leqslant y\}$ 值为 1；否则，$I\{Y_i \leqslant y\}$ 值为 0。例如，样本量为 40 的样本中有 10 个元素小于或等于 3，那么 $F_n(3) = 0.25$。

顺序统计量 $Y(1)$，$Y(2)$，$\cdots$，$Y(n)$ 是把 Y_1，Y_2，$\cdots$，Y_n 从小到大排列后所得的值。顺序统计量的下标用括号括起来以区别于未排序样本，即 Y_1 只是原始样本的第一个观测，而 $Y(1)$ 则是这个样本的最小观测。

3.4.2　正态图

在统计模型中通常假设从正态分布中抽取数据，并且抽取的随机样本也符合正态分布①。正态图的意义便在于通过比较实际数据分布情况与理论分布（正态分布）的偏差，判断上述检验是否正确。如果正态分布假设错误，还可通过正态图分析实际数据分布与正态分布的差别。在正态图中，图形是否偏离直线是判断是否符合正态分布的依据。从正态分布中随机抽取的 100 个样本数据的正态图如图 3－4 所示，x 轴为理论分位数（正态分位数），y 轴为实际样本分位数。从图 3－4 中可以看到，除了左右有少数值偏离直线，数据主要集中在直线上，说明随机样本符合正态分布。

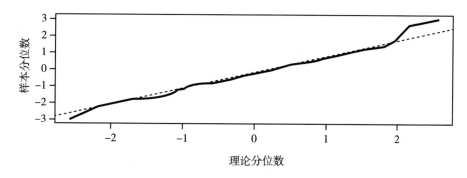

图 3－4　样本量为 100 的正态图

如果正态图显示数据没有集中分布在直线上，即正态图呈现出非线性图形，则需要检查曲线非线性的地方。一般通过检查曲线凸或者凹的部分来解释正态图呈现的非线性，如图 3－5 所示画出了可能出现的凹凸曲线。图（a）为凸曲线，因为其曲线的斜率是逐渐增加的，导致曲线呈现出向右凸的形状；相反，图（b）为凹曲线，因为其曲线的斜率是逐渐减少的。一个凸－凹曲线是左凸右凹的。类似地，一个凹－凸曲线是左凹右凸的，见图（c）和图（d）。图（a）的凸曲线说明正态图是左偏的，图（b）的凹曲线说明正态图是右偏的，图（c）凸－凹曲线说明正态图是重尾的，图（d）凹－凸曲线说明正态图是轻尾的。以上结果是凹正态图、凸正态图、凸－凹正态图、凹－凸正态图和正态分布比较得到的结论，并且只有在样本分位数为横轴、正态分位数为纵轴的情况下成立。

3.4.3　半正态图

半正态图即正态图的一半，是与正的数据一起使用的，是正态图的变体。正

① 中心极限定理表明，在一定条件下，大量独立随机变量的平均数是以正态分布为极限的。

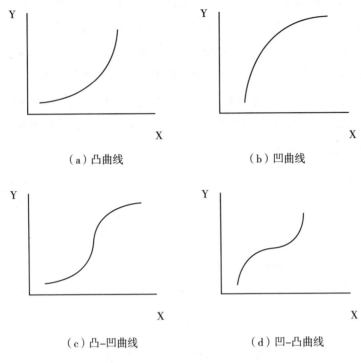

（a）凸曲线　　　　　　　　　　　（b）凹曲线

（c）凸-凹曲线　　　　　　　　　　（d）凹-凸曲线

图3-5　凹凸曲线

态图用于检验是否符合正态分布，半正态图用于检验随机样本中的异常值。例如，有随机样本 Y_1，Y_2，$\cdots$，Y_n，半正态图用于检验是否存在异常的距离均值的绝对偏差 $|Y_n - \bar{Y}|$。在 R 语言中，使用 faraway 包中 halfnorm（）函数创建半正态图，并且标注出异常的观测值。

图3-6为2013年6月1日~2022年6月30日上证指数的半正态图，从图3-6中可以看出存在两个异常值，分别为第525个值和第545个值。

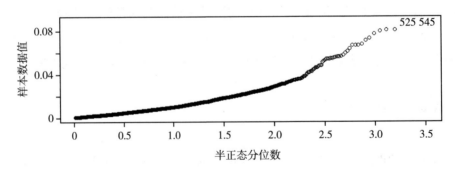

图3-6　上证指数的半正态图

3.4.4　Q – Q 图

Q – Q 图（quantile – quantile plot）也称为分位数 – 分位数图，前面的正态概率图是 Q – Q 图的特例。Q – Q 图的原理是通过比较两组数据的累计分布函数图进而判断两组数据是否服从同一分布。对于 Q – Q 图，如果图中的散点在一条直线上，则两个随机变量具有相同分布；否则，它们具有不同分布。由此，检验样本数据是否符合正态分布的具体思路为：令 Q – Q 图的 x 轴为正态分布函数的分位数，y 轴为待检验样本的样本分位数，若 Q – Q 图中的点分布在一条直线上，则证明样本数据符合正态分布；反之则证明样本数据不符合正态分布。图 3 – 7 是随机生成的样本（1，2，3，…，250）的 Q – Q 图，图中直线为 y = x 直线，从图中可看到该 Q – Q 图趋近位于 y = x 的直线上，说明随机样本符合正态分布。令 Q – Q 图的 x 轴和 y 轴分别为两个样本的样本分位数，则可以检验两个样本的分布是否相同。图 3 – 8 为 2013 年 6 月 1 日～2022 年 6 月 30 日上证指数的日对数收益率和工商银行日对数收益率构成的 Q – Q 图，从图中可观察到 Q – Q 图趋近于一条直线，说明上证指数的日对数收益率分布和工商银行日对数收益率分布线性相关。

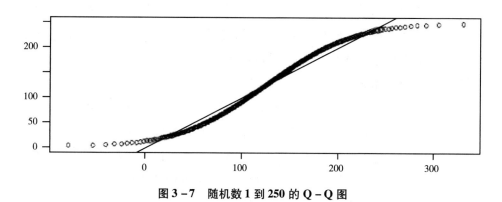

图 3 – 7　随机数 1 到 250 的 Q – Q 图

简而言之，样本分位数图的作用在于通过比较两个概率分布的分位数，实现对两个概率分布的比较。Q – Q 图的两个 Q 就分别代表两个概率分布的分位数。这种用图形方式比较两个分布是概率图方法的一种运用。

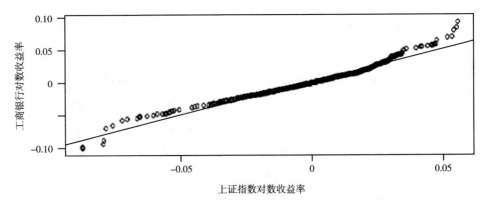

图 3 - 8　上证指数与工商银行的 Q - Q 图

3.5　概率图

在概率模型中，当变量较多时，变量间的条件依赖关系会更为复杂，在这种情况下描述变量的联合分布是比较困难的。图形结构的引入将概率模型简单化，图形结构用图式法简洁明了、直观地描述了概率模型中多个变量条件独立分布的性质，进而能够依据图形结构将一个复杂的联合分布分解为若干个简单的条件分布，这便是概率图模型。概率图模型就是利用图形结构来描述与变量概率依赖性有关的理论，并根据对概率论和图论基础的认识，使用图形结构来描述与模型相关的变数的联合概率分布。

概率图模型是由图灵奖获得者朱迪亚·珀尔（judea Pearl）所开发，主要有两大功能：第一，为概率模型的可视化提供了一种简单的方法，有助于设计开发新模型；第二，在复杂的推理和运算中，概率图模型可以简化数学表达式。概率图模型理论包括概率图模型表示理论、概率图模型推理理论和概率图模型学习理论。近年来，概率图模型受到越来越多的关注，较多运用于不确定推理问题研究，在技术开发等领域有广阔的应用前景。

3.5.1　概率图模型

概率图模型可根据边①的性质分为两类：一是有向图模型，又称为贝叶斯网络（bayesian network），有向图模型使用有向无环图表示变量间的依赖关系（如图 3 - 9 所示）；二是无向图模型，又称为马尔可夫网络（markov network），无向图模型使用无向图表示变量间的相关关系（如图 3 - 10 所示）。两者的主要区别在于：有向图模型使用的是有向无环图，用来表示变量间的因果关系；无向图模型使用的是无向图，用来表示变量间的相互作用。

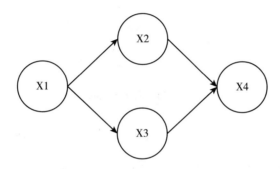

图 3 - 9　贝叶斯网络（有向图）

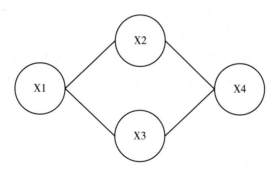

图 3 - 10　马尔可夫网络

在一个有向无环图② G 中，有 K 维随机向量 X 和 K 个节点，其中每个节点 K_i 都对应一个随机变量 X_i，两个随机变量 X_i 和 X_j 之间的连接点 e_{ij} 表示的是两个随机变量之间具有非独立的因果关系。$X_{\pi k}$ 为 X_k 的所有父节点集合，P（X_k |

---

①　在概率图模型中，边表示概率依赖关系。其中，有向边表示单向的依赖，无向边表示相互依赖关系。

②　有向无环图指的是一个无回路的有向图。

$X_{\pi k}$）表示每个随机变量的局部条件概率分布（local conditional probability distribution），则有：

$$P(X) = \prod_{k=1}^{K} P(X_k \mid X_{\pi k}) \tag{3.19}$$

【例 3 - 1】根据图 3 - 11，求 P（a，b，c）。

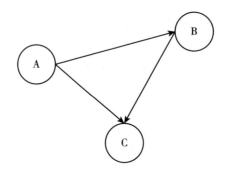

图 3 - 11　有向无环图

解：$P(a, b, c) = P\left(\dfrac{c}{a}, b\right)P(a, b) = P\left(\dfrac{c}{a}, b\right)P\left(\dfrac{b}{a}\right)P(a)$。

概率图模型的另外一个重要的发展方向是非参数化，一个典型的非参数化模型就是基于狄利克莱过程（dirichlet process）的混合模型。与传统的参数化方法不同，非参数化方法是一种更为灵活的概率图模型方法，非参数化模型的大小（比如节点的数量）可以随着数据的变化而变化。基于狄利克莱过程的混合模型引入狄利克莱过程作为部件参数的先验分布，从而允许混合体中可以有任意多个部件，这从根本上克服了传统的有限混合模型中的一个难题——确定部件的数量。

3.5.2　表示理论

对概率图建模的描述主要由参数与特征构成。

概率图模型（见图 3 - 12）的表示理论是指通过概率网络中的独立性，达到简化联合概率分布目的的表示方法。概率图模型能够高效解决不确定性推理问题，在处理实际问题中，从样本中准确高效地学习概率图模型是处理问题的关键所在。参数和结构构成了概率图模型的表示理论。

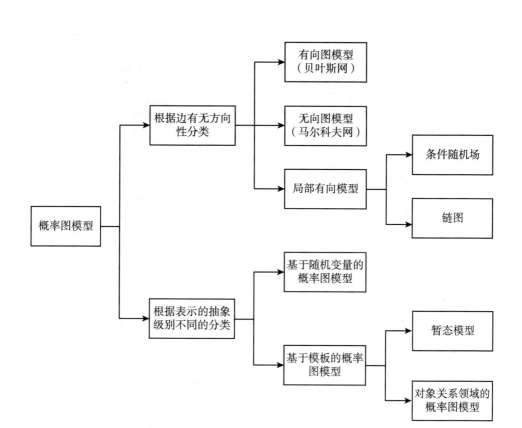

图 3 – 12　概率图模型

根据边有无方向性，概率图模型可以分为三类：有向图模型（贝叶斯网络）、无向图模型（马尔可夫网络）和局部有向模型。局部有向模型即同时存在有向边和无向边的模型，包括条件随机场（conditional random field）和链图（chain graph）。

根据表示的抽象级别概率图模型可分两类：基于随机变量的概率图模型，如贝叶斯网络、马尔可夫网络、条件随机场和链图等；基于模板的概率图模型，如暂态模型和对象关系领域的概率图模型。

3.5.3　学习理论

概率图模型学习理论（见图 3 – 13）分为参数学习与结构学习。其中，数据集完整的参数学习称为确定性不完备参数学习，数据集不完整的参数学习称为随机性不完备参数学习。

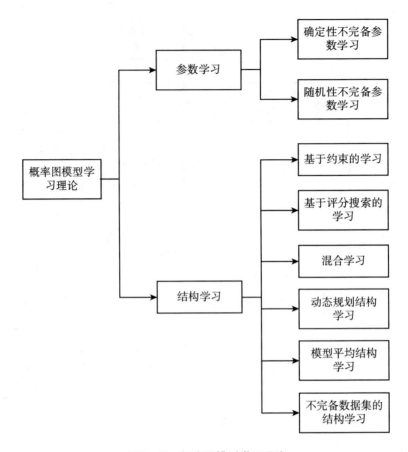

图 3 – 13　概率图模型学习理论

结构学习根据算法特点可分为基于约束的学习、基于评分搜索的学习、混合学习、动态规划结构学习、模型平均结构学习和不完备数据集的结构学习。结构学习的形式并不固定，不同的人可能采取不同的方法。

3.5.4　推理算法

根据网络结构与查询问题类型的不同，概率图模型的推理算法有：

a. 贝叶斯网络和马尔可夫网络中解决概率查询问题的精确推理算法与近似推理算法，其中具体包括精确推理中的 VE 算法（变量消元算法）、递归约束算法、团树算法以及近似推理中的变分近似推理和抽样近似推理算法；

b. 解决 MAP 查询问题的常用推理算法；

c. 混合网络的连续与混合情况阐述其推理算法；

d. 暂态网络的精确推理、近似推理以及混合情况下的推理。

3.5.5 统计推断

由于确切的统计推断在计算上非常困难，且在很多实际模型中统计推断的复杂度更大，所以近似推断（approximate inference）方法成为主要的统计推断方法。主流的近似推断方法有三种：信念传播算法（belief propagation）、蒙特卡罗采样（monte carlo sampling）、基于平均场逼近（mean field approximation）的变分推断。

3.6 案例分析

本案例使用2013年6月1日～2022年6月30日中国工商银行股票的日对数收益率的数据，分析其是否符合正态分布。该数据的样本观测量为2209个，样本均值为0.0001，最小值为 − 0.1043，最大值为0.0953，样本方差为0.0002，样本偏度为 − 1.1037，超额峰度为7.2184。

中国工商银行股票的日对数收益率的直方图如图3 − 14所示，它通过将数据划分为30个子区间而得到，可从直方图中观察到收益率总体关于0值堆成。宽度函数图如图3 − 15所示。图3 − 15中的粗线列出了中国工商银行股票的日对数收益率的经验密度函数，经验密度函数可以视为直方图的细分图；图3 − 15中的细虚线显示了中国工商银行股票的日对数收益率正态分布的密度函数，它们具有相同的均值和标准差。从图3 − 15中可知，与正态分布相比，经验密度函数具有更高的峰值和更厚的尾部，即呈现出尖峰厚尾现象，说明中国工商银行股票的日对数收益率是非正态的。

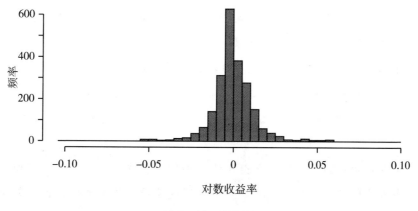

图3 − 14 直方图

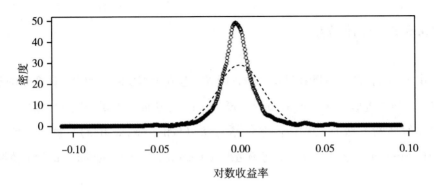

图 3 – 15 密度函数图

本章小结

　　本章在概述金融数据的基础上，通过介绍具体的图示方法（直方图、密度估计图、样本分位数图和概率图）展示了数据可视化的优势。数据可视化不仅可展示数据的基本信息，也可借助视觉表达发挥信号过滤作用。作为数据分析的基础，本章首先介绍了金融数据的主要类型及查询收集数据的主要途径；其次介绍了可以直观获得数据分布情况的直方图，为弥补直方图的不足，进一步介绍了更为常用的密度估计图。研究人员通过直方图和密度估计图可大致判断数据服从何种分布，那么，如何确定自己对数据分布的判断是否正确？本章继续介绍了样本分位数图，并在此基础上延伸介绍了概率图方法。

课后习题

　　1. 使用 R 语言下载近 10 年沪深 300 指数，计算其简单收益率、日对数收益率，并计算日对数收益率的样本均值、中位数和标准差。

　　2. 用 R 语言画出近 10 年沪深 300 指数日对数收益率的时间序列图，并回答序列看起来是否平稳以及序列波动的特征。

　　3. 用 R 语言画出近 10 年沪深 300 指数日对数收益率的直方图，进行简要分析。

　　4. 使用实曲线画出人民币兑美元的汇率的核密度估计图，使用虚曲线添加一个与样本具有相同均值和标准差的正态密度曲线。两个密度估计看起来相似吗？描述它们的区别。

5. 重复题 4，但是使均值和标准差分别等于中位数和 MAD，与题 4 中的两个密度相比，这两个密度看起来是不是更相似些？

6. 画近 10 年沪深 300 指数日对数收益率的正态图、半正态图以及近 10 年沪深 300 指数日对数收益率和人民币兑美元的汇率的 Q – Q 图，并对图进行分析。

7. 假定正态图中样本分位数画在了纵轴上，而不是像本教材这样画在了横轴上，那么如何解释凸曲线、凹曲线、凸凹曲线和凹凸曲线？

8. 除了本章介绍的数据可视化分析方法，还有哪些数据可视化分析方法？

拓展阅读

[1] 陈浪南，刘宏伟. 我国经济周期波动的非对称性和持续性研究 [J]. 经济研究，2007 (4)：43 – 52.

[2] 李坤明，方丽婷. 空间滞后分位数回归模型的工具变量估计及参数检验 [J]. 统计研究，2018，35 (10)：103 – 115.

[3] 李坤明，方丽婷. 空间滞后分位数回归模型的截面估计法 [J]. 数量经济技术经济研究，2018，35 (10)：144 – 161.

[4] 刘颖琦，宋健坤，周学军. 黄金市场动态走势研究 [J]. 数量经济技术经济研究，2003 (3)：25 – 29.

[5] 文书洋，张琳，刘锡良. 我们为什么需要绿色金融？——从全球经验事实到基于经济增长框架的理论解释 [J]. 金融研究，2021，498 (12)：20 – 37.

[6] 张文彬，童笛. 中国省份产业经济周期的经验研究——基于贝叶斯潜在多动态因子模型的分析 [J]. 数量经济技术经济研究，2011，28 (1)：104 – 116.

[7] 朱建平，陈民恳. 面板数据的聚类分析及其应用 [J]. 统计研究，2007 (4)：11 – 14.

[8] 朱建平，章贵军，刘晓葳. 大数据时代下数据分析理念的辨析 [J]. 统计研究，2014，31 (2)：10 – 19.

第4章　多元统计模型

在金融市场中，任何主体都要依托其中的金融数据指标开展金融活动，但由于金融市场中的变量指标数量繁多且各类指标自身以及不同指标之间往往表现出各种各样的特征和关系，因而往往要借助各种统计方法进行分析。在对金融数据指标进行统计分析时，不仅要充分反映各个变量自身的特征，也要在考虑不同变量间联系的基础上对反映金融市场和金融资产特征的多个变量进行综合分析，这就需要针对具体问题选择合适的统计分析方法，否则可能会损失很多信息，甚至得出错误的结论。以股票收益率的影响因素分析为例，影响其收益率的因素有哪些？如何描绘这些因素自身的特征？不同影响因素间是否存在关系以及存在何种关系？用何种方法对这些特征和关系进行统计分析？在这一章中，我们将对上述问题进行逐一回应。

本章主要有两个目的：首先，在认识多元随机变量的基础上熟悉反映随机变量特征及相互关系的常用统计量和分布函数；其次，掌握多元统计分析的基本思路和主要方法。在第 4.1 节中，我们将了解均值向量、方差、协方差等描述统计量，并就如何运用这些统计量进行描述性统计分析和相关分析进行介绍。在此基础上，我们将在第 4.2 节介绍随机变量及其线性组合的数字特征。此外，在金融数据分析过程中，我们通常假定金融变量或其经某种变换后需满足多元正态分布。第 4.3 节中，我们会对这一分布及其性质进行介绍。第 4.4 节中，我们将从一元统计分析中的 t 分布和 χ^2 分布出发，将其拓展到多元统计分析，引进 Hotelling – T^2 分布和 Wishart 分布来进行多元统计分析。在后面四节中，我们会分别学习四种多元统计分析的方法——主成分分析、因子分析、聚类分析和判别分析，四种方法涉及的内容和方法大致分为两部分：一是简化数据结构，包括主成分分析和因子分析。在金融问题分析中，会遇到有很多变量的数据，这些变量都提供了一定的信息，但其重要性有所不同，同时，这些变量提供的信息会有所重叠，因此，人们希望用少数互不相关的新变量来反映原变量所提供的绝大部分信息，通过对新变量的分析达到解决问题的目的，主成分分析和因子分析就是在这样的思想下诞生的。二是分类与判别，包括聚类分析和判别分析两种方法。将认识对象进行分类是人类认识世界的一种重要方法，古人云"物以类聚，人以群分"，同一类事物会具有更多的近似特性，因此，分门别类地对事物进行研究要远比在一个混杂多变的集合中更清晰、明了和细致，聚类分析就提供了这样的分类方法。人们常用"静若处子、动如脱兔"来描述"静"时像"处子"一般，"动"时则如"兔"一样敏捷、灵巧，由此可见一些判别标准都是有原型的，并不是凭空臆想出来的，虽然这些判别的标准并不一定都那么精确或严格，但大都是根据一些现有的模型得到，判别分析就是这样一种根据已有原型建立判别标准并对未知类别的观测值进行判别的方法。我们将对每一种方法的基本思路、理论依据和具体分析方式等分别进行介绍，并通过运用具体的案例，帮助我们更好地理解和掌握这几种分析方法。

4.1　协方差矩阵和相关矩阵

4.1.1　多元随机变量

多元统计分析是研究多个随机变量之间相互关系及其内在统计规律性的理论和方法的统称，多元统计模型是进行多元统计分析的重要方法，多元随机变量是多元统计模型研究的基本对象，多元随机变量是指从多元总体中随机抽出 n 个样本，若这 n 个样本之间相互独立且与多元总体同分布，我们就可以称为多元总体的一个多元随机样本。我们观测 n 个样本的 p 个指标，观测结果如下：

	变量 1	变量 2	$\cdots$	变量 p
样本 1	x_{11}	x_{12}	$\cdots$	x_{1p}
样本 2	x_{21}	x_{22}	$\cdots$	x_{2p}
$\cdots$	$\cdots$	$\cdots$	$\ddots$	$\cdots$
样本 n	x_{n1}	x_{n2}	$\cdots$	x_{np}

如上述结果所示，如果将每个样本视为一个随机向量，那么，n 个样本的随机向量就可以构成一个随机矩阵，即观测矩阵。对 n 个样本 p 个指标的观测矩阵如下[①]：

---

①　在上述观测值中，每个样本的 p 个指标的观测值一般是相互关联的，但不同样本的指标观测值之间是相互独立的。此外，本章中多元统计分析的对象是截面数据。

$$\begin{bmatrix} x_{11} & x_{12} & \cdots & x_{1p} \\ x_{21} & x_{22} & \cdots & x_{2p} \\ \cdots & \cdots & \ddots & \cdots \\ x_{n1} & x_{n2} & \cdots & x_{np} \end{bmatrix}$$

明确样本点和统计指标后要先对变量进行分类处理，分类的原则包括按随机变量的性质和功能分类。按照其性质进行分类时，既可以按照顺序特征对变量进行定性分类，也可以按照数值特征进行定量划分；按照其功能进行分类时，根据变量间的作用关系将其分为自变量和因变量。

合理划分变量类别后，要进一步对随机变量所对应的原始数据进行处理，升级变化（一变多）或降级变化（多变一）是常见的处理方式之一。升级变化需对数据进行编码，以特定的数字表示需要加工处理的原始数据信息，将一些分类型变量形式地转化为数值型变量，从而实现计算的高级化，但升级变化的缺陷在于这一变换可能会使原始信息失真。例如，当客户在基金公司购买理财产品时，必须在交易前以风险调查问卷的形式评估客户的风险状况，而客户最后的风险状况评定则是通过对问卷中各个问题的不同选项赋予不同的分数，并依据客户所选选项的分数总和来评估客户的风险状况，在这一变换过程中，虽然客户的风险状况借助数值转化变得可计算，但相当一部分原始信息（客户个人财产状况、不同情形下如何应对等）在变换过程中失真了。分组是降级变化的主要方式，通过按照一定标准对数据进行分组，将数值型变量转化为分类型变量，使变量值变得可数而不可加，从而导致计算低级化，信息量可能减少。以债券信用评级为例，标准普尔公司根据一系列数据指标将债券的信用评级划分为 10 个等级：AAA、AA、A、BBB、BB、B、CCC、CC、C 和 D，这一过程将数值数据转变成顺序数据，相当于对数据进行降级处理，此时，无法对债券的收益率指标等进行加减运算，计算被低级化，而且由于部分信息在指标过程中消失，每一个级别内部债券之间的信用状况差异难以体现。

4.1.2 描述统计量

对相关变量及数据进行初步处理后，我们就可以开始对变量进行统计分析，在一系列分析方法中，描述性统计分析是最基本的分析方法。在统计学中，中位数、众数、均值向量、方差与协方差是常用的描述统计量。接下来我们将简要介绍这些描述统计量。

4.1.2.1　中位数

中位数将数值集合划分为相等的上下两部分，代表了一组样本数据的中等水平。对于有限的数集，可以通过把所有观察值进行高低排序后找出正中间的一个作为中位数，如果观察值有偶数个，通常取最中间的两个数值的平均数作为中位数。

4.1.2.2　众数

众数是指在统计分布上具有明显集中趋势点的数值，是一组数据中出现次数最多的数值，它代表了数据的一般水平，不受数据极端值的影响。众数只有在数据量较多时才有意义，当数据量较少时不宜使用众数。

4.1.2.3　均值向量

均值向量可以较好地反映随机变量的集中趋势和平均水平，就单个随机变量 X 来看，其均值向量可以表示为：

$$\overline{X} = \frac{1}{n}\sum_{j=1}^{n} x_j \tag{4.1}$$

进一步地，p 个随机变量的均值向量可以用矩阵表示为 $\overline{X} = \begin{bmatrix} \overline{X}_1 \\ \vdots \\ \overline{X}_p \end{bmatrix}$。

4.1.2.4　方差

方差用于度量变量的离散程度，方差越大意味着某一变量观测值的离散程度越大。p 个变量方差的计算公式为：

$$S_k^2 = \frac{1}{n}\sum_{j=1}^{n} (x_{jk} - \overline{x}_k)^2, k = 1,2,\cdots,p \tag{4.2}$$

其中，S_k^2 表示 p 个变量的方差；n 表示样本容量；$\overline{x}_k$ 表示变量 X_k 观测样本的均值。

4.1.2.5　协方差

在统计学中，协方差用于度量两个变量间的总体误差。变量 X_i 和变量 X_k 的

协方差计算公式为:

$$S_{ik} = E[(X_i - E[X_i])(X_k - E[X_k])] = E[X_iX_k] - E[X_i]E[X_k] \quad (4.3)$$

其中, $\bar{x}_i$ 和 $\bar{x}_k$ 表示的是随机变量 X_i 和 X_k 的观测样本均值。特别地,方差是协方差的一种特殊情况,即当 $i = k$ 时, $S_{ik} = S_{ki} = S_k^2 = S_i^2$。当变量 X_i 和 X_k 大小同向变动时, S_{ik} 为正数;当变量 X_i 和 X_k 反向变动时, S_{ik} 为负数;若 X_i 和 X_k 关系不大,则 S_{ik} 接近于0。

4.1.2.6 相关系数

相关系数是描述两个变量间变化的对应程度的描述性统计量,相关系数中最常见的是简单相关系数,即皮尔逊相关系数。其计算公式为:

$$r_{ik} = \frac{S_{ik}}{\sqrt{S_{ii}}\sqrt{S_{kk}}} = \frac{\sum_{j=1}^{n}\sum_{j=1}^{n}(x_i - \bar{x}_i)(x_k - \bar{x}_k)}{\sqrt{\sum_{i=1}^{n}(x_i - \bar{x}_i)^2}\sqrt{\sum_{k=1}^{n}(x_k - \bar{x}_k)^2}}, i,k = 1,2,\cdots,p$$

$$(4.4)$$

相关系数 r 有如下性质:

a. r 的取值范围为 $[-1, 1]$。

b. $-1 \leqslant r < 0$ 时,变量间关系为负相关; $0 < r \leqslant 1$ 时,则为正相关。

c. $|r|$ 越趋于 1 表示相关关系越强, $|r|$ 越趋于 0 表示相关关系越弱。

d. 一般而言,当 $0.8 \leqslant |r| \leqslant 1$ 时,随机变量之间高度线性相关;当 $0.5 \leqslant |r| \leqslant 0.8$ 时,称为显著线性相关;当 $0.3 \leqslant |r| \leqslant 0.5$ 时,随机变量之间低度线性相关;而当 $|r| \leqslant 0.3$ 时,随机变量之间非线性相关。

4.1.3 协方差矩阵与相关矩阵

在统计学中,协方差矩阵的每个元素表示各向量元素之间的协方差,是标量随机变量向高维度随机变量的推广,它可以直观地反映多个随机变量之间的相关性。在金融领域,协方差矩阵常用于构建投资组合时分析资产组合中各个资产之间收益率或者风险的相关性,从而发现最优投资组合,此外还经常用于回归估计、风险估算等。

对于多元随机变量 X_j,可以根据协方差的定义,求出两两之间的协方差 S_{ik},以此构建随机变量的协方差矩阵,多元随机变量 X_j 的协方差矩阵是由第 (i, k)

个元素 S_{ik}（i，$k = 1$，…，p）所构成的矩阵。对角线上的元素为各个随机变量的方差。协方差矩阵如下：

$$S(X) = \begin{bmatrix} S_{11} & S_{12} & \cdots & S_{1P} \\ S_{21} & S_{22} & \cdots & S_{2P} \\ \cdots & \cdots & \ddots & \cdots \\ S_{P1} & S_{P2} & \cdots & S_{PP} \end{bmatrix}$$

协方差矩阵还可用 X 的期望向量 $E(X)$ 表示，即：

$$S(X) = E\left[\{X - E(X)\}\{X - E(X)\}^T\right] \tag{4.5}$$

与协方差矩阵类似，相关矩阵是由第（i，k）个元素 r_{ik} 所构成的矩阵，每一个元素都衡量了变量间线性关系的强度。不同于协方差矩阵，相关矩阵的每一个元素取值范围都在 $[-1, 1]$ 之间，且对所有 $i = k$，$r_{ik} = 1$。因此，相关矩阵的对角元素都为 1，此时相关矩阵为：

$$R(X) = \begin{bmatrix} 1 & r_{12} & \cdots & r_{1p} \\ r_{21} & 1 & \cdots & r_{2p} \\ \cdots & \cdots & \ddots & \cdots \\ r_{p1} & r_{p2} & \cdots & 1 \end{bmatrix}$$

根据式（4.4）可以发现，对于两个随机变量 x_i 和 x_k，x_i 与 x_k 之间的相关系数和 x_k 与 x_i 之间的相关系数相等，这说明相关系数具有对称性，即 $r_{ik} = r_{ki}$，这一性质在上述相关矩阵中表现为任意两个关于相关矩阵的主对角线对称的相关系数是相等的。

根据式（4.3）和式（4.4）容易发现，随机变量 X 的协方差矩阵与相关矩阵间存在简单的关系。

令矩阵 $Q = \mathrm{diag}(\sigma_{x1}, \cdots, \sigma_{xp})$，这里 σ_{x1}，…，σ_{xp} 是对应随机变量的标准差。则有：

$$S(X) = QR(X)Q \tag{4.6}$$

等价地，$R(X) = Q^{-1}S(X)Q^{-1}$。

对原始变量进行标准化，即 $X^* = (X - E(X))/\sigma_X$，标准化后变量的均值为 0，标准差为 1，标准化变量的协方差矩阵等于原始变量的相关矩阵，同时也是标准化变量的相关矩阵。

当两个或多个变量间同时满足下述关系时，说明它们之间存在相关关系：

a. 变量间关系不能用函数关系精确表达；

b. 一个变量的取值不能由另一个变量唯一确定；

c. 各观测点分布在直线周围。

如金融市场波动（y）与金融监管（x）之间的关系，基金业绩（y）与基金经理受教育程度（x）之间的关系，股票短期价格（y）与公司经营业绩（x_1）、行业景气度（x_2）、二级市场股票买卖状况（x_3）之间的关系，投资者证券市场投资（y）与可支配收入（x）之间的关系。

在统计学中，相关矩阵经常用于对多个变量进行相关分析，分析不同变量间是否存在相关关系、相关的方向和相关关系的密切程度。按照分析对象的不同，相关分析可分为简单相关分析、复相关分析和偏相关分析。简单相关分析用于分析两个变量间的相关程度；复相关分析用于分析一个因变量与两个以上自变量间的相关程度；偏相关分析则是在涉及多个变量情况下，当研究其中一个变量对另一个变量的影响时，把其他变量的影响视作保持不变的常数，单独研究两个变量间的相互关系。

除相关系数和相关矩阵外，散点图是对金融领域数据变量进行相关分析的另一种常用方法。对两个随机变量的关系进行分析，可以用单个散点图来直观描述，但在描述两个以上随机变量的相关关系时，每对变量的关系都需要借助一个散点图来描述，这显得尤为复杂，这时可以通过多个变量两两配对生成的散点图矩阵来描述不同变量间的相关关系。散点图及散点图矩阵的缺陷在于，虽然它能够直观地展示出变量之间的相关关系，但不是很精确，而运用相关系数进行相关分析则能够更加准确地衡量变量间相关关系的强度。

4.2　随机变量的线性函数

在金融市场中，投资者构建投资组合时，通常会事先确定目标收益率。根据投资组合理论，由多种证券构成的投资组合，其期望收益等于组合中每一种证券收益的加权平均，权重总和为1，单个资产的权重代表该资产的投资额占总投资额的比例，即投资组合的收益是投资组合中单个资产收益的线性组合。如某投资者根据其自身的风险偏好特征等从所有证券中筛选出 A 和 B 两种证券资产，并确定年度目标收益率为20%，其中，证券 A 的年度收益率为25%，证券 B 的年度收益率为15%。那么，权重关系为：

$$\omega_A + \omega_B = 1$$

$$25\% \omega_A + 15\% \omega_B = 20\%$$

$$\omega_A = 0.5, \omega_B = 0.5$$

4.2.1　单个随机变量的数字特征

对于单个随机变量 X，其线性函数具有如下特征：

$$E(aX + b) = aE(X) + b \tag{4.7}$$

$$S^2(aX + b) = a^2 S^2(X) \tag{4.8}$$

$$\sigma_{aX+b} = |a| \sigma_X \tag{4.9}$$

其中，a 和 b 为常数，E(X) 和 E(aX + b) 分别为随机变量 X 和其线性函数 aX + b 的均值，$S^2(X)$ 和 $S^2(aX + b)$ 分别为随机变量 X 和其线性函数 aX + b 的方差，σ_X 和 σ_{aX+b} 分别为随机变量 X 和其线性函数 aX + b 的标准差。

4.2.2　两个或多个随机变量的线性组合及其数字特征

若 X 和 Y 是两个不同的随机变量，ω_1 和 ω_2 是常数，则：

$$E(\omega_1 X + \omega_2 Y) = \omega_1 E(X) + \omega_2 E(Y) \tag{4.10}$$

其中，$E(\omega_1 X + \omega_2 Y)$ 是随机变量 X 和 Y 的线性组合 $\omega_1 X + \omega_2 Y$ 的均值。

$$S^2(\omega_1 X + \omega_2 Y) = \omega_1^2 S^2(X) + \omega_2^2 S^2(Y) + 2\omega_1 \omega_2 \text{Cov}(X, Y) \tag{4.11}$$

其中，$S^2(\omega_1 X + \omega_2 Y)$ 是随机变量 X 和 Y 的线性组合 $\omega_1 X + \omega_2 Y$ 的方差，Cov(X, Y) 是 X 和 Y 的协方差。

式（4.11）的矩阵表示为：

$$S = (\omega_1 \quad \omega_2) \begin{bmatrix} s^2(X) & \text{Cov}(X,Y) \\ \text{Cov}(X,Y) & s^2(Y) \end{bmatrix} (\omega_1 \quad \omega_2)^T \tag{4.12}$$

其中，$(\omega_1 \quad \omega_2)$ 表示 X 和 Y 占比的权重矩阵，$\begin{bmatrix} s^2(X) & \text{Cov}(X,Y) \\ \text{Cov}(X,Y) & s^2(Y) \end{bmatrix}$ 表示 X 和 Y 的方差协方差矩阵。

在此基础上，将随机变量的线性函数由两个随机变量拓展到多个随机变量。假设 $X_1, \cdots, X_p$ 是 p 个随机变量，$X = (X_1, \cdots, X_p)$ 是随机向量，$\omega = (\omega_1, \cdots, \omega_p)$ 为权重向量，则上述 p 个随机变量的线性函数可以表示为随机向量 X 的分量的加权平均，即：

$$\omega^T X = \sum_{i=1}^{p} \omega_i X_i \tag{4.13}$$

其中，随机向量 X 的加权平均 $\sum_{i=1}^{p} \omega_i X_i$ 为 X 的均值 $E(X)$，由此得出上述随机向量的数字特征为：

$$E(\omega^T X) = \omega^T \{ E(X) \} \tag{4.14}$$

$$S^2(\omega^T X) = \sum_{i=1}^{p} \sum_{j=1}^{p} Cov(X_i, X_j) \tag{4.15}$$

式（4.15）用矩阵可表示为 $S^2(\omega^T X) = \omega^T S(X) \omega$，其中，$S(X)$ 为随机变量 X 的协方差矩阵。

若上述随机变量 X_1，$\cdots$，X_p 是不相关的甚至相互独立，则 $\omega^T X$ 的方差与随机向量 X 的各个分量 X_i 方差的关系为：

$$S^2(\omega^T X) = S^2 \left(\sum_{i=1}^{p} \omega_i X_i \right) = \sum_{i=1}^{p} \omega_i^2 S^2(X_i) \tag{4.16}$$

当每个随机变量所占权重均为 $1/p$，即权重向量为 $\omega = (1/p, \cdots, 1/p)$ 时，$\omega^T X = \bar{X}$，此时我们可以得到：

$$S^2(\bar{X}) = \frac{1}{p^2} \sum_{i=1}^{p} s^2 X_i \tag{4.17}$$

特别地，如果任意随机变量 X 不相关且具有相同的方差 σ^2，那么随机向量均值的方差等于其方差的均值，即 $S^2(\bar{X}) = \dfrac{\sigma^2}{P}$。

上述分析体现了一组特定的权重下多个随机变量线性组合的数字特征，在此基础上，进一步分析两组不同权重下多个随机变量线性组合间的相关关系。假定 ω_1、ω_2 是两个不同的权重向量，则 $\omega_1^T X$ 和 $\omega_2^T X$ 是对随机向量 $X = (X_1, \cdots, X_p)$ 赋予两组不同权重的加权平均，而 $\omega_1^T X$ 和 $\omega_2^T X$ 可以视为赋予不同权重时形成的两个新的随机变量。此时，这两个新的随机变量间的协方差与原随机向量 X 的协方差存在如下关系：

$$Cov(\omega_1^T X, \omega_2^T X) = \omega_1^T Cov(X) \omega_2 = \omega_2^T Cov(X) \omega_1 \tag{4.18}$$

4.3 多元正态分布

经过前面的学习可知，正态分布具有优良的统计性质，并且对于大部分金融场景而言，总体多服从正态分布或近似服从正态分布，或原始数据不服从正态分布但在数学变换后近似服从正态分布，所以在实际应用中常假设总体服从正态分布。

总体服从多元正态分布是多元统计分析的基础，是相关推论的起点，是主要结论和方法的"根"。下面将介绍多元正态分布的定义和有关性质。

4.3.1　多元正态分布的定义

多元正态分布是一元正态分布的推广与拓展，是在一元正态分布的基础上得来的，在学习多元正态分布的相关内容前，不妨先回顾一下一元正态分布的相关知识。一元正态分布的概率密度函数为：

$$f(x) = \frac{1}{\sqrt{2\pi}\sigma} \exp\left\{ \frac{-(x-\mu)^2}{2\sigma^2} \right\}, \quad -\infty < x < +\infty \tag{4.19}$$

$X \sim N(\mu, \sigma^2)$，由于 x 和 μ 均为一维，转置与其相同，则一元正态分布密度函数可改写为：

$$f(x) = \frac{1}{\sqrt{2\pi}\sigma} \exp\left\{ \frac{-1}{2}(x-\mu)^T(\sigma^2)^{-1}(x-\mu) \right\} \tag{4.20}$$

下面将一元拓展为二元。

设 $X = (X_1, X_2)^T$ 服从二元正态分布，则有：

$$\sum = \begin{pmatrix} \sigma_{11} & \sigma_{12} \\ \sigma_{21} & \sigma_{22} \end{pmatrix} = \begin{pmatrix} \sigma_1^2 & \sigma_1\sigma_2^r \\ \sigma_2\sigma_1^r & \sigma_2^2 \end{pmatrix}, r \neq \pm 1,$$

其中，σ_1^2 和 σ_2^2 分别是 X_1 与 X_2 的方差，r 是 X_1 与 X_2 的相关系数，这样协方差阵的行列式为：$\left| \sum \right| = \sigma_1^2\sigma_2^2(1-r^2)$，$\sum^{-1} = \frac{1}{\sigma_1^2\sigma_2^2(1-r^2)}\begin{pmatrix} \sigma_2^2 & -\sigma_1\sigma_2^r \\ -\sigma_2\sigma_1^r & \sigma_1^2 \end{pmatrix}$。故二元正态分布的密度函数为：

$$f(x_1, x_2) = \frac{1}{2\pi\sigma_1\sigma_2(1-r^2)^{\frac{1}{2}}}$$

$$\exp\left\{ -\frac{1}{2(1-r^2)}\left[\frac{(x_1-\mu_1)^2}{\sigma_1^2} - 2r\frac{(x_1-\mu_1)(x_2-\mu_2)}{\sigma_1\sigma_2} + \frac{(x_2-\mu_2)^2}{\sigma_2^2} \right] \right\}$$

$$\tag{4.21}$$

二元正态分布的密度函数可改写为:

$$f(x_1,x_2) = \frac{1}{(\sqrt{2\pi})^2 \left| \sum \right|^{\frac{1}{2}}} exp\left\{ -\frac{1}{2}(x-\mu)^T \sum{}^{-1}(x-\mu) \right\} \quad (4.22)$$

由上面的表达形式,可以将一元、二元正态分布的概率密度函数进行推广,从而给出多元正态分布的定义。

定义 1 若 p 维随机向量 $X = (X_1, X_2, \cdots, X_p)^T$ 的概率密度函数为:

$$f(x) = f(x_1,x_2,\cdots,x_p)$$

$$= \frac{1}{(\sqrt{2\pi})^p \left| \sum \right|^{\frac{1}{2}}} exp\left\{ -\frac{1}{2}(x-\mu)^T \sum{}^{-1}(x-\mu) \right\}, x \in R^p \quad (4.23)$$

则称 $X = (X_1, X_2, \cdots, X_p)^T$ 服从 p 元正态分布,记为 $X \sim N_p(\mu, \sum)$。其中,$X = (X_1, X_2, \cdots, X_p)^T$,$\mu = (\mu_1, \mu_2, \cdots, \mu_p)^T$,$\sum$ 是正定矩阵。

值得注意的是,上述定义是在 $\left| \sum \right| \neq 0$ 时给出的,当 $\left| \sum \right| = 0$ 时,$X = (X_1, X_2, \cdots, X_p)^T$ 不存在通常意义下的概率密度。

在一元正态分布中,若 X 服从标准正态分布,则 X 的任意线性变换 $Y = \sigma X + \mu$ 服从均值为 μ 方差为 σ^2 的正态分布。此定义不要求 $\sigma > 0$,当 $\sigma = 0$ 时该变换仍有意义,故一般正态分布可以看作由标准正态分布变换而来,由此推出第二种定义方式。

定义 2 记 $X = (X_1, X_2, \cdots, X_q)^T$,$X_1, X_2, \cdots, X_q$ 独立且都服从标准正态分布 N (0, 1),$X_1, X_2, \cdots, X_q$ 的线性组合为:

$$Y = \begin{pmatrix} Y_1 \\ \cdots \\ Y_p \end{pmatrix} = A_{p\times q} \begin{pmatrix} X_1 \\ \cdots \\ X_p \end{pmatrix} + \mu_{p\times 1} \quad (4.24)$$

其中,Y 为 p 维正态随机向量,记为 $Y \sim N_p(\mu, \sum)$,μ 为 p 维常数向量,$\sum = AA^T$,A 为 $p \times q$ 阶常数矩阵。值得注意的是,$\sum = AA^T$ 的分解一般不是唯一的。

4.3.2 多元正态分布的基本性质

多元正态分布变量的常见性质如下:

性质 1 若 $X \sim N_p(\mu, \sum)$,则 $E(X) = \mu$,$D(X) = \sum$。

此性质赋予了参数 μ 和 $\sum$ 统计意义，其中，μ 是 X 的均值，$\sum$ 是 X 的协方差阵。

性质 2　若 $X \sim N_p(\mu, \sum)$，则对于任意 p 维向量 α，有 $\alpha^T X \sim N_p(\alpha^T \mu, \alpha^T \sum \alpha)$；反之，若有 $\alpha^T X \sim N_p(\alpha^T \mu, \alpha^T \sum \alpha)$，则 $X \sim N_p(\mu, \sum)$。

性质 3　若 $X \sim N_p(\mu, \sum)$，$A_{m \times p}$ 为常数矩阵，$d_{m \times 1}$ 为 m 维常数向量，则 $Y_1 = A_{m \times p} X_{p \times 1} \sim N_m(A\mu, A \sum A^T)$，且 $Y_2 = A_{m \times p} X_{p \times 1} + d_{m \times 1} \sim N_m(A\mu + d, A \sum A^T)$。

由性质 3 可得出如下推论：

推论 1　若 $X \sim N_p(\mu, \sum)$，则 $Y = \sum^{-\frac{1}{2}}(X - \mu) \sim N_p(0, 1)$。

推论 2　若 $X \sim N_p(\mu, \sum)$，则 $(X - \mu)^T \sum^{-1}(X - \mu) \sim \chi^2$。

性质 4　若 $X \sim N_p(\mu, \sum)$，$p \geqslant 2$，$\sum > 0$，可将 X，μ，$\sum$ 分解为如下形式：

$$X = \begin{pmatrix} X^{(1)} \\ X^{(2)} \end{pmatrix}, \quad \mu = \begin{pmatrix} \mu^{(1)} \\ \mu^{(2)} \end{pmatrix}, \quad \sum = \begin{pmatrix} \sum_{11} & \sum_{12} \\ \sum_{21} & \sum_{22} \end{pmatrix}$$

其中，$X^{(1)}$、$\mu^{(1)}$ 为 q 维向量，$\sum_{11}$ 为 $q \times q$ 阶矩阵。正态分布的条件分布即 $(X^{(1)} \mid X^{(2)})$ 的分布仍是正态分布：

$$(X^{(1)} \mid X^{(2)}) \sim N_q(\mu_{1 \cdot 2}, \sum_{11 \cdot 2})$$

条件分布的均值为：

$$\mu_{1 \cdot 2} = \mu^{(1)} + \sum_{12} \sum_{22}^{-1}(X^{(2)} - \mu^{(2)})$$

协方差为：

$$\sum_{11 \cdot 2} = \sum_{11} - \sum_{12} \sum_{22}^{-1} \sum_{21}$$

性质 5　设 $X \sim N_p(\mu, \sum)$，$\sum > 0$，将 X，μ，$\sum$ 剖分如下：

$$X = \begin{pmatrix} X^{(1)} \\ X^{(2)} \\ X^{(3)} \end{pmatrix}, \quad \mu = \begin{pmatrix} \mu^{(1)} \\ \mu^{(2)} \\ \mu^{(3)} \end{pmatrix}, \quad \sum = \begin{pmatrix} \sum_{11} & \sum_{12} & \sum_{13} \\ \sum_{21} & \sum_{22} & \sum_{23} \\ \sum_{31} & \sum_{32} & \sum_{33} \end{pmatrix}$$

则 $X^{(1)}$ 有如下条件均值和条件协方差阵的递推公式：

$$E(X^{(1)} \mid X^{(2)}, X^{(3)}) = \mu_{1 \cdot 3} + \sum_{12 \cdot 3} \sum_{22 \cdot 3}^{-1}(X^{(2)} - \mu_{2 \cdot 3})$$

$$D(X^{(1)} \mid X^{(2)}, X^{(3)}) = \sum{}_{11\cdot3} - \sum{}_{12\cdot3} \sum{}_{22\cdot3}^{-1} \sum{}_{21\cdot3}$$

其中，$\sum_{ij\cdot k} = \sum_{ij} - \sum_{ik} \sum_{kk}^{-1} \sum_{kj}$，$i$，$j$，$k = 1$，2，3，$\mu_{i\cdot3} = E(X^{(i)} \mid X^{(3)})$，$i = 1$，2。

性质6 当 $X^{(2)}$ 给定时，X_i 和 X_j 的偏相关系数为：

$$r_{ij\cdot q+1,\cdots,p} = \frac{\sigma_{ij\cdot q+1,\cdots,p}}{(\sigma_{ii\cdot q+1,\cdots,p}\sigma_{jj\cdot q+1,\cdots,p})^{\frac{1}{2}}} \tag{4.25}$$

性质7 若 $X = (X_1, X_2, \cdots, X_p)^T \sim N_p(\mu, \sum)$，则 X_1，X_2，$\cdots$，X_p 两两不相关，即 X_1，X_2，$\cdots$，X_P 相互独立。

设 $X \sim N_p(\mu, \sum)$，$\sum > 0$，将 X，μ，$\sum$ 剖分如下：

$$X = \begin{pmatrix} X^{(1)} \\ \cdots \\ X^{(k)} \end{pmatrix}, \mu = \begin{pmatrix} \mu^{(1)} \\ \cdots \\ \mu^{(k)} \end{pmatrix}, \sum = \begin{pmatrix} \sum_{11} & \cdots & \sum_{1k} \\ \vdots & \ddots & \vdots \\ \sum_{k1} & \cdots & \sum_{kk} \end{pmatrix}$$

其中，$X^{(j)}$：$S_j \times 1$；$\mu^{(j)}$：$S_j \times 1$；$\sum_{jj}$：$S_j \times S_j$，$j = 1$，2，$\cdots$，k，对一切 $i \neq j$，当且仅当 $\sum_{ij} = O$ 时，$X^{(1)}$，$\cdots$，$X^{(k)}$ 相互独立，即 $\sum$ 为对角块阵。

4.4 多元 t 分布

现实的金融问题中通常涉及多个指标，为了能够更全面、深入地认识总体，把握总体变化的规律，常常需要对总体进行随机抽样，又因为信息来自抽样所得的样本，而样本又分散在总体之中，因而需要通过样本的已知函数把样本中有关总体的信息汇聚起来，该函数即为统计量。在多元分析中，常使用的 t 分布和 χ^2 分布已难以胜任，因此，需要引进 Hotelling – T^2 分布和 Wishart 分布来为多元分析服务。

4.4.1 χ^2 分布和 Wishart 分布

在一元统计分析中，如果 X_i（$i = 1$，2，$\cdots$，n）相互独立，并且都服从标准正态分布，那么就称 $\sum\limits_{i=1}^{n} X_i^2$ 所服从的分布为 χ^2 分布（chi – squared distribution），记为 χ^2（n），其中 n 为自由度。

χ^2（n）分布在一元统计分析领域非常重要，在很多有关样本参数的假设检验或非参数检验中都经常用到 χ^2 统计量。

χ^2（n）分布有两个重要性质：

a. 可加性。若 $\chi_i^2 \sim \chi^2$（n_i）（i = 1，2，…，m），且相互独立，则：

$$\sum_{i=1}^{m} \chi_i^2 \sim \chi^2\left(\sum_{i=1}^{m} n_i\right) \tag{4.26}$$

b. Cochran 定理。如果 X_i（i = 1，2，…，n）相互独立，并且都服从标准正态分布，A_j（j = 1，2，…，m）为 m 个 n 阶对称矩阵，并满足 $\sum\limits_{j=1}^{m} A_j = I_n$（n 阶单位阵），记 $X = (X_1，X_2，…，X_n)^T$，$M_j = X^T A_j X$，则 M_1，M_2，…，M_m 为相互独立的 χ^2 分布的充要条件为：

$$\sum_{j=1}^{m} \text{rank}(A_j) = n$$

此时，$M_j \sim \chi^2$（n_j），$n_j = \text{rank}$（A_j）。

4.4.1.1 Wishart 分布的定义

一元统计分析中的 χ^2 分布在多元统计分析中的推广为 Wishart 分布，这一分布是统计学家 Wishart 在分析多元样本的离差阵时推导出来的。

定义 3 设 X_i（i = 1，2，…，n）相互独立，且 $X_i \sim N_p\left(0，\sum\right)$，记 $X = (X_1，X_2，…，X_n)^T$，则随机矩阵 $W = XX^T = \sum\limits_{i=1}^{n} X_i X_i^T$，服从自由度为 n 的 p 维 Wishart 分布，简记为 $W \sim W_p\left(n，\sum\right)$。

当 n≥p，$\sum > 0$ 时，p 维 Wishart 分布的密度函数如下：

$$\frac{|W|^{\frac{(n-p-1)}{2}} \exp\left\{-\frac{1}{2}\text{tr}\left(\sum\nolimits^{-1} W\right)\right\}}{2^{\frac{np}{2}} \pi^{\frac{p(p-1)}{4}} \prod\limits_{i=1}^{p} \Gamma\left[\frac{(n-i+1)}{2}\right] \left|\sum\right|^{\frac{n}{2}}}, W > 0 \tag{4.27}$$

根据上述定义可知，协方差矩阵 $\sum$ 在 p = 1 时会退化为方差 σ^2。

4.4.1.2　Wishart 分布的性质

性质 1　若 $X_\alpha = (X_{\alpha1}, X_{\alpha2}, \cdots, X_{\alpha p})^T$（$\alpha = 1, 2, \cdots, n$）是从 p 维正态总体 $N_p(\mu, \sum)$ 中抽取的 n 个随机样本，$\bar{X}$ 为样本均值，样本离差阵为 $L = \sum_{i=1}^n (X_\alpha - \bar{X})(X_\alpha - \bar{X})^T$，则：

a. $\bar{X}$ 和 L 相互独立；

b. $\bar{X} \sim N_p(\mu, \frac{1}{n}\sum)$，$L \sim W_p(n-1, \sum)$。

性质 2　若 $W_i \sim W_p(n, \sum)(i = 1,2,\cdots,k)$ 且相互独立，则 $\sum_{i=1}^k W_i \sim W_p(\sum_{i=1}^k n_i, \sum)$。

性质 3　若 $W \sim W_p(n, \sum)$，$C_{q \times p}$ 为非奇异矩阵，则 $CWC^T \sim W_q(C\sum C^T)$。

性质 4　若 $W \sim W_p(n, \sum)$，a 为任一 p 元常向量，满足 $a^T\sum a \neq 0$，则 $\frac{a^T W a}{a^T \sum a} \sim \chi^2(n)$。

性质 5　若 $W \sim W_p(n, \sum)$，则 $E(W) = n\sum$。

4.4.2　t 分布与 Hotelling $-T^2$ 分布

在一元统计分析中，若 $X \sim N(0, 1)$，$Y \sim \chi^2(n)$，并且随机变量 X、Y 相互独立，则定义统计量 $t = \frac{X}{\sqrt{\frac{Y}{n}}}$ 服从 t 分布，自由度为 n，即 $t \sim t(n)$。如果将 t 平方，则有 $t^2 = \frac{X^2}{Y/n}$，此时 $t^2 = \frac{X^2/1}{Y/n} \sim F(1, n)$，表示 t 分布的平方服从第一自由度为 1、第二自由度为 n 的 F 分布。

4.4.2.1　Hotelling $-T^2$ 分布的定义

将上述 t 分布推广到多元正态分布情景中，即可得到 Hotelling $-T^2$ 分布。

定义 4　对于相互独立的 W 和 X，若满足 $W \sim W_p(n, \sum)$，$X \sim N_p(0, c\sum)$，

其中，c > 0，n ≫ p，$\sum > 0$，则称随机变量

$$T^2 = \frac{n}{c}X^TW^{-1}X \tag{4.28}$$

所服从的分布称为第一自由度为 p、第二自由度为 n 的 Hotelling − T^2 分布。

T^2 又可以进一步改写为 $T^2 = \frac{n}{c}(\sum^{-\frac{1}{2}}X)^T(\sum^{-\frac{1}{2}}W\sum^{-\frac{1}{2}})^{-1}(\sum^{-\frac{1}{2}}X)$，其中，$\sum^{-\frac{1}{2}}X \sim N_p(0,I_p)$，$\sum^{-\frac{1}{2}}W\sum^{-\frac{1}{2}} \sim W_p(0,I_p)$。

由此可知，T^2 的分布与 $\sum$ 无关，进而可以将 Hotelling − T^2 分布简记为 $T_p^2(n)$。

4.4.2.2　Hotelling − T^2 分布的性质

性质 1　若 $X \sim N_p(\mu,\sum)$，$W \sim W_p(n,\sum)$，且 W 与 X 相互独立，则 $n(X-\mu)^TW^{-1}(X-\mu) \sim T^2(p,n)$。

性质 2　T^2 分布可以转化为 F 分布的关系，即若 $T^2 \sim T^2(p,n)$，则 $\frac{n-p+1}{np}T^2 \sim F(p,n-p+1)$。

性质 3　若 $X_i \sim N_p(\mu_i,\sum)$，$(i=1,2)$，从总体 X_1 和 X_2 中取得容量分别为 n_1、n_2 的两个随机样本，若 $\mu_1 = \mu_2$，则 $\frac{n_1n_2}{n_1+n_2}(\bar{X}_1-\bar{X}_2)^TS_p^T(\bar{X}_1-\bar{X}_2) \sim T^2(p,n_1+n_2-2)$ 或 $(\bar{X}_1-\bar{X}_2)^TS_p^T(\bar{X}_1-\bar{X}_2) \sim \frac{n_1+n_2}{n_1n_2}T^2(p,n_1+n_2-2)$。其中，$\bar{X}_1$、$\bar{X}_2$ 分别为两样本的均值向量；$S_p = \frac{n_1S_1+n_2S_2}{n_1+n_2-2}$；$S_1$、$S_2$ 分别为两样本的方差阵。

4.5　主成分分析

4.5.1　主成分分析基本思想与理论

在分析金融相关问题时，人们往往希望能够全面了解问题的特征及其发展规律，这就需要将尽可能多的相关指标纳入分析过程。指标的增多会带来两个问

题：一是分析问题的难度会随着指标的增加而增加；二是对同一事物不同方面的多重衡量会产生信息重叠问题。为了能够在尽可能全面认识事物发展规律的同时又不被上述两个问题困扰，人们开发出主成分分析法。主成分分析法既可以获得较多信息以全面了解事物，又可以减少参与分析的变量，从而简化分析。

一般而言，在度量某一事物及其变化规律中所包含的多个变量之间会存在着某种特定的相互联系，这种相互联系通常是由某一影响众多变量的共同因素催生的，立足于此，可以分析初始变量之间的关系，找出这种内在联系，利用这种内在联系将初始变量进行线性组合，从而构成一些综合指标（主成分），在保留初始变量主要信息的同时对问题进行降维处理，让问题的本质显现得更加彻底，更有利于把握问题发展变化的规律。

现假设有 n 个公司，每个公司都有 p 个相同观测指标用以衡量其经营情况，分别用 x_1，x_2，$\cdots$，x_p 表示，a_1，a_2，$\cdots$，a_p 表示各个观测指标的权重，则权重之和就是：

$$y = a^T x = a_1 x_1 + a_2 x_2 + \cdots + a_p x_p \qquad (4.29)$$

人们总是希望能够找到合适的权重以更好地区分公司的经营状况。每个公司都对应一个这样的综合评价，记为 y_1，y_2，$\cdots$，y_n。若体现公司综合评价的值很分散，则表明区分的效果很好。为了能够对所研究的多个事物有较好的区分效果，就需要寻找一组能使 y_1，y_2，$\cdots$，y_n 尽可能分散的权重 a_1，a_2，$\cdots$，a_p。其统计定义如下：设 X_1，X_2，$\cdots$，X_p 表示样本的原始变量，若能找到一组 a_1，a_2，$\cdots$，a_p 使得式（4.20）的方差达到最大，则认为权重 a_1，a_2，$\cdots$，a_p 合理地分散了原始变量 X_1，X_2，$\cdots$，X_p。

由于方差度量了数据的离散程度，即：

$$Var(a_1 X_1 + a_2 X_2 + \cdots + a_p X_p) \qquad (4.30)$$

方差越大，说明区分效果越好。为了能够求出最大方差所对应的一组权重，通常要给上式施加一些约束，否则权重的选择将没有意义。一般的约束条件为：

$$a_1^2 + a_2^2 + \cdots + a_p^2 = 1$$

向量形式可写为：

$$a^T a = 1$$

在这一约束下求上式的最优解。

主成分可以反映初始指标变动的幅度、快慢等诸多方面，为了在获得主成分的同时区分各个主成分的重要性程度，常根据反映原始指标变动的多少来对主成分进行划分。其中，第一主成分是最重要的综合指标，它反映原始指标变动的情况最多，其余主成分按照其对原始指标变动的反应程度依次排序，称为第二主成分、第三主成分……

值得注意的是，第二主成分与第一主成分所包含的信息不应出现重叠，统计学意义为第一、二主成分的相关系数为零。确定各个主成分的方法如下。

设 N_i 表示第 i 个主成分，则：

$$\begin{cases} N_1 = a_{11}X_1 + a_{12}X_2 + \cdots + a_{1p}X_p = a_1X \\ N_2 = a_{21}X_1 + a_{22}X_2 + \cdots + a_{2p}X_p = a_2X \\ \qquad\qquad\qquad\qquad \vdots \\ N_p = a_{p1}X_1 + a_{p2}X_2 + \cdots + a_{pp}X_p = a_pX \end{cases} \tag{4.31}$$

其中，对每一个 i（i = 1，2，…p）均有：

a. $a_{i1}^2 + a_{i2}^2 + \cdots + a_{ip}^2 = 1$；

b. $(a_{i1}, a_{i2}, \cdots, a_{ip})$ 使得 $Var(a_{i1}X_1 + a_{i2}X_2 + \cdots + a_{ip}X_p) = Var(N_i)$ 达到最大值；

c. $(a_{i1}, a_{i2}, \cdots, a_{ip})$ 与 $(a_{(i-1)1}, a_{(i-1)2}, \cdots, a_{(i-1)p})$ … $(a_{11}, a_{12}, \cdots, a_{1p})$ 同时垂直。

因此，一共可以找到 p 个主成分。

4.5.2　特征值因子的筛选

假设度量某一总体的指标共有 p 个，分别为 x_1，x_2，…，x_p，它在第 i 次试验中的取值为 c_{i1}，c_{i2}，…，c_{ip}，i = 1，2，…，n，写成矩阵形式为：

$$C = \begin{bmatrix} c_{11} & c_{12} & & c_{1p} \\ & & \cdots & \\ c_{21} & c_{22} & & c_{1p} \\ & \vdots & \ddots & \vdots \\ c_{n1} & c_{n1} & \cdots & c_{np} \end{bmatrix}$$

称矩阵 C 为设计矩阵。

在求得矩阵 C^TC 的特征向量以及特征值后，将这些特征值从大到小依次排序，然后逐个相加并除以所有特征值之和。当 $\dfrac{\sum_1^k \lambda_i}{\sum \lambda} \geqslant 0.8$ 时，λ_1，λ_2，…，λ_k 所对应的特征向量就是主成分分析所需要的权重，进而得到所需要的主成分。

4.6 因子分析

在多元统计分析中，因子分析法也是数据简化和降维的常用方法，其基本思想是使用较少的随机变量来描述许多具有内在相关性的变量所体现的一种基本结构。

4.6.1 因子分析模型及其性质

4.6.1.1 数学模型

设有 p 个原始变量 X_i（$i=1, 2, \cdots, p$），可表示为：

$$X_i = \mu_i + a_{i1}F_1 + a_{i2}F_2 + \cdots + a_{im}F_m + \varepsilon_i, m \leqslant p \qquad (4.32)$$

或

$$X = \mu + AF + \varepsilon$$

或

$$\begin{cases} X_1 = \mu_1 + a_{11}F_1 + a_{12}F_2 + \cdots + a_{1m}F_m + \varepsilon_1 \\ X_2 = \mu_2 + a_{21}F_1 + a_{22}F_2 + \cdots + a_{2m}F_m + \varepsilon_2 \\ \qquad\qquad\qquad\vdots \\ X_p = \mu_p + a_{p1}F_1 + a_{p2}F_2 + \cdots + a_{pm}F_m + \varepsilon_p \end{cases}, m \leqslant p$$

其中，$\mu = (\mu_1, \mu_2, \cdots, \mu_p)^T$ 为均值，$F_1, F_2, \cdots, F_m$ 称为公共因子，是不可观测的随机变量，它们的系数 a_{ij} 称为因子载荷。$\varepsilon_1, \varepsilon_2, \cdots, \varepsilon_p$ 称为特殊因子，是不可观测的随机变量。这里，$F = (F_1, F_2, \cdots, F_m)^T$ 为公共因子向量，$\varepsilon = (\varepsilon_1, \varepsilon_2, \cdots, \varepsilon_p)^T$ 为特殊因子向量，$A = (a_{ij})_{p \times m}$ 称为因子载荷矩阵。

通常假定 $E(F)=0$，$E(\varepsilon)=0$，$Var(\varepsilon)=Cov(\varepsilon)=D=\begin{bmatrix} \sigma_1^2 & \cdots & 0 \\ \vdots & \ddots & \vdots \\ 0 & \cdots & \sigma_p^2 \end{bmatrix}$，$\varepsilon$ 与 F 相互独立，即 Cov（ε, F）=0。

Cov（F）=I_m 说明 F 的各分量方差为 1，且互不相关。

4.6.1.2　因子模型的性质

（1）X 的协方差矩阵 $\sum$ 的分解。

$$\mathrm{Cov}(X,X) = \mathrm{Cov}(AF+\varepsilon, AF+\varepsilon) = E(AF+\varepsilon)(AF+\varepsilon)^T$$
$$= AE(FF^T)A^T + AE(F\varepsilon^T) + E(\varepsilon F^T)A^T + E(\varepsilon\varepsilon^T) = AA^T + D$$

即 $\sum = AA^T + D$。若 X 为各分量已标准化了的随机变量，则 $\sum$ 就是相关矩阵 R，即有 $R = AA^T + D$。值得注意的是，当 $m < p$ 时，这种分解不一定成立。

（2）模型不受变量量纲的影响。若将变量 X 的量纲变化，实际上就是将 X 做线性变化 $Y = CX$，其中，C 为对角矩阵 $\mathrm{diag}(c_1, c_2, \cdots, c_p)$，于是 $Y = C\mu + CAF + C\varepsilon$。令 $\mu^* = C\mu$，$A^* = CA$，$F^* = F$，$\varepsilon^* = \varepsilon$，则有 $Y = \mu^* + A^*F^* + \varepsilon^*$。也就是说，经过量纲变化的模型依旧完全满足因子模型的假设条件。

（3）因子载荷不唯一。设 T 为任一 $m \times m$ 的正交矩阵，令 $A^* = AT$，$F^* = T^TF$，则模型 $X = \mu + AF + \varepsilon$ 可以表示为 $X = \mu + A^*F^* + \varepsilon$。因此，因子载荷矩阵 A 不唯一。

因子分析的一个重要步骤就是估计因子载荷，以下介绍常用的因子载荷矩阵的估计方法。

4.6.1.3　载荷矩阵的估计方法

（1）主成分分析法。设 $\lambda_1 \geq \lambda_2 \geq \cdots \geq \lambda_p$ 为样本相关系数矩阵 R 的特征值，η_1，η_2，$\cdots$，η_p 为相应的标准正交化特征向量。设 $m < p$，则样本相关系数矩阵 R 的主成分因子分析的载荷矩阵为：

$$A = (\sqrt{\lambda_1}\eta_1, \sqrt{\lambda_2}\eta_2, \cdots, \sqrt{\lambda_m}\eta_m) \tag{4.33}$$

特殊因子的方差用 $R - AA^T$ 的对角元素来估计，即 $\sigma_i^2 = 1 - \sum_{j=1}^m a_{ij}^2$。

（2）主因子法。假定对变量进行标准化变换，则：

$$R = AA^T + D \tag{4.34}$$

其中，$D = \mathrm{diag}\{\sigma_1^2, \sigma_2^2, \cdots, \sigma_m^2\}$，称 $R^* = AA^T = R - D$ 为约相关系数矩阵，R^* 的对角线上的元素是 h_i^2。在分析金融问题时，特殊因子的方差一般是通过样本数据来估计的。常用的方法如下：

取 $h_i^2 = 1$，此时主因子解与主成分解等价。

取 $h_i^2 = \max_{i \neq j}|r_{ij}|$，这意味着取 X_i 与其余的 X_j 的简单相关系数的绝对值最大

者，记：

$$R^* = \begin{bmatrix} \hat{h}_1^2 & r_{12} & \cdots & r_{1p} \\ r_{21} & \hat{h}_2^2 & & r_{2p} \\ \vdots & & \ddots & \vdots \\ r_{p1} & r_{p2} & \cdots & \hat{h}_p^2 \end{bmatrix} \tag{4.35}$$

直接求 R^* 的前 p 个特征值 $\lambda_1^* \geq \lambda_2^* \geq \cdots \geq \lambda_p^*$ 对应的正交特征向量 u_1^*，u_2^*，$\cdots$，u_p^*，得到如下因子载荷矩阵：

$$A = \left(\sqrt{\lambda_1^*} u_1^* \quad \sqrt{\lambda_2^*} u_2^* \quad \cdots \quad \sqrt{\lambda_p^*} u_p^* \right) \tag{4.36}$$

4.6.2 因子旋转

建立因子分析模型主要有两方面用途：一是找出公共因子并对变量进行分组；二是了解各个公共因子的经济意义或现实意义，若无法厘清公共因子的具体含义，则难以对最终结果进行解释。

载荷矩阵并非唯一的特性使得简化载荷矩阵的结构至关重要，常使用的方法就是正交旋转法。具体来说，正交旋转法就是通过某种方式使载荷矩阵每行（列）的元素平方值向 0 和 1 两极分化。下面介绍三种常用的正交旋转法。

（1）方差最大法。方差最大法从简化因子载荷矩阵的每一列出发，使每个因子载荷平方的方差最大。方差最大法的基本思想是通过因子旋转使各个因子的载荷之间的距离变大。

（2）四次方最大法。四次方最大法是从简化载荷矩阵的行出发，通过旋转初始因子，使每个变量只在一个因子上有较高的载荷。

（3）等量最大法。等量最大法把四次方最大法和方差最大法结合起来，使其加权平均最大。

对两个因子的载荷矩阵：

$$A = (a_{ij})_{p \times 2}, i = 1, 2, \cdots p; j = 1, 2$$

取正交矩阵：

$$B = \begin{pmatrix} \cos\phi & \sin\phi \\ -\sin\phi & \cos\phi \end{pmatrix},$$

记 $\tilde{A} = AB$ 为旋转因子的载荷矩阵，此时模型由 $X = \mu + AF + \varepsilon$ 变为：

$$X = \mu + \tilde{A}(B^T F) + \varepsilon$$

同时，公因子 F 也随之变为 $B^T F$。

需要说明的是，当 $B = \begin{pmatrix} \cos\phi & \sin\phi \\ -\sin\phi & \cos\phi \end{pmatrix}$ 时，$\tilde{A} = AB$ 是逆时针旋转；当 $B = \begin{pmatrix} \cos\phi & -\sin\phi \\ +\sin\phi & \cos\phi \end{pmatrix}$ 时，$\tilde{A} = AB$ 即为顺时针旋转。

4.6.3　因子得分

4.6.3.1　因子得分的概念

对于因子分析模型：

$$X = \mu + AF + \varepsilon$$

原变量可看作是公共因子的函数，此时，对模型进行变换可以得到公共因子关于原变量的函数，由此得到因子得分函数：

$$F_j = c_j + b_{j1}X_1 + b_{j2}X_2 + \cdots + b_{jp}X_p, j = 1,2,\cdots,m \tag{4.37}$$

4.6.3.2　加权最小二乘法

把 X_i 当作被解释变量，把因子载荷看作解释变量的观测值，则有：

$$\begin{cases} X_1 = \mu_1 + a_{11}F_1 + a_{12}F_2 + \cdots + a_{1m}F_m + \varepsilon_1 \\ X_2 = \mu_2 + a_{21}F_1 + a_{22}F_2 + \cdots + a_{2m}F_m + \varepsilon_2 \\ \qquad\qquad\qquad\vdots \\ X_p = \mu_p + a_{p1}F_1 + a_{p2}F_2 + \cdots + a_{pm}F_m + \varepsilon_p \end{cases}$$

由于特殊因子的方差并不相同，即 $Var(\varepsilon_i) = \sigma_i^2$，所以可用加权最小二乘法求出因子得分：

$$\sum_{i=1}^{p} \frac{\varepsilon_i^2}{\sigma_i^2} = \sum_{i=1}^{p} \frac{[(X_i - \mu_i) - (a_{i1}F_1 + a_{i2}F_2 + \cdots + a_{im}F_m)]^2}{\sigma_i^2} \tag{4.38}$$

使式（4.38）取最小值的 $\hat{F}_1, \hat{F}_2, \cdots, \hat{F}_m$ 就是相应的因子得分。

4.7 聚类分析

聚类分析作为一种定量方法，其作用是从数据分析的角度对样品或变量（指标）做出一个精准、详尽的分类。通常把对样品的聚类称为 Q 型聚类，对变量（指标）的聚类称为 R 型聚类。

4.7.1 Q 型聚类分析

4.7.1.1 两点间距离

为了保证各个变量在分析中可以进行比较，一般采取标准化处理来消除各个变量所用量纲的影响。常使用的方法有两种。

（1）标准差标准化。首先，求出每个变量的样本均值 $\bar{x}_j = \dfrac{1}{n} \sum\limits_{i=1}^{n} x_{ij}, j = 1, 2, \cdots, p$；样本方差 $s_j^2 = \dfrac{1}{n} \sum\limits_{i=1}^{n} (x_{ij} - \bar{x}_j)^2, j = 1, 2, \cdots, p$。其次，进行标准化处理，$x_{ij}' = \dfrac{x_{ij} - \bar{x}_j}{s_j}, i = 1, 2, \cdots, n; j = 1, 2, \cdots, p$。经过这样的运算后，每个变量的标准差都相同，均等于 1。因此，可以认为经过这样处理的数据不会对后续分析产生影响。

（2）极差标准化。对于变量 x_j 称 $R_j = \max\limits_{i}\{x_{ij}\} - \min\limits_{i}\{x_{ij}\}$，$j = 1, 2, \cdots, p$ 为样本极差，然后进行标准化处理，$x_{ij}' = \dfrac{x_{ij} - \bar{x}_j}{R_j}$，$i = 1, 2, \cdots, n; j = 1, 2, \cdots, p$。经过这样的运算后，每个变量的标准差都相同，均等于 1。因此，经过极差标准化处理的原始数据仍可用于后续分析。

还可以用 $x_{ij}' = \dfrac{x_{ij} - \min\limits_{i}\{x_{ij}\}}{R_j}$（$i = 1, 2, \cdots, n; j = 1, 2, \cdots, p$）进行标准化处理，这样标准化后的数据都落在 $[0, 1]$ 上。

在消除了量纲带来的影响后，如何对样品进行聚类？首先要定义两点之间的距离；其次根据点之间的距离定义类间距离。距离多用于衡量样品间的接近程度，下面用 d_{ij} 表示样本 i 和样本 j 之间的距离。一般来说，距离 d_{ij} 应满足以下四个公理：

 a. 对于任意 i，j 有 $d_{ij} \geqslant 0$；

 b. $d_{ij} = 0$ 意味着样本 i 和样本 j 之间的距离为 0，即两者恒等；

 c. 对于任意 i，j 有 $d_{ij} = d_{ji}$；

 d. 对于任意 i，j，k 有 $d_{ij} \leqslant d_{ik} + d_{kj}$。

若所定义的距离只满足前三条公理而不满足第四条公理，则称此距离为广义距离，也称闵可夫斯基（Minkowski）距离：

$$d_{ij}(q) = \Big[\sum_{k=1}^{p} |x_{ik} - x_{jk}|^q \Big]^{\frac{1}{q}} \tag{4.39}$$

当 q = 1 时被称为绝对距离：

$$d_{ij}(1) = \sum_{k=1}^{p} |x_{ik} - x_{jk}| \tag{4.40}$$

当 q = 2 时被称为欧氏距离：

$$d_{ij}(2) = \sqrt{\sum_{k=1}^{p} (x_{ik} - x_{jk})^2} \tag{4.41}$$

当 q→∞时被称为切比雪夫距离或超距离：

$$d_{ij}(\infty) = \max_{1 \leqslant k \leqslant p} |x_{ik} - x_{jk}| \tag{4.42}$$

$d_{ij}(q)$ 在分析实际问题时应用很广，但存在两点不足：一是距离的大小和指标的量纲有关，使得欧氏距离的主观性较强；二是它未能注意到这些变量间可能存在的相关关系。针对上述两点不足，有如下两种计算距离的方式。

（1）兰氏距离。先对数据进行标准化处理，然后用标准化后的数据来计算距离。当 $x_{ij} > 0$（i = 1，2，…，n；j = 1，2，…，p）时有：

$$d_{ij}(LW) = \frac{1}{p} \sum_{k=1}^{p} \frac{|x_{ik} - x_{jk}|}{x_{ik} + x_{jk}} \tag{4.43}$$

这一计算距离的方法称为兰氏距离，它克服了闵氏距离的第一个不足，但仍未考虑指标之间的相关关系。

（2）马氏距离。马氏距离在消除了量纲影响的同时，弥补了兰氏距离的不足，充分考虑了相关性的问题，其计算公式如下：

$$d_{ij}^2(M) = [x(i) - x(j)]^T \sum{}^{-1} [x(i) - x(j)] \tag{4.44}$$

通过以上的计算方法，便可以得到两点之间的距离。在实际应用中，样本距离的计算对于聚类分析十分重要，直接影响着聚类分析的有效性，应当根据样本的属性、特点进行有效选择。

4.7.1.2　两类间距离

计算类间距离常用的方法有最短距离法、最长距离法、重心法、类平均法等。

设有两个样品类 G_1 和 G_2，用 $D(G_1, G_2)$ 表示属于 G_1 的样品 x_i 和属于 G_2 的样品 y_i 之间的距离，下面就是几种常用的类间距离的计算方法[①]。

（1）最短距离法：

$$D(G_1, G_2) = \min_{x_i \in G_1, y_i \in G_2} \{ d(x_i, y_i) \}　\quad (4.45)$$

（2）最长距离法：

$$D(G_1, G_2) = \max_{x_i \in G_1, y_i \in G_2} \{ d(x_i, y_i) \}　\quad (4.46)$$

（3）重心法：

$$D(G_1, G_2) = d(\bar{x}, \bar{y})　\quad (4.47)$$

（4）类平均法：

$$D(G_1, G_2) = \frac{1}{n_1 n_2} \sum_{x_i \in G_1} \sum_{y_i \in G_2} d(x_i, y_i)　\quad (4.48)$$

4.7.2　R 型聚类分析

4.7.2.1　变量相似性度量

在进行聚类分析时，一般做法是将相关关系强的变量归为一类，相关关系不强的归为其他类。变量间的相似系数通常符合以下要求：

a. 当且仅当 x_i 可以由 x_j 的某种线性组合构成时，$r_{ij} = \pm 1$；

b. 任意两个变量 x_i 与 x_j 的相似系数的绝对值小于 1；

c. $r_{ij} = r_{ji}$。

常用的相似系数有如下两种。

一是夹角余弦。变量 x_i 与 x_j 的夹角余弦定义为：

---

①　式（4.47）中，n_1、n_2 分别为样品类 G_1 和 G_2 中样本的个数。

$$r_{ij} = \frac{\sum_{k=1}^{n} x_{ki} x_{kj}}{\{[\sum_{k=1}^{n} x_{ki}^2][\sum_{k=1}^{n} x_{kj}^2]\}^{\frac{1}{2}}} \tag{4.49}$$

它的几何意义是向量 $x_i = (x_{1i}, x_{2i}, \cdots, x_{ni})^T$ 与向量 $x_j = (x_{1j}, x_{2j}, \cdots, x_{nj})^T$ 之间夹角的余弦。

二是相关系数。变量 x_i 与 x_j 的相关系数为:

$$r_{ij} = \frac{\sum_{k=1}^{n} (x_{ki} - \bar{x}_i)(x_{kj} - \bar{x}_j)}{\{[\sum_{k=1}^{n} (x_{ki} - \bar{x}_i)^2][\sum_{k=1}^{n} (x_{kj} - \bar{x}_j)^2]\}^{\frac{1}{2}}} \tag{4.50}$$

常常可以借助相似性度量 r_{ij} 来定义距离,如 $d_{ij}^2 = 1 - r_{ij}^2$。

4.7.2.2　变量聚类法

在变量聚类分析的实际应用中,有如下三种方法最为实用 [设有两类变量 G_1 和 G_2,用 $R(G_1, G_2)$ 来表示它们之间的距离]。

(1) 最长距离法。定义两类变量的距离为:

$$R(G_1, G_2) = \max_{x_i \in G_1, y_k \in G_2} \{d_{ik}\} \tag{4.51}$$

(2) 最短距离法。定义两类变量的距离为:

$$D(G_1, G_2) = \min_{x_i \in G_1, y_i \in G_2} \{d(x_i, y_i)\} \tag{4.52}$$

(3) 类平均法。定义两类变量的距离为:

$$D(G_1, G_2) = \frac{1}{n_1 n_2} \sum_{x_i \in G_1} \sum_{y_i \in G_2} d(x_i, y_i) \tag{4.53}$$

4.8　判别分析

判别分析的基本思想是通过已有的样本信息归纳、演绎出事物分类可能遵循的规律与逻辑,并据此建立相应的判别公式和判别准则,然后根据判别公式和判别准则对新样本进行判别,找到新样本所属的类别。

4.8.1 判别函数

所谓判别分析，就是将 p 维欧氏（Euclid）空间 R^p 分为 k 个互不相交的区域 R_1，R_2，$\cdots$，R_p，即 $R_i \cap R_j = \emptyset$（$i \neq j$；i，$j = 1$，2，$\cdots$，k），且 $\bigcup\limits_{i=1}^{k} R_i = R^p$。当 $x \in R_i$（$i = 1$，2，$\cdots$，k）时，就判定 x 属于总体 X_i（$i = 1$，2，$\cdots$，k）。

设样本 x 与 y 来自均值为 μ、协方差为 $\sum$（> 0）的总体 X，则 x 与 y 的马氏距离为：

$$d(x,y) = \sqrt{(x - y)^T \sum{}^{-1} (x - y)} \tag{4.54}$$

样本 x 总体 X 的马氏距离为：

$$d(x,X) = \sqrt{(x - \mu)^T \sum{}^{-1} (x - \mu)} \tag{4.55}$$

接下来讨论两个总体的距离判别。

设总体 X_1 和总体 X_2 的均值向量分别为 μ_1 和 μ_1，协方差矩阵分别为 $\sum_1$ 和 $\sum_2$，给定一个样本 x，如何判断 x 来自哪个总体？

距离是判断 x 来源的依据。先分别计算样本 x 到总体 X_1 的马氏距离的平方 $d^2(x, X_1)$ 和样本 x 到总体 X_2 的马氏距离的平方 $d^2(x, X_2)$，然后比较两者的大小。若 $d^2(x, X_1) \geqslant d^2(x, X_2)$，则判定 x 属于 X_1；否则，判定 x 属于 X_2。由此可得两总体的判别标准如下：

$$R_1 = \{x : d^2(x,X_1) \leqslant d^2(x,X_2)\} \quad R_2 = \{x : d^2(x,X_1) > d^2(x,X_2)\}$$

以下引入判别函数的表达式，考虑 $d^2(x, X_1)$ 和 $d^2(x, X_2)$ 的关系，当 $\mu_2 \neq \mu_1$，$\sum_1 \neq \sum_2$ 时有：

$$d^2(x,X_2) - d^2(x,X_1) = (x - \mu_2)^T \sum{}_2^{-1} (x - \mu_2) - (x - \mu_1)^T \sum{}_1^{-1} (x - \mu_1)$$

当 $\mu_2 \neq \mu_1$，$\sum_1 = \sum_2 = \sum$ 时有：

$$d^2(x,X_2) - d^2(x,X_1) = 2x^T \sum{}^{-1} (\mu_1 - \mu_2) + (\mu_1 + \mu_2)^T \sum{}^{-1} (\mu_2 - \mu_1)$$

$$= 2\left(x - \frac{\mu_1 + \mu_2}{2}\right)^T \sum{}^{-1} (\mu_1 - \mu_2)$$

$$= 2(x - \bar{\mu})^T \sum{}^{-1} (\mu_1 - \mu_2) \tag{4.56}$$

其中，$\bar{\mu} = \dfrac{\mu_1 + \mu_2}{2}$是两个总体均值的平均。令

$$\omega(x) = \begin{cases} (x - \bar{\mu})^T \sum{}^{-1} (\mu_1 - \mu_2) & (\sum{}_1 = \sum{}_2 = \sum \text{ 时}) \\ (x - \mu_2)^T \sum{}_2^{-1} (x - \mu_2) - (x - \mu_1)^T \sum{}_1^{-1} (x - \mu_1) & (\sum{}_1 \neq \sum{}_2 \text{ 时}) \end{cases}$$

称 $\omega(x)$ 为两个总体的距离判别函数。

由于总体总是难以穷尽，所以在实际应用中常使用样本的均值和协方差矩阵作为总体均值和协方差阵的近似替代。设 x_{i1}，x_{i2}，$\cdots$，x_{in} 是来自总体 X_i 的样本，则样本均值和样本协方差分别为：

$$\hat{\mu}_i = \hat{x}_i = \frac{1}{n_i} \sum_{j=1}^{n_i} x_{ij}, i = 1, 2, \cdots$$

$$\hat{\sum} = \frac{1}{n_1 + n_2 - 2} \sum_{i=1}^{2} \sum_{j=1}^{n_i} (x_{ij} - \bar{x}_i) \hat{\sum}{}^{-1} (x_{ij} - \bar{x}_i)^T$$

其判别函数定义为：

$$\hat{\omega}(x) = (x - \bar{x})^T \hat{\sum}{}^{-1} (\bar{x}_1 - \bar{x}_2) \tag{4.57}$$

其中，$\bar{x} = \dfrac{\bar{x}_1 - \bar{x}_2}{2}$。

4.8.2　Fisher 判别

Fisher 判别的基本思想是使类内方差尽可能小、使类间方差尽可能大，并以此为准则来求判别函数。

设两个总体 X_1 和 X_2 的均值向量分别为 μ_1 和 μ_2，协方差矩阵分别为 $\sum{}_1$ 和 $\sum{}_2$，对任意一个样本 x，考虑它的判别函数：

$$u = u(x)$$

并假设 $u_1 = E[u(x) | x \in X_1]$，$u_2 = E[u(x) | x \in X_2]$，$\sigma_1^2 = Var[u(x) | x \in X_1]$，$\sigma_2^2 = Var[u(x) | x \in X_2]$。

Fisher 判别准则就是要寻找判别函数 $u(x)$，使类内偏差平方和最小：

$$W_0 = \sigma_1^2 + \sigma_2^2 \tag{4.58}$$

使类间偏差平方和为最大：

$$B_0 = (u_1 - u)^2 - (u_2 - u)^2 \tag{4.59}$$

其中，$u = \dfrac{1}{2}(u_1 + u_2)$。

将上面两个要求结合在一起，Fisher 判别准则就是要求 $u(x)$，使得 $I = \dfrac{B_0}{W_0}$ 达到最大。因此，判别准则为：

$$R_1 = \{x : |u(x) - u_1| \leqslant |u(x) - u_2|\} \quad R_2 = \{x : |u(x) - u_1| > |u(x) - u_2|\}$$

4.8.3 Bayes 判别

Bayes 判别的基本思想是假定在抽样前就对所研究的对象（总体）有一定的认识，先根据先验分布形成先验认识，然后基于抽取的样本再对先验认识做修正得到后验分布。

4.8.3.1 误判概率与误判损失

误判概率指根据某一个判别规则进行判别分析时产生误判的概率。

误判损失指在发生误判事件时造成负面效果的严重程度。若把属于总体 A 的个体判为属于总体 B 所造成的损失比把属于总体 B 的个体判为属于总体 A 严重得多，那么，相较后一种判断，在做前一种判断时应格外小心。

设所考虑的两个总体 X_1 和 X_2 分别具有密度函数 $f_1(x)$ 和 $f_1(x)$，其中 x 为 p 维向量。记 Ω 为 x 的所有可能观察值的全体，称它为样本空间，R_1 为根据判别规则要判为 X_1 的那些 x 的全体，而 $R_2 = \Omega - R_1$ 为根据判别规则要判为 X_2 的那些 x 的全体。

某样本实际上是来自 X_1，但判为 X_2 的概率为：

$$P(2 \mid 1) = P(x \in R_2 \mid X_1) = \underset{R_2}{\int \cdots \int} f_1(x)\,dx$$

来自 X_2 但判为 X_1 的概率为：

$$P(1 \mid 2) = P(x \in R_1 \mid X_2) = \underset{R_1}{\int \cdots \int} f_2(x)\,dx$$

类似地，来自 X_1、判为 X_1 的概率与来自 X_2、判为 X_2 的概率分别为：

$$P(1 \mid 1) = P(x \in R_1 \mid X_1) = \underset{R_1}{\int \cdots \int} f_1(x)\,dx$$

$$P(2 \mid 2) = P(x \in R_2 \mid X_2) = \int \cdots \int_{R_2} f_2(x) \, dx$$

设 P_1，P_2 分别表示某样本来自总体 X_1 和 X_2 的先验概率，且 $P_1 + P_2 = 1$，于是有：

$$P(\text{正确地判为 } X_1) = P(\text{来自 } X_1, \text{被判为 } X_1)$$
$$= P(x \in R_1 \mid X_1) P(X_1) = P(1 \mid 1) P_1$$
$$P(\text{误判到 } X_1) = P(\text{来自 } X_2, \text{被判为 } X_1)$$
$$= P(x \in R_1 \mid X_2) P(X_2) = P(1 \mid 2) P_2$$

类似地有：

$$P(\text{正确地判为 } X_2) = P(2 \mid 2) P_2$$
$$P(\text{误判到 } X_2) = P(2 \mid 1) P_1$$

设 $L(1 \mid 2)$ 表示来自 X_2 但判为 X_1 引起的损失，设 $L(2 \mid 1)$ 表示来自 X_1 但判为 X_2 引起的损失，并且有 $L(1 \mid 1) = L(2 \mid 2) = 0$。

将上述误判概率与误判损失结合起来，定义平均误判损失 ECM（expected cost of misclassification）如下：

$$ECM(R_1, R_2) = L(2 \mid 1) P(2 \mid 1) P_1 + L(1 \mid 2) P(1 \mid 2) P_2 \qquad (4.60)$$

4.8.3.2　两总体的 Bayes 判别

定义 5　极小化平均误判损失的区域 R_1 和 R_2 分别为：

$$R_1 = \left\{ x : \frac{f_1(x)}{f_2(x)} \geqslant \frac{L(1 \mid 2)}{L(2 \mid 1)} \cdot \frac{P_2}{P_1} \right\} \qquad (4.61)$$

$$R_2 = \left\{ x : \frac{f_1(x)}{f_2(x)} < \frac{L(1 \mid 2)}{L(2 \mid 1)} \cdot \frac{P_2}{P_1} \right\} \qquad (4.62)$$

值得说明的是，当 $\dfrac{f_1(x)}{f_2(x)} = \dfrac{L(1 \mid 2)}{L(2 \mid 1)} \cdot \dfrac{P_2}{P_1}$ 时，它既可以归入 R_1，也可以归入 R_2。为了方便就将它归入 R_1。

根据定义 5，两总体的 Bayes 判别准则为：

$$\begin{cases} x \in X_1, \dfrac{f_1(x)}{f_2(x)} \geqslant \dfrac{L(1 \mid 2)}{L(2 \mid 1)} \cdot \dfrac{P_2}{P_1} \\[3mm] x \in X_2, \dfrac{f_1(x)}{f_2(x)} < \dfrac{L(1 \mid 2)}{L(2 \mid 1)} \cdot \dfrac{P_2}{P_1} \end{cases} \qquad (4.63)$$

应用此准则时，需要计算：

a. 新样本点 $x_0 = (x_{01}, x_{02}, \cdots, x_{0p})^T$ 的密度函数比 $\dfrac{f_1(x_0)}{f_2(x_0)}$；

b. 损失比 $\dfrac{L(1|2)}{L(2|1)}$；

c. 先验概率比 $\dfrac{P_2}{P_1}$。

4.9　案例分析

案例一：相关系数

为了更好地理解如何利用散点图和相关系数分析不同变量间关联，我们选取我国部分上市商业银行第一季度的收益率数据和银行拨备覆盖率等银行专项指标数据，通过描绘变量间的散点图、计算相关系数来进行相关分析。

股票收益率受到诸多因素的影响。商业银行作为特殊的金融企业，在我国以银行为主导的金融体系中起着举足轻重的作用，其股票收益率不仅受营运能力与盈利能力等因素的影响，银行的不良贷款率、资本充足率等专项指标也可能对银行股票的收益率产生影响。为了弄清楚资本充足率、不良贷款率、拨备覆盖率等指标是否会对商业银行股票收益率产生影响，希望利用上市商业银行的有关数据进行定量分析。表 4 - 1 中是我国部分上市银行 2022 年第一季度的有关业务数据和收益率数据，请用散点图刻画收益率与相关专项指标间的相关关系。

表 4 - 1　　　　部分商业银行 2022 年第一季度收益率数据和专项指标　　　单位:%

银行名称	收益率	核心资本充足率	拨备覆盖率	不良贷款率
中国银行	7. 21	11. 33	187. 54	1. 31
中国农业银行	4. 76	11. 36	307. 50	1. 41
中国工商银行	3. 02	13. 43	209. 91	1. 42
中国建设银行	7. 34	13. 67	246. 36	1. 40
交通银行	- 3. 92	10. 29	166. 66	1. 47
招商银行	10. 85	12. 71	462. 68	0. 94
兴业银行	8. 56	9. 81	268. 89	1. 10
华夏银行	- 0. 71	8. 75	153. 09	1. 75

银行名称	收益率	核心资本充足率	拨备覆盖率	不良贷款率
光大银行	-0.60	8.77	187.52	1.24
浦发银行	-6.21	9.54	146.95	1.58
浙商银行	-5.14	8.05	177.26	1.53
北京银行	3.12	9.87	211.50	1.44
上海银行	-6.87	9.14	303.60	1.25
宁波银行	-2.32	9.93	524.78	0.77
成都银行	25.16	8.34	435.69	0.91
杭州银行	9.91	8.17	580.09	0.82

2022 年第一季度我国部分商业银行银行股票收益率与拨备覆盖率间的散点图如图 4 – 1 所示。

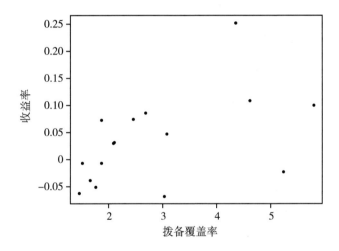

图 4 – 1　股票收益率与拨备覆盖率的散点图

图 4 – 1 中的点主要散布在从左下角到右上角的区域，因此，可以判断商业银行的股票收益率与拨备覆盖率存在一定的正相关关系。一定条件下，商业银行股票的收益率通常会随着拨备覆盖率的提高而增加。

我国部分商业银行 2022 年第一季度股票收益率与不良贷款率间的散点图如图 4 – 2 所示。

图 4 – 2 中的点主要散布在从左上角到右下角的区域，据此可以判断商业银行的股票收益率与拨备覆盖率存在一定的负相关关系，收益率通常会随着不良贷款率的提高而降低。

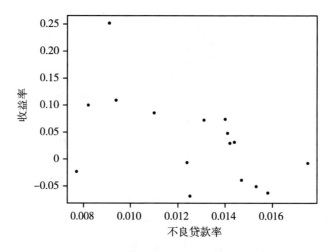

图 4 – 2　股票收益率与不良贷款率的散点图

我国部分商业银行 2022 年第一季度部分商业银行股票收益率与核心资本充足率间的散点图如图 4 – 3 所示。

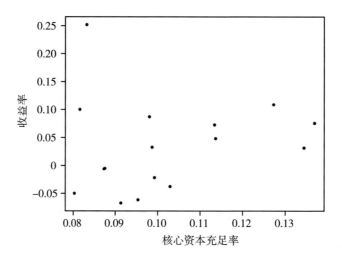

图 4 – 3　股票收益率与核心资本充足率的散点图

从图 4 – 3 中可以看出，点近似分布在一条向右上方倾斜的直线周围，据此可以推断出随着核心资本充足率的增加，商业银行股票收益率也增加，两者存在一定的正相关关系。

根据表 4 – 1 中的相关数据，计算股票收益率、拨备覆盖率、不良贷款率和核心资本充足率的相关系数，如表 4 – 2 所示。

表 4 - 2 相关系数

银行相关指标	股票收益率	拨备覆盖率	不良贷款率	核心资本充足率
股票收益率	1.0000			
拨备覆盖率	0.4900	1.0000		
不良贷款率	-0.5276	-0.9059	1.0000	
核心资本充足率	0.1314	-0.0799	0.0847	1.0000

案例二：主成分分析

表 4 - 3[①] 给出了我国部分银行的一些关键指标，使用主成分分析对这些指标提取主成分，变量及其对应的经济含义如下所示：x_1 表示营业总收入（亿元）；x_2 表示净利率（%）；x_3 表示资产负债率（%）；x_4 表示存款总额（万亿元）；x_5 表示贷款总额（万亿元）；x_6 表示不良贷款率（%）；x_7 表示涨跌幅（%）。

表 4 - 3 部分银行经营指标数据

序号	x_1（亿元）	x_2（%）	x_3（%）	x_4（万亿元）	x_5（万亿元）	x_6（%）	x_7（%）
1	1611.00	37.58	91.28	19.18	16.51	1.31	7.21
2	2059.00	34.30	91.80	23.51	18.15	1.41	4.76
3	2495.00	36.53	91.00	27.97	21.60	1.42	3.02
4	2322.00	37.82%	91.57	23.88	19.75	1.40	7.34
5	736.10	31.71	91.91	7.50	6.93	1.47	-3.92
6	919.90	39.47	90.43	6.68	5.76	0.94	10.85
7	462.10	27.81	92.06	3.15	3.15	1.02	-6.67
8	594.00	46.52	91.83	4.45	4.63	1.10	8.56
9	540.30	32.46	92.02	4.92	4.95	1.35	10.17
10	240.00	23.86	92.03	2.07	2.30	1.75	-0.71
11	387.70	30.53	92.12	3.84	3.45	1.24	-0.60
12	500.00	39.19	91.74	4.53	4.86	1.58	-6.21
13	153.90	33.93	93.70	1.51	1.43	1.53	-6.21
14	176.20	41.92	90.33	1.87	1.75	1.44	3.12

---

① 表 4 - 3 中数据为 A 股上市的国有商业银行、股份制商业银行和城市商业银行 2022 年第一季度的股价变动数据和相关财务数据。为保证数据完整性，剔除了数据部分缺失和未更新第一季度财务报表的样本。数据来源为 choice 金融终端和东方财富网。

序号	x_1（亿元）	x_2（%）	x_3（%）	x_4（万亿元）	x_5（万亿元）	x_6（%）	x_7（%）
15	142.30	39.27	92.24	1.47	1.23	1.25	-6.87
16	152.60	37.46	92.97	1.31	0.93	0.77	-2.33
17	48.36	44.46	93.47	0.60	0.42	0.91	25.17
18	87.69	37.73	93.62	0.88	0.63	0.82	9.91
19	122.80	40.99	93.23	1.21	0.87	0.90	18.31

注：序号1代表中国银行，序号2代表中国农业银行，序号3代表中国工商银行，序号4代表中国建设银行，序号5代表中国交通银行，序号6代表招商银行，序号7代表平安银行，序号8代表兴业银行，序号9代表中信银行，序号10代表华夏银行，序号11代表光大银行，序号12代表浦发银行，序号13代表浙商银行，序号14代表北京银行，序号15代表上海银行，序号16代表宁波银行，序号17代表成都银行，序号18代表杭州银行，序号19代表南京银行。

先对7个变量进行相关性分析，结果如图4-4所示。

```
          x1       x2       x3       x4       x5       x6       x7
x1    1.0000  -0.0323  -0.5141   0.9922   0.9926   0.3031   0.0435
x2   -0.0323   1.0000  -0.0191  -0.0351  -0.0438  -0.4320   0.5201
x3   -0.5141  -0.0191   1.0000  -0.4709  -0.4961  -0.3670   0.1378
x4    0.9922  -0.0351  -0.4709   1.0000   0.9967   0.3209   0.0448
x5    0.9926  -0.0438  -0.4961   0.9967   1.0000   0.3486   0.0310
x6    0.3031  -0.4320  -0.3670   0.3209   0.3486   1.0000  -0.4732
x7    0.0435   0.5201   0.1378   0.0448   0.0310  -0.4732   1.0000
```

图4-4 相关系数矩阵

这里得到的是所有变量之间的相关系数矩阵。不难发现，有些变量间的相关关系是非常强的（相关系数超过0.99），这表示变量之间存在着相当大的信息重叠，此时进行主成分分析即把众多初始变量整合成少数几个相互之间无关的主成分变量是非常必要的。

接下来进行主成分分析，结果如图4-5所示。

```
Importance of components:
                          PC1     PC2     PC3     PC4     PC5      PC6      PC7
Standard deviation     1.8704  1.3705  0.8739  0.6657  0.63821  0.08205  0.05102
Proportion of variance 0.4998  0.2683  0.1091  0.0633  0.05819  0.00096  0.00037
Cumulative Proportion  0.4998  0.7681  0.8772  0.9405  0.99867  0.99963  1.00000
```

图4-5 主成分分析

图4-5中PC表示系统提取的主成分名称，可以看出共有7个主成分（PC1～PC7）。Standard deviation表示标准差，用来反映数据集的离散程度。Proportion of Variance表示主成分的方差贡献率，也就是主成分的解释能力，可以发现，第一个主成分的方差贡献率是0.4998，表示该主成分解释了所有变量的49.98%的信息。Cumulative Proportion表示从第一个主成分开始所有主成分的累计贡献率，第

三列的 0.8772 表示在这 7 个主成分中,前三个主成分的累积贡献率超过了 80%。

图 4-6 是主成分特征向量矩阵,表明各个主成分在各变量上的载荷,据此可以得出主成分的表达式。

```
          [,1]      [,2]      [,3]      [,4]      [,5]      [,6]      [,7]
[1,]    0.5133   -0.1549   0.1710   -0.1111   -0.0503   0.8169   -0.0332
[2,]   -0.0815   -0.5769  -0.4809    0.0866   -0.6493   0.0143   -0.0003
[3,]   -0.3481   -0.0311   0.7791    0.1994   -0.4780   0.0481    0.0168
[4,]    0.5110   -0.1510   0.2141   -0.0582   -0.1056  -0.4367   -0.6819
[5,]    0.5162   -0.1365   0.1847   -0.0393   -0.0941  -0.3703    0.7302
[6,]    0.2774    0.4672  -0.1877    0.7906   -0.2045   0.0477   -0.0209
[7,]   -0.0642   -0.6185   0.1318    0.5572    0.5344   0.0041   -0.0027
```

图 4-6　主成分特征向量矩阵

7 个主成分的表达式分别为:

$PC1 = 0.5133x_1 - 0.0815x_2 - 0.3481x_3 + 0.5110x_4 + 0.5162x_5 + 0.2774x_6 - 0.0642x_7$

$PC2 = -0.1549x_1 - 0.5769x_2 - 0.0311x_3 - 0.1510x_4 - 0.1365x_5 + 0.4672x_6 - 0.6185x_7$

$PC3 = 0.1710x_1 - 0.4809x_2 + 0.7791x_3 + 0.2141x_4 + 0.1847x_5 - 0.1877x_6 + 0.1318x_7$

$PC4 = -0.1111x_1 + 0.0866x_2 + 0.1994x_3 - 0.0582x_4 - 0.0393x_5 + 0.7906x_6 + 0.5572x_7$

$PC5 = -0.0503x_1 - 0.6493x_2 - 0.4780x_3 - 0.1056x_4 - 0.0941x_5 - 0.2045x_6 + 0.5344x_7$

$PC6 = 0.8169x_1 + 0.0143x_2 + 0.0481x_3 - 0.4367x_4 - 0.3703x_5 + 0.0477x_6 + 0.0041x_7$

$PC7 = -0.0332x_1 - 0.0003x_2 + 0.0168x_3 - 0.6819x_4 + 0.7302x_5 - 0.0209x_6 - 0.0027x_7$

案例三:因子分析

在案例二中曾对我国部分银行的经营指标进行主成分分析,接下来对该数据进行因子分析。

对这 7 个变量进行相关性分析,结果如图 4-7 所示。

不难发现部分变量间存在很强的相关性(相关系数高达 0.99)。

接下来用主成分法提取公共因子,结果如图 4-8 所示。

	x1	x2	x3	x4	x5	x6	x7
x1	1.000	-0.032	-0.514	0.992	0.993	0.30	0.043
x2	-0.032	1.000	-0.019	-0.035	-0.044	-0.43	0.520
x3	-0.514	-0.019	1.000	-0.471	-0.496	-0.37	0.138
x4	0.992	-0.035	-0.471	1.000	0.997	0.32	0.045
x5	0.993	-0.044	-0.496	0.997	1.000	0.35	0.031
x6	0.303	-0.432	-0.367	0.321	0.349	1.00	-0.473
x7	0.043	0.520	0.138	0.045	0.031	-0.47	1.000

图 4-7　相关系数矩阵

```
Principal Components Analysis
Call: principal(r = data1, nfactors = 2, rotate = "none")
Standardized loadings (pattern matrix) based upon correlation matrix
     PC1   PC2   h2    u2    com
x1   0.96  0.21  0.97  0.033 1.1
x2  -0.15  0.79  0.65  0.352 1.1
x3  -0.65  0.04  0.43  0.574 1.0
x4   0.96  0.21  0.96  0.044 1.1
x5   0.97  0.19  0.97  0.033 1.1
x6   0.52 -0.64  0.68  0.321 1.9
x7  -0.12  0.85  0.73  0.267 1.0

                        PC1  PC2
SS loadings             3.50 1.88
Proportion Var          0.50 0.27
Cumulative Var          0.50 0.77
Proportion Explained    0.65 0.35
Cumulative Proportion   0.65 1.00

Mean item complexity =  1.2
Test of the hypothesis that 2 components are sufficient.

The root mean square of the residuals (RMSR) is  0.09
 with the empirical chi square  6  with prob <  0.65

Fit based upon off diagonal values = 0.97
```

图 4-8　公共因子

以上结果中，Proportion Var 表示两个公共因子的方差贡献率，其中，RC1 的贡献率为 50%，RC2 的贡献率为 27%，两个因子共解释了 7 个变量 77% 的方差。旋转后的结果如图 4-9 所示。

此时因子 RC1 和 RC2 与这些原变量之间的关系是：

$x_1 = 0.98RC1 + 0.00RC2$

$x_2 = 0.02RC1 + 0.81RC2$

$x_3 = -0.63RC1 + 0.18RC2$

$x_4 = 0.98RC1 + 0.00RC2$

$x_5 = 0.98RC1 - 0.02RC2$

$x_6 = 0.37RC1 - 0.74RC2$

$x_7 = 0.06RC1 + 0.9、85RC2$

```
Standardized loadings (pattern matrix) based upon correlation matrix
      RC1   RC2   h2    u2   com
x1   0.98  0.00  0.97  0.033  1.0
x2   0.02  0.81  0.65  0.352  1.0
x3  -0.63  0.18  0.43  0.574  1.2
x4   0.98  0.00  0.96  0.044  1.0
x5   0.98 -0.02  0.97  0.033  1.0
x6   0.37 -0.74  0.68  0.321  1.5
x7   0.06  0.85  0.73  0.267  1.0

                        RC1   RC2
SS loadings             3.43  1.95
Proportion Var          0.49  0.28
Cumulative Var          0.49  0.77
Proportion Explained    0.64  0.36
Cumulative Proportion   0.64  1.00

Mean item complexity =  1.1
Test of the hypothesis that 2 components are sufficient.

The root mean square of the residuals (RMSR) is  0.09
 with the empirical chi square  5.96  with prob <  0.65

Fit based upon off diagonal values = 0.97
```

图 4 – 9　因子旋转结果

第一个因子主要与 x_1（营业总收入）、x_4（存款总额）、x_5（贷款总额）、x_6（不良贷款率）正相关，相关系数分别为 0.98、0.98、0.98、0.37；而第二个因子主要与 x_2（净利率）、x_3（资产负债率）、x_7（股价涨跌幅）正相关，相关系数分别为 0.81、0.18、0.85。

案例四：聚类分析

首先，将表 4 – 3 中的数据进行标准化处理，结果如图 4 – 10 所示。

```
         x1      x2      x3      x4      x5      x6      x7
[1,]   1.118   0.193  -0.809   1.317   1.450   0.2385   0.370
[2,]   1.683  -0.393  -0.277   1.801   1.682   0.5925   0.093
[3,]   2.233   0.005  -1.095   2.300   2.171   0.6279  -0.104
[4,]   2.015   0.235  -0.512   1.843   1.909   0.5571   0.385
[5,]   0.016  -0.856  -0.165   0.011   0.092   0.8049  -0.890
[6,]   0.247   0.530  -1.678  -0.080  -0.074  -1.0713   0.782
[7,]  -0.330  -1.553  -0.011  -0.475  -0.443  -0.7881  -1.202
[8,]  -0.164   1.790  -0.247  -0.329  -0.234  -0.5049   0.523
[9,]  -0.231  -0.722  -0.052  -0.277  -0.188   0.3801   0.706
[10,] -0.610  -2.258  -0.042  -0.596  -0.564   1.7961  -0.527
[11,] -0.424  -1.067   0.050  -0.397  -0.400  -0.0093  -0.514
[12,] -0.282   0.480  -0.339  -0.320  -0.202   1.1943  -1.150
[13,] -0.718  -0.459   1.666  -0.658  -0.687   1.0173  -1.150
[14,] -0.690   0.968  -1.780  -0.618  -0.642   0.6987  -0.093
[15,] -0.733   0.494   0.173  -0.662  -0.716   0.0261  -1.224
[16,] -0.720   0.171   0.919  -0.681  -0.759  -1.6731  -0.710
[17,] -0.851   1.422   1.431  -0.760  -0.830  -1.1775   2.403
[18,] -0.802   0.219   1.584  -0.729  -0.800  -1.4961   0.675
[19,] -0.758   0.802   1.185  -0.691  -0.766  -1.2129   1.627
attr(,"scaled:center")
      x1      x2      x3      x4      x5      x6      x7
 723.734   0.365   0.921   7.396   6.278   0.012   3.941
attr(,"scaled:scale")
      x1      x2      x3      x4      x5      x6      x7
 7.9e+02 5.6e-02 9.8e-03 8.9e+00 7.1e+00 2.8e-03 8.8e+00
```

图 4 – 10　变量标准化

其次，运用最短距离法并画出聚类图，其结果如图 4 - 11 所示。

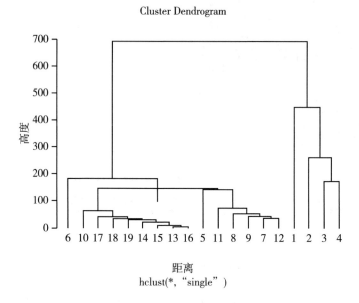

图 4 - 11   最短距离聚类图

那么，样本中的 19 个银行到底可以分为几类呢？这是不确定的。因为这要根据研究的需要和实际情况加入自己的判断。例如，可分为四类：第一类为中国银行（序号 1）、中国工商银行（序号 3）、中国农业银行（序号 2）、中国建设银行（序号 4）；第二类为中国交通银行（序号 5）、光大银行（序号 11）、中信银行（序号 9）、平安银行（序号 7）、浦发银行（序号 12）兴业银行（序号 8）；第三类为招商银行；第四类为除上述第一、二、三类外的其他银行。

根据不同的方法可以得到不同的聚类结果，运用最长距离法得到的聚类图如图 4 - 12 所示。

运用类平均法得到的聚类图如图 4 - 13 所示。

不难发现，运用不同方法得出的聚类图不尽相同，具体使用哪种方法就要看我们在实际应用时的需求和现实情况加入主观判断来加以抉择了。

案例五：判别分析

在前几个案例中分别对部分银行的经营指标进行了主成分分析、因子分析以及聚类分析，下面对这些银行进行判别分析。

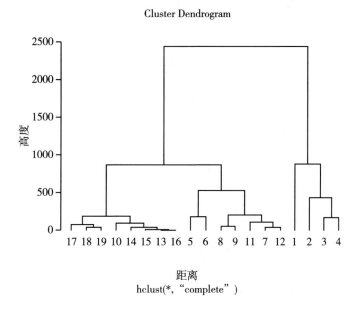

图 4 – 12 最长距离聚类图

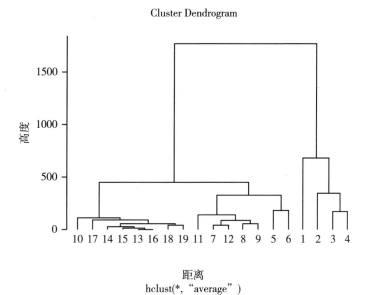

图 4 – 13 平均距离聚类图

将表 4 – 3 中的 19 个银行分为三组：第一组为部分国有银行财务数据①（见

———————

① 2022 年第一季度相关财务数据，其中各变量的经济含义与表 4 – 3 相同。

表4－4）；第二组为部分非国有银行财务数据①（见表4－5）；第三组为待判样本（见表4－6）。

表4－4　　　　　　　　　　　　国有银行财务数据

序号	银行	x_1（亿元）	x_2（%）	x_3（%）	x_4（万亿元）	x_5（万亿元）	x_6（%）	x_7（%）
1	中国银行	1611.00	37.58	91.28	19.18	16.51	1.31%	7.21
2	中国农业银行	2059.00	34.30	91.80	23.51	18.15	1.41%	4.76
3	工商银行	2495.00	36.53	91.00	27.97	21.60	1.42%	3.02
4	中国建设银行	2322.00	37.82	91.57	23.88	19.75	1.40%	7.34
5	交通银行	736.10	31.71	91.91	7.50	6.93	1.47%	－3.92

表4－5　　　　　　　　　　　　非国有银行财务数据

序号	银行	x_1（亿元）	x_2（%）	x_3（%）	x_4（万亿元）	x_5（万亿元）	x_6（%）	x_7（%）
1	华夏银行	240.00	23.86	92.03	2.07	2.30	1.75	－0.71
2	光大银行	387.70	30.53	92.12	3.84	3.45	1.24	－0.60
3	浦发银行	500.00	39.19	91.74	4.53	4.86	1.58	－6.21
4	浙商银行	153.90	33.93	93.70	1.51	1.43	1.53	－6.21
5	北京银行	176.20	41.92	90.33	1.87	1.75	1.44	3.12
6	上海银行	142.30	39.27	92.24	1.47	1.23	1.25	－6.87
7	宁波银行	152.60	37.46	92.97	1.31	0.92	0.77	－2.33
8	成都银行	48.36	44.46	93.47	0.60	0.42	0.91	25.17
9	杭州银行	87.69	37.73	93.62	0.88	0.63	0.82	9.91

表4－6　　　　　　　　　　　　待判样本

序号	银行	x_1（亿元）	x_2（%）	x_3（%）	x_4（万亿元）	x_5（万亿元）	x_6（%）	x_7（%）
1	南京银行	122.80	40.99	93.23	1.21	0.87	0.90	18.31
2	招商银行	919.90	39.47	90.43	6.68	5.76	0.94	10.85
3	平安银行	462.10	27.81	92.06	3.15	3.15	1.02	－6.67
4	兴业银行	594.00	46.52	91.83	4.45	4.63	1.10	8.56
5	中信银行	540.30	32.46	92.02	4.92	4.95	1.35	10.17

　　根据上述分组结果训练样本和待判样本，以下我们分别应用距离判别、Fish-

---

① 2022年第一季度相关财务数据，其中各变量的经济含义与表4－3相同。

er 判别和 Bayes 判别进行判别分析，结果如图 4-14 所示。

```
> setwd("D:/R/R1")
> library(readxl)
> mydata1 <-read_excel("mydata1.xlsx")
> mydata2 <- read_excel("mydata2.xlsx")
> mydata3 <- read_excel("mydata3.xlsx")
> #距离判别
> source("discriminiant.distance.R")
> discriminiant.distance(mydata1, mydata2, mydata3, var.equal=TRUE)
        1 2 3 4 5
blong 2 2 2 2 2
> #Bayes判别
> source("discriminiant.bayes.R");
> discriminiant.bayes(mydata1, mydata2, mydata3,rate=5/5, var.equal=TRUE)
        1 2 3 4 5
blong 2 2 2 2 2
> #Fish 判别
> source('discriminiant.fisher.R')
> discriminiant.fisher(mydata1, mydata2, mydata3)
        1 2 3 4 5
blong 2 2 2 2 2
```

图 4-14　Fisher 判别和 Bayes 判别

显然，距离判别、Fisher 判别和 Bayes 判别都有如下结果：南京银行、招商银行、平安银行、兴业银行、中信银行都属于 2（非国有银行），全部样本回代正确。

本章小结

在本章中，我们了解了多元随机变量的数据结构及变量数据的简单处理，并回顾了随机变量进行描述统计常用的均值、方差、协方差等指标以及对随机变量进行相关分析的方法——相关矩阵和散点图。我们学习了随机变量的线性函数和刻画随机变量及其线性组合的数理特征。在分析金融问题时，较多的指标个数以及它们之间的相关性使得分析工作较为烦琐、困难，此时就需要运用可以简化数据的主成分分析法和因子分析法，二者都可以在不损失或很少损失原有信息的前提下对数据进行简化处理。主成分分析法将原来个数较多且彼此相关的指标用线性组合的方法转换为个数较少且彼此独立的综合指标，因子分析法则是寻找出支配多个指标的少数几个相互独立的公共因子，这些公因子是多元数据的原指标或观测值中潜在的、不能直接观测的随机变量。无论是主成分还是公共因子都具有一些特殊的性质，可以代替原指标或观测数据作为新的研究对象。聚类分析和判别分析都是研究事物分类或分组的基本方法，它们有着不同的分类目的，彼此之间既有联系又有区别。聚类分析的目的是把所有要分类的对象按照一定的规则分成若干类，这些类不是事先给出的，而是根据观测数据的特征而确定的。而判别分析则需要对类或组有事先的了解，据此得出判别函数和规则，进而确定其他新样品的归属。这些方法的正确使用可以将多元数据的统计分析引入更加广阔的场景。

课后习题

1. 设 $X \sim N_3(\mu, \sum)$，$A = \begin{pmatrix} \dfrac{1}{2} & -1 & \dfrac{1}{2} \\ -\dfrac{1}{2} & 0 & -\dfrac{1}{2} \end{pmatrix}$，其中，$\mu = (1, 2, -1)^T$，

$\sum = \begin{pmatrix} 2 & 1 & 1 \\ 1 & 2 & -1 \\ 1 & -1 & 4 \end{pmatrix}$，试求 $Y = AX$ 的分布。

2. 设对于来自组 π_1 和 π_2 的两个样本有 $\bar{x}_1 = \begin{pmatrix} 4 \\ 2 \end{pmatrix}$，$\bar{x}_2 = \begin{pmatrix} 3 \\ -1 \end{pmatrix}$，$S_p = \begin{pmatrix} 6.5 & 1.1 \\ 1.1 & 8.4 \end{pmatrix}$，试给出判别规则，并将 $x_0 = (2 \quad 1)^T$ 分到组 π_1 或 π_2。假定 $\sum_1 = \sum_2$。

3. 判别分析与聚类分析有何不同？

4. 简述 Fisher 判别的基本思想。

5. 简述主成分分析和因子分析的联系与区别。

6. 请简要分析协方差矩阵和相关矩阵之间的关系。

7. 常见的相关分析的方法有哪些？对其进行评价。

8. 假定 $X = (X_1, X_2, X_3)^T$，$Var(X_1) = 1$，$Var(X_2) = 4$，$Var(X_3) = 3$，$\rho_{X_1X_2} = 0.5$，X_1、X_2 与 X_3 相互独立，求 $Var(X_1 + X_2 + \dfrac{1}{3}X_3)$。

9. A、B 和 C 三种证券资产，其收益率分别为 10%、12% 和 18%。现有一投资者拟就选取上述三种资产中的两种构建一个投资组合，该投资者期望收益率为 15%，该投资者可能构建的投资组合有几种？如果不限制选取基础资产的数量，那么可能的投资组合有几种？这对你构建投资组合有什么启发？

拓展阅读

[1] 陈守东，陈雷，刘艳武. 中国沪深股市收益率及波动性相关分析 [J].

金融研究，2003（7）：80 – 85.

［2］傅德印，黄健. 典型相关分析中的统计检验问题［J］. 统计研究，2008（7）：110 – 112.

［3］傅德印. 偏典型相关系数及其应用［J］. 统计研究，1993（6）：53 – 57.

［4］郭建军，鲁万波，焦鹏. 金融统计与金融计量的新进展——2009 金融统计与金融计量国际研讨会会议综述［J］. 统计研究，2009，26（10）：107 – 112.

［5］黄丹阳，毕博洋，朱映秋. 基于高斯谱聚类的风险商户聚类分析［J］. 统计研究，2021，38（6）：145 – 160.

［6］姜明辉，王雅林，赵欣，等. k – 近邻判别分析法在个人信用评估中的应用［J］. 数量经济技术经济研究，2004（2）：143 – 147.

［7］刘少波，丁菊红. 我国股市与宏观经济相关关系的"三阶段演进路径"分析［J］. 金融研究，2005（7）：57 – 66.

［8］刘云霞. 基于动态时间规整的面板数据聚类方法研究及应用［J］. 统计研究，2016，33（11）：93 – 101.

［9］王劲松，任宇航. 中国金融稳定指数构建、形势分析与预判［J］. 数量经济技术经济研究，2021，38（2）：24 – 42.

［10］徐晓萍，马文杰. 非上市中小企业贷款违约率的定量分析——基于判别分析法和决策树模型的分析［J］. 金融研究，2011（3）：111 – 120.

［11］阎庆民，陈朝龙. 证券市场多元利益机制的相关分析［J］. 金融研究，2000（8）：48 – 53.

第5章　回归及诊断

回归模型是读者进行数据分析、统计建模、机器学习的基础模型。"回归"是由高尔顿（Galton，1877）在研究人类遗传问题时提出来的。高尔顿为了研究父代与子代身高的关系，收集了 1078 对父亲及其儿子的身高数据。高尔顿发现这些数据的散点图大致呈直线状态，总的趋势是父亲的身高较高时，儿子的身高往往也较高。在此基础上，高尔顿对试验数据进行了深入分析，发现了一个很有趣的现象，当父亲高于平均身高时，儿子身高比父亲更高的概率要小于比父亲更矮的概率；父亲矮于平均身高时，儿子身高比父亲更矮的概率要小于比父亲更高的概率。上述现象反映了一个规律，即儿子的身高，有向父辈的平均身高回归的趋势。对于这个回归结论的一种解释是：大自然具有一种约束力，使人类身高的分布相对稳定而不产生两极分化，这就是所谓的回归效应。此外，高尔顿观察发现，尽管这种线性关系拟合较好，但是存在矮个父母所生的儿子比其父要高、身材较高的父母所生子女的身高却降到多数人的平均身高这一例外现象。若父母身高走向极端，子女的身高却不会像父母身高那样极端化，其身高要比父母们的身高更接近平均身高。高尔顿将这一现象称为向平均数方向的回归（regression to-ward mediocrity）。线性回归的术语也因此沿用下来，作为根据一种变量预测另一种变量或多种变量关系的描述方法。

唯物辩证法认为事物是普遍联系的，即世界上的一切事物都处在互相影响、互相作用、互相制约之中，我们要用普遍联系的观点看问题。各种金融变量之间有何关系？不同经济行为产生的金融数据说明什么问题？又蕴含何种规律？值得我们进行深入研究和分析。回归分析是越来越接近期望值、回归于事物本质的过程，是研究经济变量关系中因果关系的一种重要方法。不可否认，研究变量间关系的方法不止一种，那么何时使用回归分析？进行回归分析可以使用哪些工具？回归分析包括哪些具体步骤？各个步骤中又有哪些具体的注意事项？为回答上述问题，本章将介绍一元线性回归、多元线性回归、回归诊断简介和检验模型假设四部分内容。

本章的目的是掌握数据回归分析的基本方法并能对回归分析中的假设和数据进行检验与分析。数据回归分析的目的和意义是对一系列观测值进行拟合，得到回归方程，然后将该方程应用到其他同类事件中进行预测。回归诊断通常包含两方面的内容：第一，检验回归分析中的假设是否合理；第二，检验观测值中是否有异常数据，以及在有异常数据时如何处置。

5.1　一元线性回归

5.1.1　回归分析的基本概念

金融变量间的关系包括两类：一类是确定性现象非随机变量间确定的函数关系，如本利和 s 与本金 p、利率 r 和期限 n 的关系，给定本金 p、利率 r 和期限 n，就能确定一个与之对应的本利和 $s = p(1 + r)^n$；另一类是非确定性现象随机变量间不确定的统计相关关系，如股价指数 Y 与利率 X 的关系，表现为股价指数 Y 随利率 X 的变化表现出一定的规律性变化，一般认为利率与股票价格呈反向变化关系。但是，与函数关系不同，仅给定利率 X 时，与之对应的股价指数 Y 不能确定。因为国内生产总值、汇率和居民可支配收入等其他许多因素都会影响股价指数 Y。此时，便无法确定变量间的函数关系，但可以通过统计计量等方法分析变量之间的统计相关关系。其中，股价指数 Y 为非确定性（随机）变量。当符合一定条件时，变量之间的函数关系与相关关系便可互相转化。如影响股价指数的各种因素均能被确定并且代入变量间的相关关系式中时，变量之间原本的相关关系便转化为函数关系。

相关分析和回归分析是研究变量的统计相关关系的主要方法。相关分析（correlation analysis）主要探讨非确定性（随机）变量间的相关类型和相关水平。以变量的散点图是否类似于一条直线为划分标准，相关关系分为线性相关与非线性相关。变量之间的线性相关程度可由相关系数测定，若给定 X 与 Y 的一组样本数据 $\{(X_i, Y_i), i = 1, 2, \cdots, n\}$，X 与 Y 的样本相关系数为：

$$r_{X,Y} = \frac{\sum (X_i - \bar{X})(Y_i - \bar{Y})}{\sqrt{\sum (X_i - \bar{X})^2 (Y_i - \bar{Y})^2}} \tag{5.1}$$

其中，$\bar{X}$ 与 $\bar{Y}$ 分别是变量 X 与变量 Y 的样本均值。当 $|r_{X,Y}| = 1$ 时，变量 Y 与

X 之间完全线性相关；当 $0 < r_{X,Y} < 1$ 时，变量 Y 与 X 存在一定的正线性相关关系；当 $r_{X,Y} = 0$ 时，变量 Y 与 X 之间不存在线性相关关系；当 $-1 < r_{X,Y} < 0$ 时，变量 Y 与 X 存在一定的负线性相关关系。

回归分析（regression analysis）是研究某一个变量关于另一个（些）变量的依赖关系的方法和理论。其目的是凭借解释变量或自变量的设定或存在值，估计并预测被解释变量或因变量的总体期望值。

相关分析与回归分析的不同之处在于相关分析重点研究变量之间的统计依赖关系，而具有统计依赖关系的变量之间可能不存在因果关系。只有这些变量之间存在因果关系时，才可以运用回归分析研究变量间更具体的依存关系。此外，从处理变量的方法来看，相关分析对称地处理任何变量，而回归分析不对称地处理变量，将变量划分为被解释变量和解释变量。

5.1.2 总体回归模型

给定解释变量 X，被解释变量 Y 的期望轨迹就叫作总体回归函数（population regression line）。线性总体回归函数的形式为：

$$E(Y \mid X) = \beta_0 + \beta_1 X \tag{5.2}$$

其中，β_0 和 β_1 是未知参数，称为回归系数（regression coefficients）。该函数形式表明被解释变量 Y 的平均状态随解释变量 X 波动的规律。在式（5.2）中加入随机干扰（误差）项，可得总体回归函数的随机设定形式，即总体回归模型：

$$Y = \beta_0 + \beta_1 X + \mu \tag{5.3}$$

该模型表明，被解释变量 Y 既受到解释变量 X 的系统性影响，又受到其他未包含在模型中的许多因素的随机性影响，而这些影响因素的综合代表为误差项 μ。

在一组总体观测值 $\{(X_i, Y_i), i = 1, 2, \cdots, n\}$ 下，由于观测值具有总体回归模型的性质，所以总体回归模型也可写为：

$$Y_i = \beta_0 + \beta_1 X_i + \varepsilon_i \tag{5.4}$$

其中，ε 与 μ 同为干扰项或误差项，该模型即为一元线性回归模型。

5.1.3 样本回归模型

给定一组样本数据，通过估计，可以得到样本回归函数，进而以样本回归函数近似替代总体回归函数（贾俊平，2022）。所得样本回归函数如下：

$$\hat{Y} = f(X) = \hat{\beta}_0 + \hat{\beta}_1 X \tag{5.5}$$

其随机形式为：

$$Y = \hat{Y} + \hat{\mu} = \hat{\beta}_0 + \hat{\beta}_1 X + \hat{\varepsilon} \tag{5.6}$$

其中，$\hat{\varepsilon}$ 称为残差项（Residual），可视为 μ 的估计量 $\hat{\mu}$。

回归分析主要根据样本回归模型 $Y = \hat{\beta}_0 + \hat{\beta}_1 X + \hat{\varepsilon}$ 估计总体回归模型 $Y = \beta_0 + \beta_1 X + \mu$。其目的在于设计一个构造样本回归函数的方式，以使样本回归函数尽量"接近"总体回归函数，即使 $\hat{\beta}_j (j = 0，1)$ 最大程度上接近 $\beta_j (j = 0，1)$。总体回归函数与样本回归函数的关系如图 5 - 1 所示。

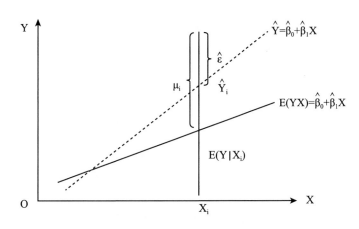

图 5 - 1 总回归线与样本回归线的关系

可见，虽然样本回归函数已经尽量"接近"总体回归函数，但是二者之间仍不可等同。在进行回归分析时，我们仅能以样本回归函数近似替代总体回归函数。

5.1.4 一元线性回归模型的基本假设

在满足以下关于模型设定、变量和误差项的基本假设的情况下，建立的模型为经典一元线性回归模型。此时，采用普通最小二乘法估计得到的参数估计量具有线性性、无偏性和有效性（李子奈和潘文卿，2015）。

假设 1 在总体模型中，因变量 Y 和自变量 X 与误差项 μ 的关系满足 $Y = \beta_0$

$+\beta_1 X + \mu$，β_0 和 β_1 为参数（线性于参数）[①]。

假设2 给定一个满足总体模型的随机样本 $\{(X_i, Y_i), i=1, 2, \cdots, n\}$，其样本容量为 n，且 X 的样本结果 $\{X_i, i=1, 2, \cdots, n\}$ 不是完全相同的数值。于是，总体回归模型的随机样本形式可写成 $Y_i = \beta_0 + \beta_1 X_i + \varepsilon_i$，其中 ε 为误差项（随机抽样且解释变量的样本有波动）。

假设3 解释变量 X 与误差项 ε_i 不相关（解释变量无内生性）。

$$\text{Cov}(X, \varepsilon_i) = 0 \tag{5.7}$$

假设4 给定解释变量的任何值，误差的期望值都为零（零条件均值）。

$$E(\varepsilon_i | X) = 0 \tag{5.8}$$

假设5 给定解释变量的任何值，误差都具有相同的方差（同方差性）。

$$\text{Var}(\varepsilon_i | X) = \sigma^2 \tag{5.9}$$

假设6 误差项与误差项之间不相关（无序列相关性）。

$$\text{Cov}(\varepsilon_i, \varepsilon_j | X) = 0 \tag{5.10}$$

假设7 误差项服从零均值、同方差的正态分布（正态分布）。

$$\varepsilon_i | X \sim N(0, \sigma^2) \tag{5.11}$$

根据以上假设，一元线性回归模型中被解释变量 Y 服从以下条件分布：

$$Y | X \sim N(\beta_0 + \beta_1 X, \sigma^2) \tag{5.12}$$

假设1为对模型设定的假设，假设2与假设3为对变量的假设，假设4至假设7为对误差项的假设。

5.1.5 一元回归模型的参数估计

一元线性回归模型的参数估计指对一组样本观测值 (X_i, Y_i)，$i=1, 2, \cdots, n$，可以采用不同的参数估计方法，估计得到相应的样本回归函数。目前，广泛使用的参数估计方法主要有普通最小二乘法（ordinary least squares，OLS）、最大似然估计法（maximum likelihood estimation，ML）和矩估计法（method of moments，MM）。

---

① 线性即变量间存在一次函数关系。

5.1.5.1 普通最小二乘法

普通最小二乘法的基本原理如下：给定一组样本观测值 $\{(X_i, Y_i), i = 1, 2, \cdots, n\}$，最佳参数估计值需使样本回归线最大程度上拟合样本观测值，即需使因变量的估计值与实际观测值之差（残差）的平方和达到最小。残差的平方和可表示为：

$$Q = \sum_{i=1}^{n} \hat{\varepsilon}_i^2 = \sum_{i=1}^{n} (Y_i - \hat{Y}_i)^2 = \sum_{i=1}^{n} (Y_i - (\hat{\beta}_0 + \hat{\beta}_1 X_i))^2 \qquad (5.13)$$

参数估计方法为给定样本观测值，求解能够使残差平方和最小的参数估计值 $\hat{\beta}_0$ 和 $\hat{\beta}_1$。

根据最值原理，当 Q 对 $\hat{\beta}_0$，$\hat{\beta}_1$ 的一阶偏导数为 0 时，Q 达到最小。通过计算，得正规方程组：

$$\begin{cases} \sum (Y_i - \hat{\beta}_0 - \hat{\beta}_1 X_i) = 0 \\ \sum (Y_i \hat{\beta}_0 - \hat{\beta}_1 X_i) X_i = 0 \end{cases} \qquad (5.14)$$

解得：

$$\begin{cases} \hat{\beta}_0 = \dfrac{\sum X_i^2 \sum Y_i - \sum X_i \sum Y_i X_i}{n \sum X_i^2 - (\sum X_i)^2} \\[4mm] \hat{\beta}_1 = \dfrac{n \sum Y_i X_i - \sum Y_i \sum X_i}{n \sum X_i^2 - (\sum X_i)^2} \end{cases} \qquad (5.15)$$

其离差形式为：

$$\begin{cases} \hat{\beta}_0 = \bar{Y} - \hat{\beta}_1 \bar{X} \\[4mm] \hat{\beta}_1 = \dfrac{\sum x_i y_i}{\sum x_i^2} \end{cases} \qquad (5.16)$$

其中，小写字母表示对均值的离差。另外，采用普通最小二乘法估计总体误差的方差，可以得到估计结果为：

$$\hat{\sigma}^2 = \frac{\sum \hat{\varepsilon}_i^2}{n - 2} \qquad (5.17)$$

5.1.5.2 最大似然估计法

最大似然法的基本原理为，从总体模型随机地抽取容量为 n 的样本观测值，所得最优参数估计量必然使得从总体模型中抽取该组样本观测值的概率最大。从模型总体进行 n 次随机抽取的过程中，对于任一次抽取，样本观测值都以特定的概率出现。

任何总体都有自己的分布参数的期望和方差。我们以总体服从正态分布为例介绍参数估计量的求法。似然函数是样本观测值的联合概率函数，从总体中抽取容量为 n 的样本观测值后，估计每个可能的正态总体取得容量为 n 的样本观测值的联合概率，即似然函数。然后，选取使似然函数最大的总体分布参数，则从其对应的总体中抽取这些样本观测值的概率最大，而该总体参数即为参数估计量。

当模型符合前面所述基本假定时，采用最大似然法估计得到的模型结构参数和采用普通最小二乘法估计得到的结构参数相同。另外，当总体满足正态分布时，采用最大似然法可估得误差的方差估计量为：

$$\hat{\sigma}^2 = \frac{\sum \hat{\varepsilon}_i^2}{n} \tag{5.18}$$

该估计结果与普通最小二乘法估计结果不同。相比之下，其普通最小二乘估计量具有更好的统计性质。

5.1.5.3 矩估计法

矩估计法的基本原理是用相应的样本矩估计总体矩。由误差项的条件零均值假设可得误差项的非条件零均值性以及误差项与解释变量的同期不相关性。因此，存在如下两个总体矩条件：

$$E(\varepsilon_i) = 0 \tag{5.19}$$

$$Cov(X_i, \varepsilon_i) = E(X_i \varepsilon_i) = 0 \tag{5.20}$$

对应的样本矩条件可写为：

$$\frac{1}{n} \sum (Y_i - \hat{\beta}_0 - \hat{\beta}_1 X_i) = 0 \tag{5.21}$$

$$\frac{1}{n} \sum (Y_i - \hat{\beta}_0 - \hat{\beta}_1 X_i) X_i = 0 \tag{5.22}$$

化简后，式（5.21）和式（5.22）恰好组成普通最小二乘法中的正规方程组。当模型满足前面所述的基本假定时，采用矩估计法得到的模型结构参数与普通最小二乘法估计的结果一致。

5.1.6　统计检验

由于样本回归函数对总体回归函数的估计效果受模型设定、样本选取和估计方法等因素的影响，因此，必须对模型进行检验。模型检验应当考虑如下两个方面：第一，模型必须具有经济意义，符合经济理论是判断模型优劣的基本标准；第二，统计检验是判断模型优劣的重要方式，具体包括方差分析、R^2、估计值标准误检验、参数的假设检验以及参数的置信区间检验。

5.1.6.1　方差分析

回归拟合的某些结果经常展示在一个方差分析表中，也称为 AOV 表或 ANO-VA 表。AOV 表的目的是描述当 X_1，$\cdots$，X_k 已知时，Y 中有多少变化量是可预测的（汪慧玲等，2020）。Y 中的总变化量可分为由 X_1，$\cdots$，X_k 预测的变差以及其不能预测的变差。直观地，离差包含的内容如图 5 - 2 所示。

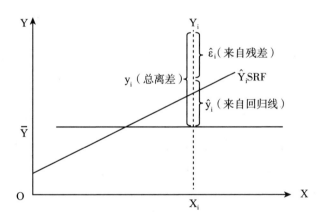

图 5 - 2　离差分解示意图

可见，总变化量由总离差平方和（TSS）测量：

$$TSS = \sum_{i=1}^{n} (Y_i - \bar{Y})^2 \tag{5.23}$$

能预测的变差由回归平方和（ESS）测量：

$$ESS = \sum_{i=1}^{n} (\hat{Y}_i - \bar{Y})^2 \tag{5.24}$$

不能预测的变差由残差平方和测量：

$$RSS = \sum_{i=1}^{n} (Y_i - \hat{Y})^2 \tag{5.25}$$

代数上，可以证明：

$$TSS = ESS + RSS \tag{5.26}$$

每个变差源有相应的自由度（degrees of freedom，DF）。总变化量的自由度是 $n-1$（n 是样本量），回归的自由度为预测变量的个数 k，而残差的自由度则是 $n-k-1$。对一元线性回归模型来说，回归的自由度为 1，残差的自由度为 $n-2$。

平方和与自由度的比率为均值平方和（MS）为：

$$均值平方和(MS) = \frac{平方和}{自由度} \tag{5.27}$$

残差的均值平方和为 σ_ε^2 的一个无偏估计，即：

$$残差均值平方和(MSR) = 残差平方和 / 自由度 = \hat{\sigma}_\varepsilon^2 = \frac{\sum_{i=1}^{n} (Y_i - \hat{Y})^2}{n-2} \tag{5.28}$$

$$回归均值平方和(MSE) = 回归平方和 / 自由度 = \frac{\sum_{i=1}^{n} (\hat{Y}_i - \bar{Y})^2}{k} \tag{5.29}$$

5.1.6.2 可决系数

可决系数（也称测定系数、决定系数、可决指数）是对模型拟合优度的综合度量，表示可由 X 线性预测的 Y 中总变量的比例，已成为检验模型对样本点拟合程度的重要标准。可决系数的计算公式为：

$$R^2 = \frac{ESS}{TSS} = 1 - \frac{RSS}{TSS}(0 \leqslant R^2 \leqslant 1) \tag{5.30}$$

由式（5.30）可知，在总离差平方和中，若回归平方和所占比例增大，则残差平方和所占比例将减小。此时，由 X 线性预测的 Y 中的总变量的比例增大，回归直线对样本点拟合得更好。因此，可决系数越大，说明在 Y 的总变差中，由模型做出了解释的部分占的比重越大，模型的拟合优度就越高；可决系数越小，说明在 Y 的总变差中，由模型做出了解释的部分占的比重越小，则模型对样本的拟合程度就越差。另外，对于一元线性回归，可决系数相当于自变量和因变量的样本相关系数的平方，即：

$$R^2 = r_{X,Y}^2 \qquad\qquad (5.31)$$

5.1.6.3　估计值标准误

给定总体中的一组观测值，总体回归模型可写为 $Y_i = \beta_0 + \beta_1 X_i + \varepsilon_i$，其中，$\varepsilon_i$ 为误差项。给定一组随机样本，Y_i 可由拟合值和残差表示，$Y_i = \hat{\beta}_0 + \hat{\beta}_1 X_i + \hat{\varepsilon}_i$，其中，$\hat{\varepsilon}_i$ 为残差项。可见，误差与残差不同。误差发生在含有总体参数 β_0、β_1 的方程中，而残差则发生在含有 $\hat{\beta}_0$、$\hat{\beta}_1$ 的估计方程中。误差是不可观测的，而残差可根据样本数据计算。

从误差 ε_i 的估计——残差 $\hat{\varepsilon}_i$ 出发，对误差方差 σ^2 进行估计，可以证明 σ^2 的最小二乘估计量为 $\hat{\sigma}^2 = \dfrac{\sum \hat{\varepsilon}_i^2}{n-2}$。那么，$\sigma$ 的自然估计量 $\hat{\sigma}$ 为 $\hat{\sigma} = \sqrt{\hat{\sigma}^2} = \sqrt{\dfrac{\sum \hat{\varepsilon}_i^2}{n-2}}$，称为估计值标准误（或称回归标准误、均方根误），记为 SER。估计值标准误也等于残差均方和的平方根，计算公式为：

$$SER = \sqrt{RSS/(n-2)} = \sqrt{MSR} \qquad\qquad (5.32)$$

其中，RSS 是残差平方和，MSR 相当于残差的方差，而 SER 相当于残差的标准差。

根据 SER，可估计 $\hat{\beta}_0$、$\hat{\beta}_1$ 的标准差。比如，推导可得，$\hat{\beta}_1$ 的标准差为：

$$sd(\hat{\beta}_1) = \frac{\sigma}{\sqrt{\sum\limits_{i=1}^{n}(X_i - \bar{X})^2}} \qquad\qquad (5.33)$$

所以 $sd(\hat{\beta}_1)$ 的一个自然估计量 $se(\hat{\beta}_1)$ 为：

$$se(\hat{\beta}_1) = \frac{SEE}{\sqrt{\sum\limits_{i=1}^{n}(X_i - \bar{X})^2}} \qquad\qquad (5.34)$$

其中，$se(\hat{\beta}_1)$ 为 $\hat{\beta}_1$ 的标准误。显然，估计值标准误越小，由 X 线性预测的 Y 中的总变量的比例越大，回归模型越好。

5.1.6.4　回归系数的假设检验

变量的显著性检验运用了假设检验的方法。假设检验的基本思想是反证法：首先，假设原假设是正确的（原假设正确是小概率事件）；其次，从总体模型中随机抽取一组容量为 n 的样本观测值，检验小概率事件是否发生；最后，若小概率事件发生则拒绝原假设。

具体地,对回归系数进行检验主要包括 t 检验和 z 检验两种主要检验方法。其中,t 检验的应用较为广泛,z 检验仅适用于大样本情况。因此,本节主要介绍 t 检验。

构造 t 统计量:

$$t = \frac{\hat{\beta}_1 - \beta_1}{\sqrt{\dfrac{\hat{\sigma}^2}{\sum\limits_{i=1}^{n} x_i^2}}} = \frac{\hat{\beta}_1 - \beta_1}{S_{\hat{\beta}_1}} \tag{5.35}$$

该统计量服从自由度为 $n-2$ 的 t 分布。该统计量可视为 β_1 显著性检验的 t 统计量。若变量 X 显著,则参数 β_1 必然显著异于 0。根据反证法原理,在变量显著性检验中,原假设与备择假设分别设为 H_0:$\beta_1 = 0$ 和 H_1:$\beta_1 \neq 0$。完成参数估计后,易得 t 统计量的数值。若给定一个显著性水平 α,查 t 分布表可得临界值为 $t_{\frac{\alpha}{2}}(n-2)$,则 $|t| > t_{\frac{\alpha}{2}}(n-2)$ 为原假设 H_0 下的一个小概率事件。如果 $|t| > t_{\frac{\alpha}{2}}(n-2)$,则在 α 的显著性水平下拒绝原假设 H_0,表示变量 X 对变量 Y 的影响是显著的;否则,不拒绝原假设 H_0,表示变量 X 对变量 Y 的影响不显著。

对于一元线性回归模型,可构造如下 t 统计量对参数 β_0 进行显著性检验:

$$t = \frac{\hat{\beta}_0 - \beta_0}{\sqrt{\dfrac{\hat{\sigma}^2 \sum X_i^2}{n \sum x_i^2}}} = \frac{\hat{\beta}_0 - \beta_0}{S_{\hat{\beta}_0}} \tag{5.36}$$

同样,该统计量服从自由度为 $n-2$ 的 t 分布,且需要检验的原假设一般为 $\beta_0 = 0$。

5.1.6.5　回归系数的置信区间

置信区间估计是一种重要的统计检验方法,即在一次抽样中样本参数的估计值在多大程度上可以"近似"地替代总体参数的真值。置信区间估计通过建立一个以样本参数的估计值为中心的区间,研究该区间包含着真实参数值 β_j($j = 1, 2$)的概率。具体地,预先选择一个概率 α($0 < \alpha < 1$),并求一个正数 δ,使得随机区间 $(\hat{\beta}_j - \delta, \hat{\beta}_j + \delta)$ 包含参数 β_j 的真值的概率为 $1 - \alpha$,即:

$$P(\hat{\beta}_j - \delta \leq \beta_j \leq \hat{\beta}_j + \delta) = 1 - \alpha \tag{5.37}$$

符合上述条件的区间则为置信区间（confidence interval），$1-\alpha$ 称为置信度，α 称为显著性水平。

根据前面的介绍有 $t = \dfrac{\hat{\beta}_j - \beta_j}{S_{\hat{\beta}_j}} \sim t(n-2)$。所以，若给定置信度为 $1-\alpha$，通过查 t 分布表，可得自由度为 $n-2$ 的临界值为 $t_{\frac{\alpha}{2}}$，则 t 值处在 $(-t_{\frac{\alpha}{2}}, t_{\frac{\alpha}{2}})$ 的概率为 $1-\alpha$，即：

$$P(-t_{\frac{\alpha}{2}} < t < t_{\frac{\alpha}{2}}) = 1 - a \tag{5.38}$$

经变换可得：

$$P(\hat{\beta}_j - t_{\frac{\alpha}{2}} \times S_{\hat{\beta}_j} < \beta_j < \hat{\beta}_j + t_{\frac{\alpha}{2}} \times S_{\hat{\beta}_j}) = 1 - \alpha \tag{5.39}$$

因此，$1-\alpha$ 的置信度下 β_j 的置信区间是：

$$(\hat{\beta}_j - t_{\frac{\alpha}{2}} \times S_{\hat{\beta}_j}, \hat{\beta}_j + t_{\frac{\alpha}{2}} \times S_{\hat{\beta}_j}) \tag{5.40}$$

置信区间越小，说明样本参数估计值 $\hat{\beta}_j$ 越逼近总体参数真值 $\beta_j(j=1, 2)$。缩小置信区间的方法为增大样本容量和优化模型对样本点的拟合。

5.2　多元线性回归

5.2.1　多元线性回归模型

多元线性回归分析使用多个自变量解释因变量，并可以根据回归模型进行评价和预测。多元线性回归的总体回归函数为：

$$E(Y \mid X_1, X_2, \cdots, X_k) = \beta_0 + \beta_1 X_1 + \beta_2 X_2 + \cdots + \beta_k X_k \tag{5.41}$$

其中，β_j 为偏回归系数。从函数形式可知，在多元回归分析中，进行回归分析的前提条件是给定多个解释变量的值，从而通过回归研究各自变量 X 值给定时 Y 的平均响应。总体回归函数的随机形式，也即多元线性回归的总体回归模型为：

$$Y = \beta_0 + \beta_1 X_1 + \beta_2 X_2 + \cdots + \beta_k X_k + \mu \tag{5.42}$$

其中，β_0，$\cdots$，β_k 为回归系数，μ 为随机干扰项或误差项。给定一组总体观测值 $\{(X_{1i}, X_{2i}, \cdots, X_{ki}, Y_i); i=1, 2, \cdots, n\}$，总体回归模型可以写为：

$$Y_i = \beta_0 + \beta_1 X_{1i} + \beta_2 X_{2i} + \cdots + \beta_k X_{ki} + \varepsilon_i \tag{5.43}$$

或

$$Y_i = X_i\beta + \varepsilon_i, i = 1,2,\cdots,n \tag{5.44}$$

其中，$X_i = (1, X_{1i}, X_{2i}, \cdots, X_{ki})$，$\beta = (\beta_0, \beta_1, \cdots, \beta_k)^T$，$\varepsilon_i$ 为误差项。式（5.43）即为多元线性回归模型。

给定一组样本观测值，可估计出样本回归函数，并用它近似地代替总体回归函数。样本回归函数的形式为：

$$\hat{Y} = \hat{\beta}_0 + \hat{\beta}_1 X_1 + \hat{\beta}_2 X_2 + \cdots + \hat{\beta}_k X_k \tag{5.45}$$

则样本回归函数的随机形式为：

$$Y = \hat{\beta}_0 + \hat{\beta}_1 X_1 + \hat{\beta}_2 X_2 + \cdots + \hat{\beta}_k X_k + \hat{\varepsilon} \tag{5.46}$$

其中，$\hat{\varepsilon}$ 为残差项，可近似替代总体回归函数中的随机干扰项 μ。

5.2.2 多元线性回归模型的基本假设

为了得到有效的推论，需要对多元线性回归模型做出以下假设。

假设1 在总体模型中，因变量 Y 和不同自变量 X 以及误差项 μ 的关系满足式（5.42），即 $Y = \beta_0 + \beta_1 X_1 + \beta_2 X_2 + \cdots + \beta_k X_k + \mu$，其中，$\beta_0, \cdots, \beta_k$ 为参数（线性于参数）。

假设2 给定一组服从总体模型的随机样本 $\{(X_{1i}, X_{2i}, \cdots, X_{ki}, Y_i)$；i = 1，2，$\cdots$，n$\}$，其样本容量为 n，且 X 的样本结果 $\{(X_{1i}, X_{2i}, \cdots, X_{ki}, Y_i)$；i = 1，2，$\cdots$，n$\}$ 不是完全相同的数值。所以总体回归模型可写成随机样本的形式，即 $Y_i = \beta_0 + \beta_1 X_{1i} + \beta_2 X_{2i} + \cdots + \beta_k X_{ki} + \varepsilon_i$，其中 ε 为误差项（随机抽样且解释变量的样本有波动）。

假设3 解释变量 X 与误差项不相关（解释变量无内生性），即：

$$Cov(X_j, \varepsilon_i) = 0, j = 1,2,\cdots,k \tag{5.47}$$

且各解释变量间不存在严格线性相关性（解释变量无完全多重共线性）。

假设4 给定解释变量的任何值，误差的期望值都为零（零条件均值），即：

$$E(\varepsilon_i \mid X_1, X_2, \cdots, X_k) = 0 \tag{5.48}$$

假设5 给定解释变量的任何值，误差都具有相同的方差（同方差性），即：

$$Var(\varepsilon_i \mid X_1, X_2, \cdots, X_k) = \sigma^2 \tag{5.49}$$

假设 6　误差项与误差项之间不相关（无序列相关性），即：

$$\mathrm{Cov}(\varepsilon_i, \varepsilon_j \mid X_1, X_2, \cdots, X_k) = 0 \tag{5.50}$$

假设 7　误差项服从零均值、同方差的正态分布（正态分布），即：

$$\varepsilon_i \mid X_1, X_2, \cdots, X_k \sim N(0, \sigma^2) \tag{5.51}$$

根据以上假设，多元线性回归模型中被解释变量 Y 具有如下条件分布特征：

$$Y \mid X_1, X_2, \cdots, X_k \sim N(\beta_0 + \beta_1 X_1 + \beta_2 X_2 + \cdots + \beta_k X_k, \sigma^2) \tag{5.52}$$

5.2.3　多元线性回归模型的估计方法

多元线性回归模型的主要估计方法包括普通最小二乘法、最大似然法和矩估计法，三种估计方法的基本原理和步骤与一元线性回归模型一致。

以普通最小二乘法为例，随机抽取容量为 n 的样本观测值 $\{(X_{1i}, X_{2i}, \cdots, X_{ki}, Y_i); i = 1, 2, \cdots, n\}$，得到样本函数的参数估计值，则有：

$$\hat{Y} = \hat{\beta}_0 + \hat{\beta}_1 X_1 + \hat{\beta}_2 X_2 + \cdots + \hat{\beta}_k X_k, i = 1, 2, \cdots, n \tag{5.53}$$

根据最小二乘原理，最佳参数估计值能使 Q 达到最小：

$$Q = \sum_{i=1}^{n} \hat{\varepsilon}_i^2 = \sum_{i=1}^{n} (Y_i - \hat{Y}_i)^2 = \sum_{i=1}^{n} \left[Y_i - (\hat{\beta}_0 + \hat{\beta}_1 X_1 + \hat{\beta}_2 X_2 + \cdots + \hat{\beta}_k X_k) \right]^2$$

$$\tag{5.54}$$

当 Q 对 $\hat{\beta}_j (j = 1, 2, \cdots, k)$ 的一阶偏导数为 0 时，Q 达到最小。所以计算可得正规方程组为：

$$\begin{cases} \sum (\hat{\beta}_0 + \hat{\beta}_1 X_1 + \hat{\beta}_2 X_2 + \cdots + \hat{\beta}_k X_k) = \sum Y_i \\ \sum (\hat{\beta}_0 + \hat{\beta}_1 X_1 + \hat{\beta}_2 X_2 + \cdots + \hat{\beta}_k X_k) X_{1i} = \sum Y_i X_{1i} \\ \sum (\hat{\beta}_0 + \hat{\beta}_1 X_1 + \hat{\beta}_2 X_2 + \cdots + \hat{\beta}_k X_k) X_{2i} = \sum Y_i X_{2i} \\ \qquad\qquad\qquad\qquad \vdots \\ \sum (\hat{\beta}_0 + \hat{\beta}_1 X_1 + \hat{\beta}_2 X_2 + \cdots + \hat{\beta}_k X_k) X_{ki} = \sum Y_i X_{ki} \end{cases} \tag{5.55}$$

求解这个包含 k + 1 个方程的方程组，得到 k + 1 个待估参数的估计值 $\hat{\beta}_j (j = 1, 2, \cdots, k)$。转换成矩阵形式，可得：

$$(X^TX)\hat{\beta} = X^TY \tag{5.56}$$

由于 X 列满秩，所以 X^TX 为满秩对称矩阵，则有：

$$\hat{\beta} = (X^TX)^{-1}X^TY \tag{5.57}$$

由于多元线性回归模型的参数估计方法与一元线性回归模型的原理相同，所以我们不再对最大似然法和矩估计法的具体步骤作详细介绍。当多元线性回归模型满足上述假设时，采用这三种估计方法得到的参数估计量都具有良好的统计性质。

5.2.4 统计检验

5.2.4.1 方差分析

与一元线性回归类似，多元线性回归模型的方差分析表也汇报了 TSS、ESS、RSS、模型的自由度、平方和以及均方和。输出方差分析表后，可以计算出多元线性回归模型的可决系数和估计值标准误，从而评价多元回归模型的优劣。需要注意的是，多元线性回归模型含有多个解释变量，其回归的自由度是预测变量的个数 k，残差的自由度为 $n - k - 1$。因此，ESS 以及 RSS 对应的均方和分别为：

$$误差均方和 MSR = RSS/(n - k - 1) \tag{5.58}$$
$$回归均方和 MSE = ESS/k \tag{5.59}$$

5.2.4.2 可决系数

在一元线性回归中，可决系数为 $R^2 = \dfrac{ESS}{TSS} = 1 - \dfrac{RSS}{TSS}$，而在多元线性回归中，如果仍按该公式求解可决系数，就会得出错误的结论，即解释变量数量越多模型的拟合程度越高。实际上，在样本容量一定的情形下，不同的解释变量的个数增加时，自由度的降低被忽视。因此，我们将可决系数调整为：

$$\bar{R}^2 = 1 - \frac{\dfrac{RSS}{n - k - 1}}{\dfrac{TSS}{n - 1}} \tag{5.60}$$

其中，$n - k - 1$ 为残差平方和的自由度，$n - 1$ 为总离差平方和的自由度。此外，除了可决系数，赤池信息准则（AIC）和贝叶斯信息准则（BIC）也被用来评价多元回归模型的拟合优度。

$$AIC = -2\ln(L) + 2k \tag{5.61}$$

$$BIC = k\ln(n) - 2\ln(L) \tag{5.62}$$

其中，L 是在该模型下的最大似然函数，n 是数据的样本数量，k 是模型的参数的个数。AIC 和 BIC 主要从以下两个方面去考察模型的优劣：一是似然函数最大化；二是模型中的未知参数个数最小化。似然函数值越大说明模型拟合的效果越好，但是不能单纯地以拟合精度来衡量模型的优劣，这样会导致模型中未知参数越来越多，模型变得越来越复杂，造成过度拟合。因此，一个好的模型应该是拟合精度和未知参数个数的综合最优化配置。

5.2.4.3　估计值标准误

在一元线性回归模型中估计值标准误为 $SER = \sqrt{\dfrac{RSS}{n-2}} = \sqrt{MSR}$，受自由度变化的影响，多元线性回归模型的估计值标准误为：

$$SER = \sqrt{RSS/(n-k-1)} = \sqrt{MSR} \tag{5.63}$$

得到估计值标准误 SER 后，可估计 $\hat{\beta}_0$，$\hat{\beta}_1$，$\cdots$，$\hat{\beta}_k$ 的标准差。同样，估计值标准误越小，表示由 X 线性预测的 Y 中的总变量的比例越大，回归模型越贴合现实。

5.2.4.4　假设检验

（1）方程总体线性显著的 F 检验。方程总体线性显著的 F 检验目的在于检验模型 $Y_i = \beta_0 + \beta_1 X_{1i} + \beta_2 X_{2i} + \cdots + \beta_k X_{ki} + \mu_i (i=1,2,\cdots,n)$ 中参数 $\beta_1, \beta_2, \cdots, \beta_k$ 是否显著异于 0。根据假设检验原理，原假设与备择假设分别为 H_0：$\beta_1 = \beta_2 = \cdots = \beta_k = 0$；$H_1$：$\beta_j (j=1,2,\cdots,k)$ 不全为 0。

F 检验的基本原理源于总离差平方和的分解式，即：

$$TSS = ESS + RSS = \sum \hat{y}_i^2 + \sum \hat{\varepsilon}_i^2 \tag{5.64}$$

若比值 $\dfrac{ESS}{RSS} = \dfrac{\sum \hat{y}_i^2}{\sum \hat{\varepsilon}_i^2}$ 较大，则 X 的联合体对 Y 的解释程度高，表示总体上存在线性关系；反之，总体上可能不存在线性关系。

基于数理统计知识，当原假设 H_0 成立时，F 统计量服从自由度为（k，n - k - 1）的分布，即：

$$F = \frac{ESS/k}{RSS/(n-k-1)} \sim F(k, n-k-1) \qquad (5.65)$$

因此，给定显著性水平 α，查表得到临界值 $F_\alpha(k, n-k-1)$。根据样本，求出 F 统计量后，比较 F 与 $F_\alpha(k, n-k-1)$ 的大小。若 $F > F_\alpha(k, n-k-1)$，则拒绝原假设；否则，不能拒绝原假设。

（2）变量显著的 t 检验。通过计算可得参数估计量的方差为：

$$Var(\hat{\beta}) = \sigma^2(XX)^{-1} \qquad (5.66)$$

若以 c_{jj} 表示矩阵 $(X'X)^{-1}$ 主对角线上的第 j 个元素，则参数估计量 $\hat{\beta}_j$ 的方差为：

$$Var(\hat{\beta}_j) = \sigma^2 c_{jj}, j = 1, 2, \cdots, k \qquad (5.67)$$

其中，σ^2 为误差项的方差，以它的估计量 $\hat{\sigma}^2$ 代替。这样，完成模型参数估计后，可计算出每个参数估计量的方差值，得到：

$$\hat{\beta}_j \sim N(\beta_j, \sigma^2 c_{jj}) \qquad (5.68)$$

因此，可构造用于变量显著性检验的 t 统计量为：

$$t = \frac{\hat{\beta}_j - \hat{\beta}_j}{S_{\hat{\beta}_j}} = \frac{\hat{\beta}_j - \hat{\beta}_j}{\sqrt{c_{jj}\dfrac{e'e}{n-k-1}}} \sim t(n-k-1) \qquad (5.69)$$

根据假设检验的原理与步骤，原假设与备择假设分别为 $H_0: \beta_j = 0$ 和 $H_1: \beta_j \neq 0$。给定一个显著性水平 α，查表可得临界值 $t_{\frac{\alpha}{2}}(n-k-1)$。当 $|t| > t_{\frac{\alpha}{2}}(n-k-1)$ 时，拒绝原假设。

5.2.4.5 置信区间检验

参数的置信区间检验能够判断估计的参数值 $\hat{\beta}_j$ 与真实的参数值 $\beta_j(j = 1, 2)$ 的距离。在变量的显著性检验中，已知 $t = \frac{\hat{\beta}_j - \beta_j}{S_{\hat{\beta}_j}} \sim t(n-k-1)$，可推出在 $1 - \alpha$ 的置信度下 β_j 的置信区间为：

$$(\hat{\beta}_j - t_{\frac{\alpha}{2}} \times S_{\hat{\beta}_j}, \hat{\beta}_j + t_{\frac{\alpha}{2}} \times S_{\hat{\beta}_j}) \qquad (5.70)$$

其中，$t_{\frac{\alpha}{2}}$ 为 t 分布表中显著性水平为 α、自由度为 $n-k-1$ 的临界值。

5.3　回归诊断简介

在进行数据分析时，往往会有各种各样的错误出现，总结起来主要有两类：一类是数据本身出现问题；另一类是回归假设出现问题。因此，回归诊断是对回归分析中的假设以及数据的检验与分析。通常包含两方面的内容：一是检验回归分析中的假设是否合理，如在线性回归模型中，通常假设随机误差之间是独立的，且期望为零且方差相同，或者更进一步地假设它们服从正态分布，回归诊断所要解决的问题之一是检验这些假设是否合理，如果这些假设不合理，对数据做怎样的修正后，能使它们满足或近似满足这些假设；二是对数据的诊断，检验观测值中是否有异常数据，在有异常数据时如何处置。

具体来讲，回归诊断主要处理三个问题：一是高度相关的自变量是否引起了共线性；二是样本数据中是否存在异常值；三是模型是否符合线性回归的使用条件。针对第三个问题，我们已经在第一节中予以说明。因此，这里我们只介绍共线性与异常值两个问题。

5.3.1　共线性

共线性也叫多重共线性（multicollinearity），可以简单地理解为自变量之间的相关性过强。比如，要分析某一工厂的产量与其耗电量和电灯数量的关系，产量为因变量，耗电量和电灯数量为自变量，如果耗电量和体电灯数量之间的相关性很强，就可以认为它们之间存在共线性。用下面这个例子来说明：

$$y = x_1 + x_2 \tag{5.71}$$

$$x_1 = 2x_2 \tag{5.72}$$

式（5.72）表示 x_1 和 x_2 之间存在精确相关关系（共线性的极端情况），从而导致式（5.71）有很多种表示形式，例如：

$$y = 1.0x_1 + 1.0x_2$$

$$y = 1.5x_1 + 0.0x_2$$

$$y = 0.0x_1 + 3.0x_2$$

$$y = 0.5x_1 + 2.0x_2$$

$$y = 0.1x_1 + 2.8x_2$$

x_1 和 x_2 前面的系数虽然各不相同，但都是等价的，不同的 x_1 和 x_2 组合形式都能得到相同的 y。那么 y 与 x_1 和 x_2 究竟是何种数量关系就让人难以捉摸了，这即是共线性危害的直观体现。在多重线性回归中，当多个自变量之间存在高度相关关系时，会导致回归系数难以估计或估计不准，这时就出现了共线性问题。

多重共线性可分为完全多重共线性和不完全多重共线性。所谓完全多重共线性是指对于线性回归模型：

$$Y = \beta_1 X_1 + \beta_2 X_2 + \cdots + \beta_k X_k + \epsilon \tag{5.73}$$

若

$$c_1 X_{1j} + c_2 X_{2j} + \cdots + c_k X_{kj} = 0, j = 1, 2, 3, \cdots, n \tag{5.74}$$

其中，c_1，c_2，$\cdots$，c_k 是不完全为 0 的常数，则称这些解释变量的样本观测值之间存在完全多重共线性。

不完全多重共线性是指对于多元线性回归模型：

$$Y = \beta_1 X_1 + \beta_2 X_2 + \cdots + \beta_k X_k + \epsilon \tag{5.75}$$

若

$$c_1 X_{1j} + c_2 X_{2j} + \cdots + c_k X_{kj} + v = 0, j = 1, 2, 3, \cdots, n \tag{5.76}$$

其中，c_1，c_2，$\cdots$，c_k 是不完全为 0 的常数，v 是随机误差项，则称这些解释变量的样本观测值之间存在不完全多重共线性。

共线性的诊断可以用容差（tolerance）、方差膨胀因子（variance inflation factor，VIF）、条件指数（condition index）等指标来体现。

对于方差膨胀因子和容差来说，若将回归模型的可决系数记为 R_j^2，则自变量的允差和方差膨胀因子的计算公式如下：

$$tolerance = 1 - R_j^2 \tag{5.77}$$

$$VIF = \frac{1}{1 - R_j^2} \tag{5.78}$$

实质上，VIF 和容差两者互为倒数。可决系数（R_j^2）又称复相关系数，能反映出一个因变量与两个及以上的自变量之间相关程度的指标，它包含了所有变量对应的相关系数。复相关系数越大，表明变量之间的线性相关程度越紧密。复相关系数与简单相关系数的区别在于简单相关系数的取值在 [−1，1] 之间，而复相关系数的取值范围在 [0，1] 之间。复相关系数也反映因变量的全部变异能通过回归关系被自变量解释的比例。如 R_j^2 为 0.8 表示回归关系可以解释因变量 80% 的变异。换句话说，如果能控制自变量，则因变量的变异程度会减少 80%。可决系数的通用计算公式为：

$$R_j^2 = \frac{SSR}{SST} = \frac{\sum (\hat{y}_i - \bar{y})^2}{\sum (y_i - \bar{y})^2} \tag{5.79}$$

一般地，当 VIF 的最大值大于 10 时，可认为存在共线性。从 VIF 和容差的计算公式可知，VIF 越大，共线性越严重。如果自变量之间存在高度相关关系，则容差为 0，VIF 为无穷大。

条件指数是用来度量共线性的最常用指标，条件指数有多个，最大的条件指数叫作条件数（Condition Number）。若构建一个多重线性回归模型：

$$Y_i = \beta_0 + \beta_1 X_{i1} + \beta_2 X_{i2} + \cdots + \beta_{p-1} X_{i,p-1} + \epsilon_i \quad (i = 1,2,3,\cdots,100) \tag{5.80}$$

若从线性代数的角度考虑有：

$$Y = \begin{pmatrix} Y_1 \\ Y_2 \\ \vdots \\ Y_{100} \end{pmatrix} \quad X = \begin{pmatrix} 1 & X_{1,1} & X_{1,2} & \cdots & X_{1,p-1} \\ 1 & X_{2,1} & X_{2,2} & \cdots & X_{2,p-1} \\ \vdots & \vdots & \vdots & \ddots & \vdots \\ 1 & X_{100,1} & X_{100,2} & \cdots & X_{100,p-1} \end{pmatrix} \tag{5.81}$$

条件指数是指矩阵 $X^T X$ 的最大和最小特征根之比的平方根，且取值大于等于 1，即：

$$条件指数 = \left(\frac{最大特征值}{最小特征值} \right)^{1/2} \tag{5.82}$$

如果条件指数较大（如大于临界值 10/20/30），则提示可能存在多重共线性。

5.3.2　异常值

在回归分析中，经常会遇到异常值存在的情况，这很可能会直接影响回归模型与现实情况是否能很好地拟合以及参数估计的精确程度、模型的稳定程度等一系列涉及回归分析本身的问题。所以，在数据的筛选和甄别中，剔除异常值对拟合的影响非常重要。下面以图 5-3 为例进行说明。

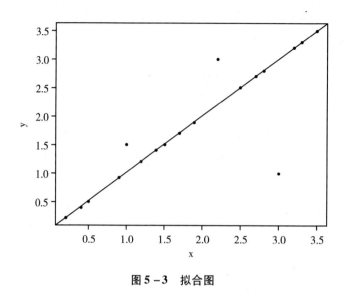

图 5 – 3   拟合图

由图 5 – 3 可知，有三个点远离其他点，这三个点就是异常点。

针对一般线性回归模型 $Y_i = \beta_0 + \beta_1 X_1 + \beta_2 X_2 + \cdots + \beta_p X_p + \epsilon$ 进行讨论，异常值可以分为以下三种类型：第一种是观察值 Y 异常，即某一案例的解释变量 X 属于正常取值范围，但其观察值 Y 与其他案例的观察值相差甚远，表现得异常大或异常小；第二种是解释变量 X 异常，即某一案例的观察值 Y 的取值接近于平均水平，而与它对应的解释变量 X 表现异常，其取值异常大或异常小；第三种是某一案例的观察值 Y 和解释变量 X 同时表现异常，两者都远离各自的正常水平。

综上所述，异常值是指与回归模型不相符的点，其产生的主要原因有两方面：一是测量方法不当，或是记录数据时发生错误，或是测量设备变动及使用不当等；二是系统本身运动或变化带来的影响。多数情况下，第一类异常值大概率属于前一种原因，对于这类异常值，可以删除该数据，然后再进行回归分析，从而使回归模型更精准。如果异常值的形成来源于后一种原因，那么情况相对比较复杂，因为这类异常值会映射出所研究系统内部的一些状态，而这些状态是在原来的模型下所没有发现的，它可以说明解释变量已经处于新的环境，也可以预示出模型未来的发展趋势等。一般来说，这类异常值不能忽略，但在对旧的情况进行回归分析时可以删除该异常点，以免造成新旧情况相混合而产生模型失准的情况。

5.3.3　知识拓展

杠杆点（leverage）属于异常点，但并不是所有的异常点都是杠杆点，只有那些对拟合方程有影响的点才叫杠杆点。而影响较小时，则一般称为异常点。如图 5 - 4 所示的最后一个点实际上就是杠杆点，如果把这个点去掉，图形应该如图 5 - 5 所示。

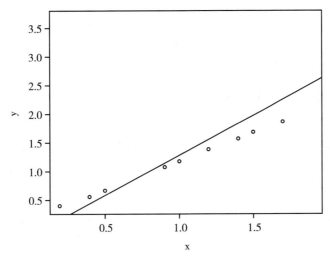

图 5 - 4　拟合线（含杠杆点）

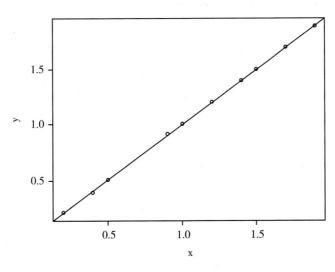

图 5 - 5　拟合线（不含杠杆点）

通过对比可以发现，图 5 - 4 的斜率大于图 5 - 5 的斜率，这是因为杠杆点将　163

它"拉"上去了，这也是杠杆点的意义所在。

需要注意的是，金融统计与数据分析不是简单地将数字放入统计软件，然后等待结果输出，应当注意和避免"Garbage in，Garbage out"（GIGO）①。要加强对统计学理论的理解，绝不能一味地依靠统计软件，统计软件不会帮助我们分析什么方法更为合适，也不会说明所选金融数据是否符合使用条件。统计软件所能做的只是通过程序运算得出结果，至于结果合不合理，如何分析，需要自身金融知识与理论的积累。

5.4 检验模型假设

5.4.1 假设检验的基本概念

假设检验（hypothesis testing）又称统计假设检验，是用来判断样本与样本、样本与总体的差异是由抽样误差引起还是本质差别造成的统计推断方法。

假如需要对一个总体数据进行评估分析，但获取全部数据是不可能的，这时可以从总体中抽出一部分样本，用样本来估计总体情况。例如，某银行推出了两款理财产品，如果想了解哪一款产品更受客户喜欢，就需要对总体（产品对应的全部客户）进行评估。但是，由于客户群体较大，很难对全部客户进行评估，而是从总体中随机抽取一部分客户来进行评估分析，即用样本数据的表现情况代替总体数据表现情况来比较哪一个理财产品更好。

在所有的假设检验中，显著性检验是最常用的且最基本的统计推断方式，其基本原理就是首先需要对总体的情况做出假设，然后根据抽样调查的情况推断出该假设是否正确，然后得出该假设是否应该被拒绝。常用的假设检验方法有 Z 检验、t 检验、卡方检验、F 检验等。

5.4.2 假设检验的基本步骤

假设检验主要有两种方案，分别是奈曼—皮尔逊（Neyman – pearson）方案和 P 值法，两者效果基本相同，其中，前者更为常用。两种方法的基本步骤如

---

① 人们常说"用数据说谎"。但常见的是，数据分析本身是没问题的，但这些分析却是建立在夸大或不实的数据之上。这就是所谓的"Garbage in，Garbage out"（垃圾进、垃圾出）。

表 5 – 1 所示。

表 5 – 1

表 5 – 1　假设检验的基本步骤

步骤	Neyman – pearson 方案	P 值法
第一步	原假设与备择假设	原假设与备择假设
第二步	统计量和拒绝域形式	统计量和拒绝域形式
第三步	根据显著性水平求临界值 c	根据观测值计算 p 值
第四步	根据观测值做出判断	p 值与显著性水平比较，做判断

可以看出两种方法的前两步大体相同，后两步差异明显。由于本章前面已经对 Neyman – pearson 方案进行了具体的介绍和使用，所以下面以 P 值法为例详细介绍假设检验的基本步骤。

5.4.3　原假设与备择假设

假设检验的根本原理是概率性质的反证法。首先，需要根据所研究的内容提出一个假设，即提出一个论断，记作 H_0。其次，根据已经掌握的样本信息，对这一论断的真假做出判断，即拒绝 H_0 还是接受 H_0。

那么，如何判断论断真假？先假设 H_0 是正确的，然后进行具体推断，若是得出一个不可能的结果，则拒绝原假设 H_0；反之，若得出结果是可能的，则接受原假设 H_0。即在原假设 H_0 正确的前提下，随机抽取样本容量为 n 的观测值来试验某一事件的发生，如果该事件发生了，表明原假设 H_0 是正确的这一条件是错误的，即小概率事件发生了，所以拒绝原假设 H_0；反之，则接受原假设 H_0。

备择假设是原假设 H_0 被否定时准备接受的假设，备择假设亦称对立假设、备选假设，通常记作 H_1。一般情况下，人们对原假设 H_0 进行统计推断时，客观上存在以下四种情况：

（1）H_0 为真，统计推断是拒绝 H_0（犯第一类错误，也称弃真错误）；

（2）H_1 为真，统计推断是接受 H_0（犯第二类错误，也称取伪错误）；

（3）H_0 为真，统计推断是接受 H_0（推断正确）；

（4）H_1 为真，统计推断是拒绝 H_0（推断正确）。

5.4.4　统计量与拒绝域

均值对比在整个金融数据的分析中应用广泛，例如，某一金融政策的推广与实施，对比实施前后金融市场的运行效率；比较资本结构调整前后，企业的市值是否有上升；比较某一金融产品在广告推销前后的销量，评价此次推销是否有效。这些均属于两均值比较的情况。这类应用的主要假设检验方法有 Z 检验和 t 检验。

在介绍 Z 检验之前需要对 Z 分布作一个说明。回顾一下，如何将普通正态分布转换成标准正态分布，这需要用到下面 Z 分数的计算公式：

$$Z_i = \frac{X_i - \mu}{\sigma} \tag{5.83}$$

其中，X_i 为数据总体的第 i 个数据，μ 为总体均值，σ 为总体标准差。

以上公式计算得出的值服从 Z 分布。对于样本容量值大于 100 的集合，如果其满足正态分布，那么根据上面公式求出数据集中每个数值的 Z 分数，由这些 Z 分数构成一个新的序列，这个序列就是 Z 分布序列。其不仅可以用作普通正态分布的标准化，还被用于判断均值差异显著性的 Z 检验。

第一种是已知总体标准差或者样本容量大于 30 个，求两样本均值之间是否具有明显差异，具体计算公式如下：

$$Z = \frac{(\bar{X}_1 - \bar{X}_2) - (\mu_1 - \mu_2)}{\sqrt{\dfrac{\sigma_1^2}{n_1} + \dfrac{\sigma_2^2}{n_2}}} \tag{5.84}$$

$$Z = \frac{(\bar{X}_1 - \bar{X}_2) - (\mu_1 - \mu_2)}{\sqrt{\dfrac{S_1^2}{n_1} + \dfrac{S_2^2}{n_2}}} \tag{5.85}$$

其中，$\bar{X}_1 / \bar{X}_2$ 为两样本的均值，μ_1 / μ_2 为两样本的抽样总体的均值，σ_1^2 / σ_2^2 为两个总体的方差，S_1^2 / S_2^2 为两个样本的方差。

第二种情况是已知总体标准差，或者样本容量大于 30 个，比较总体的均值与某个常数之间是否具有明显的差异。计算公式如下：

$$Z = \frac{\bar{X}_i - \mu}{\sigma / \sqrt{n}} \tag{5.86}$$

$$Z = \frac{\bar{X}_i - \mu}{S / \sqrt{n}} \tag{5.87}$$

其中，$\overline{X}_i$ 为样本的均值，μ 为假设与样本均值无显著差异的常数，σ 为总体标准差，S 为样本标准差。需要注意的是，样本容量越大，样本与总体之间的误差越小。

t 检验是统计推断中非常常见的一种检验方法，用于统计量服从正态分布，但方差未知的情况。通常适用于对于小样本容量（$n < 30$）的检验。以单样本 t 检验为例，其检验步骤如下：

a. 设 x_1，x_2，$\cdots$，x_n 为取自总体服从正态分布 $N(\mu, \sigma^2)$ 的一个容量为 n 的样本。首先，建立假设 H_0：$\mu = \mu_0$（零假设）和假设 H_1：$\mu \neq \mu_0$（备择假设）。然后，确定显著性水平 α（通常情况下确定双侧检验的显著性水平为 $\alpha = 0.05$）。

b. 计算检验统计量 t：

$$t = \frac{\overline{x} - \mu_0}{s / \sqrt{n}} \tag{5.88}$$

$$v = n - 1 \tag{5.89}$$

其中，$\overline{x}$ 为样本均值，μ_0 为总体均值，s 为样本标准差，v 为自由度。

c. 查找界值表，确定 P 值。若 $P > \alpha$，则不可以拒绝原假设；若 $P < \alpha$，则拒绝原假设。

对于拒绝域的界定，当统计量的最终结果在拒绝域的范围内，表示小概率事件发生，即不可能事件发生。根据备择假设 H_1 的情况可分为单侧检验和双侧检验，其中，单侧检验又分为左侧检验和右侧检验。

需要说明的是，关于置信区间，又称为估计区间，是用来估计参数的取值范围的。置信区间是按下列三步计算的：首先，计算样本的均值；其次，计算出抽样误差（一般来说，100 个样本时的抽样误差为 ±10%，500 个样本时的抽样误差为 ±5%，1200 个样本时的抽样误差为 ±3%）；最后，通过样本均值 ± 抽样误差计算置信区间的两个端点。

例如，中国某一跨国银行就客户对其服务质量的看法，对日本、美国、英国、加拿大四国共计 5000 名客户作了调查，每个国家约为 1200 名。调查结果显示，有 48% 的日本客户认为该银行的服务质量较好，有 53% 的美国客户也认为该银行服务质量较好，而仅有 21% 的加拿大人和 18% 的英国人持有相同看法。抽样误差为 ±3%，置信水平为 95%。则这四个国家客户的置信区间分别为 45% ~ 51%、50% ~ 56%、18% ~ 24% 和 15% ~ 21%。

双侧检验时，拒绝域图像的两侧或两端如图 5 - 6 所示。采用正态分布对总

体均值进行检验，拒绝域为 $Z > Z_{\alpha/2}$ 或 $Z < -Z_{\alpha/2}$（或 $|Z| < Z_{\alpha/2}$）；使用 t 分布进行检验时，拒绝域为 $t > t_{\alpha/2}$ 或 $t < t_{\alpha/2}$（或 $|t| < t_{\alpha/2}$），只要满足其中一个就可以拒绝原假设。需要注意的是，这里使用的是 $\dfrac{\alpha}{2}$，因为双侧检验有两个拒绝域，各占 $\dfrac{\alpha}{2}$。

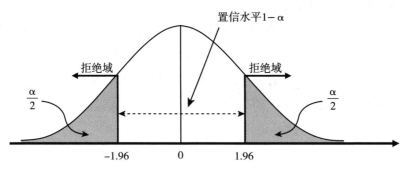

图 5 - 6　双侧检验

单侧检验时，如图 5 - 7 和图 5 - 8 所示，拒绝域在接受域的一侧或图像的一端。单侧检验仅有一个拒绝域，所以不需要将 α 除以 2。需要注意的是，如果计算得到的检验统计量为负值，则临界值也要取负值来与其进行比较，即左侧检验；相反，如果计算得到的检验统计量为正值，则临界值也要取正值来与其进行比较，即右侧检验。

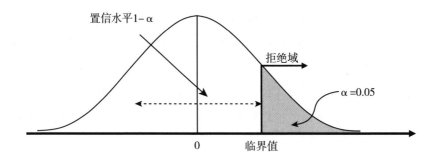

图 5 - 7　单侧检验（拒绝域在右侧）

以左侧检验为例。左侧检验的含义是假设 $H_0：\mu \geqslant \mu_0$，其中，μ_0 是已知的目标值，μ 是待检验的值。假设 H_0 是希望待检验的值比已知的目标值更大，即样本均值大于目标值时，一定接受原假设。此时 $\bar{x} - \mu > 0$，即 $Z > 0$，因此，考虑拒绝假设 H_0 的情况，只有当 $\bar{x}$ 小于目标值时，才有拒绝假设 H_0 的可能，此

时 $\bar{x} - \mu_0 < 0$，即 $Z < 0$。此时，便根据显著性水平 α 决定在多大程度上拒绝假设 H_0。由图 5 – 8 可知，当样本均值 $\bar{x}$ 过于小时，Z 的负值更小，此时更容易落入拒绝域中。

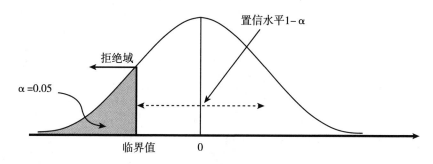

图 5 – 8　单侧检验（拒绝域在左侧）

关于 P 值，其根本目的是便于量化，即计算一个概率值（P – value），该概率值可以认为是支持原假设的概率，也就是样本统计量与总体参数无差异的概率。当 P – value 的值大于 α（通常取值为 0.05）时，支持原假设。

5.5　案例分析

案例一：多元线性回归模型

居民家庭人均可支配收入和城镇居民家庭人均可支配收入的增长都同国内生产总值（GDP）的增长有关，但 GDP 中三大产业对（城镇）居民家庭人均可支配收入的增长的影响各不相同。2020 年中国 30 个省份三大产业产值和（城镇）居民家庭人均可支配收入如表 5 – 2 所示。本例拟构建多元线性回归模型分析国内生产总值中三大产业如何具体影响（城镇）居民家庭人均可支配收入。

表 5 – 2　三大产业产值和（城镇）居民家庭人均可支配收入数据（2020 年）

省份	第一产业 （亿元）	第二产业 （亿元）	第三产业 （亿元）	居民家庭人均 可支配收入（元）	城镇居民家庭人均 可支配收入（元）
安徽	3184.68	15671.69	19824.26	28103.20	39442.00
北京	107.61	5716.37	30278.57	69433.50	75602.00
福建	2732.32	20328.80	20842.78	37202.40	47160.00

续表

省份	第一产业 （亿元）	第二产业 （亿元）	第三产业 （亿元）	居民家庭人均 可支配收入（元）	城镇居民家庭人均 可支配收入（元）
甘肃	1198.14	2852.03	4966.52	20335.10	33822.00
广东	4769.99	43450.17	62540.78	41028.60	50257.00
广西	3555.82	7108.49	11492.38	24562.30	35859.00
贵州	2539.88	6211.62	9075.07	21795.40	36096.00
海南	1135.98	1055.26	3341.15	27904.10	37097.00
河北	3880.14	13597.20	18729.54	27135.90	37286.00
河南	5353.74	22875.33	26768.01	24810.10	34750.00
黑龙江	3438.29	3483.51	6776.70	24902.00	31115.00
湖北	4131.91	17023.90	22287.65	27880.60	2020.00
湖南	4240.45	15937.69	21603.36	29379.90	41698.00
吉林	1553.00	4326.22	6432.10	25751.00	33396.00
江苏	4536.72	44226.43	53955.83	43390.40	53102.00
江西	2241.59	11084.83	12365.08	28016.50	38556.00
辽宁	2284.61	9400.91	13429.44	32738.30	40376.00
内蒙古	2025.12	6868.03	8466.66	31497.30	41353.00
宁夏	338.01	1608.96	1973.58	25734.90	35720.00
青海	334.30	1143.55	1528.07	24037.40	35506.00
山东	5363.76	28612.19	39153.05	32885.70	43726.00
山西	946.68	7675.44	9029.81	25213.70	34793.00
陕西	2267.54	11362.58	12551.74	26226.00	37868.00
上海	103.57	10289.47	28307.54	72232.40	76437.00
四川	5556.58	17571.11	25471.07	26522.10	38253.00
天津	210.18	4804.08	9069.47	43854.10	47658.00
新疆	1981.28	4744.45	7071.85	23844.70	34838.00
云南	3598.91	8287.54	12635.46	23294.90	37500.00
浙江	2169.23	26412.95	36031.16	52397.40	62699.00
重庆	1803.33	9992.21	13207.25	30824.00	40006.00

资料来源：《中国统计年鉴》（2021）。

第一个多元线性回归模型为 $Y_{1i} = \beta_0 + \beta_1 X_{1i} + \beta_2 X_{2i} + \beta_3 X_{3i} + \varepsilon_i$，其中，$X_{1i}$、$X_{2i}$ 和 X_{3i} 分别代表三大产业的产值，Y_{1i} 代表居民家庭人均可支配收入，该模型反映三大产业产值对居民家庭人均可支配收入的影响。估计结果如图 5 – 9 所示。

```
Residuals:
     Min      1Q    Median      3Q       Max
-14417.2  -2419.6    -34.5    2737.6   10444.7
Coefficients:
              Estimate Std. Error t value Pr(>|t|)
(Intercept) 30410.1914  2086.6115  14.574 5.05e-14 ***
X1             -4.3894     0.8765  -5.008 3.29e-05 ***
X2             -1.1756     0.3099  -3.793    8e-04 ***
X3              1.5518     0.2070   7.497 5.85e-08 ***
---
Signif. codes:  0 '***' 0.001 '**' 0.01 '*' 0.05 '.' 0.1 ' ' 1

Residual standard error: 5501 on 26 degrees of freedom
Multiple R-squared:  0.8326,    Adjusted R-squared:  0.8133
F-statistic:  43.1 on 3 and 26 DF,  p-value: 3.123e-10
```

图 5 – 9　多元回归模型 1 估计结果

图 5 – 9 表明，X_{1i} 和 X_{2i} 的系数估计值为负，截距参数和 X_{3i} 的系数估计值为正，符合经济意义。其他因素不变的情况下，第一、第二产业产值与居民家庭人均可支配收入呈反向关系，第三产业产值与居民家庭人均可支配收入呈正向关系。

第二个多元线性回归模型为 $Y_{2i} = \beta_0 + \beta_1 X_{1i} + \beta_2 X_{2i} + \beta_3 X_{3i} + \varepsilon_i$，其中，$Y_{2i}$ 代表城镇居民家庭人均可支配收入，该模型反映三大产业产值对城镇居民家庭人均可支配收入的影响。估计结果如图 5 – 10 所示。

```
Residuals:
    Min     1Q  Median     3Q     Max
-33384  -1428    1517    4106   10403

Coefficients:
              Estimate Std. Error t value Pr(>|t|)
(Intercept) 40227.7809  3159.4918  12.732 1.12e-12 ***
X1             -4.6228     1.3272  -3.483 0.001770 **
X2             -0.9506     0.4693  -2.026 0.053185 .
X3              1.3666     0.3134   4.360 0.000182 ***
---
Signif. codes:  0 '***' 0.001 '**' 0.01 '*' 0.05 '.' 0.1 ' ' 1

Residual standard error: 8329 on 26 degrees of freedom
Multiple R-squared:  0.6574,    Adjusted R-squared:  0.6179
F-statistic: 16.63 on 3 and 26 DF,  p-value: 3.091e-06
```

图 5 – 10　多元回归模型 2 估计结果

图 5 – 10 表明，X_{1i} 和 X_{2i} 前参数估计值为负，截距参数和 X_{3i} 前参数估计值为

正，这些参数估计值的经济意义也是合理的。其他因素不变的情况下，第一、第二产业产值与城镇居民家庭人均可支配收入呈反向关系，第三产业产值与城镇居民家庭人均可支配收入呈正向关系。

案例二：假设检验

某公司对牛奶生产厂商所生产的牛奶进行质量检验，通过测定牛奶的冰点可以检验出该牛奶是否掺水。天然牛奶的冰点温度近似服从正态分布，均值 $\mu_0 = -0.545℃$，标准差 $\sigma_0 = 0.008℃$，掺水的牛奶冰点温度升高，接近水的冰点，即 $0℃$。该公司通过测量生产商的五批牛奶，其冰点温度均值为 $\overline{X} = -0.535℃$，请问该厂商生产的牛奶是否掺了水？（$\alpha = 0.05$）

用 P 值法解答过程如下：

（1）假设 H_0：$\mu \leqslant \mu_0 = -0.545℃$（即设牛奶未掺水），假设 H_1：$\mu > \mu_0$；

（2）计算得到检验统计量 $\mu = \dfrac{\overline{X} - \mu_0}{\sigma_0 / \sqrt{n}}$ 的观察值为 2.7951；

（3）得 P 值，即 $P = 1 - \Phi(2.7951) = 1 - 0.9974 = 0.0026$。由于 P 值小于 $\alpha = 0.05$，所以拒绝原假设 H_0；

（4）可以认为该厂商在牛奶中掺了水。

本章小结

回归分析是研究某一因变量与一个或多个自变量之间的关系，然后用自变量的已知数值来预估被解释变量的总体平均值。当前，存在许多金融问题都需要探讨各类变量之间的关系，线性回归在描述相关性关系方面更加明晰，这样，金融领域需要解决的各类难题都会有一定的解决依据。我国货币金融环境从之前的宽松状态调整到目前的相对中性，宏观杠杆率大幅下降，货币政策空间明显拓宽。中国目前在金融发展方面面临三大压力，分别是需求收缩、供给冲击、预期转弱，由此我国面临的风险挑战愈发严峻，如何有效降低风险、走出困境、厘清金融体系相关要素之间的影响关系至关重要，例如房地产市场与金融市场波动的关系、中小银行资产质量与城投再融资的关系、中美两国经济金融局势与我国中小企业盈利能力的关系、美联储加息对我国货币政策的冲击等。该类关系的梳理离不开回归分析。

课后习题

1. 经典线性回归模型的基本假设是什么？如何估计和检验？

2. 一项对居民年储蓄的研究认为，居民的储蓄额度除受个人年收入的影响外，还受性别以及来自农村或城市的影响。试设定适当的模型，并写出下面几种情形下居民储蓄的平均水平：

（1）来自欠发达农村地区的女生；

（2）来自欠发达农村地区的男生；

（3）来自发达城市地区的女生；

（4）来自发达城市地区的男生。

3. 在一元线性回归分析中 t 检验和 F 检验是否有等价的作用？在多元线性回归分析中两者有何不同？

4. 请简述假设检验中 Neyman – pearson 方案与 P 值法各自的步骤并说明两者的差异。

5. 表 5 – 3 为多元回归模型 $Y_i = \beta_0 + \beta_1 X_{1i} + \beta_2 X_{2i} + u_i$ 的回归结果。

表 5 – 3   方差分析

方差来源	自由度	平方和	均方和 MS
回归	—	17266	—
误差	—		—
总和	25	623690	—

（1）将方差分析表补充完整。

（2）求出并比较可决系数 R^2 及调整的可决系数 $\bar{R}^2$。

（3）检验假设：X_1 和 X_2 对 Y 无影响，应采用什么假设检验？请说明原因。

（4）根据以上信息，你能否确定 X_1 和 X_2 各自对 Y 的影响？

6. 假如某企业员工年收入服从正态分布，随机调查 10 名员工的年收入，得到以下数据（单位：万元）：

8.4　7.9　6.3　10.7　12.8　8.8　11.4　9.5　9.7　8.6

（1）若已知总体方差为 $\sigma^2 = 8.62$，求 μ 的置信度为 90% 的置信区间；

（2）若总体方差未知，求 μ 的置信度为 95% 的置信区间。

7. 某公司经理试图建立识别对管理有利的个人能力模型，他选取了 15 名新近被提拔的职员做一系列测试，具体为交易能力（X_1）、与其他人联系的能力（X_2）、决策能力（X_3），用每位职员的工作情况 Y 对上述三种情况做回归，数据如表 5 - 4 所示。

表 5 - 4 测试结果

序号	Y	X_1	X_2	X_3
1	80	50	72	18
2	75	51	74	19
3	84	42	79	22
4	62	42	71	17
5	92	59	85	25
6	75	45	73	17
7	63	48	75	16
8	69	39	73	19
9	68	40	71	20
10	87	55	80	30
11	92	48	83	33
12	82	45	80	20
13	74	45	75	18
14	80	61	75	20
15	62	59	70	15

请回答以下问题：

（1）建立回归模型，并进行回归分析；

（2）模型是否显著？

（3）计算回归方程每个系数对应的方差膨胀因子 VIF，并判断是否存在多重共线性。

8. 假如我们对模型参数施加约束条件，则其回归的残差平方和一定不比未施加约束的残差平方和小，为什么？在什么样条件下，受约束回归与无约束回归的结果相同？

9. 思考假设检验与参数估计有什么相同点与不同点。

10. 什么是假设检验中的两类错误？什么又是统计检验中的显著性水平？

拓展阅读

［1］郝项超，梁琪．非高管股权激励与企业创新：公平理论视角［J］．金融研究，2022（3）：171－188.

［2］黄佳琳，秦凤鸣．国货币政策效果的区域非对称性研究——来自混合截面全局向量自回归模型的证据［J］．金融研究，2017，450（12）：1－16.

［3］贾婧，鲁万波，柯睿．基于回归的时变偏度和时变峰度识别检验［J］．统计研究，2018，35（11）：116－128.

［4］孔东民，李海洋，杨薇．定向降准、贷款可得性与小微企业商业信用——基于断点回归的经验证据［J］．金融研究，2021（3）：77－94.

［5］王静，史济洲．设立原假设中的辨证分析［J］．统计研究，2010，27（6）：95－99.

［6］杨子晖，陈雨恬，林师涵，等．我国金融机构尾部风险影响因素的非线性研究——来自面板平滑转换回归模型的新证据［J］．金融研究，2021，489（3）：38－57.

［7］张劲帆，刚健华，钱宗鑫，等．基于混频向量自回归模型的宏观经济预测［J］．金融研究，2018，457（7）：34－48.

［8］庄芳，庄佳强，朱迎．我国财政政策和货币政策协调配合的定量效应——基于协整向量自回归的分析［J］．金融研究，2014，414（12）：71－85.

第6章 时间序列模型

在金融领域，股票价格、股指、期权期货价格、汇率等都属于金融时间序列数据。金融时间序列数据具有非线性、非平稳、高噪声等复杂特征，且随着移动互联网、人工智能的快速发展，大量结构化与非结构化数据不断产生，数据间的关联模式日益复杂，对这些数据进行时间序列分析，可以得到各种金融数据之间的关系、随时间变化规律与趋势、异常变动等，对上市公司分析、特殊投资机会发掘等都有重要的参考价值。也就是说，金融时间序列中蕴含了金融系统诸多客观规律信息。在此背景之下，构建科学合理的金融时间序列数据模型，应用时间序列分析的方法进行金融统计分析，实现对于数据的本质的定性把握、对于变量未来取值的定量预测，以及充分挖掘金融时间序列数据隐含的重要信息至关重要。

"桥归桥，路归路。"在金融数据统计分析中，"伪回归"是一个常见的问题，比如校园里面一棵树的年增长率与年末金融机构人均存款之间存在很大的相关系数，但建立的模型却是"伪回归"，即：没有经济金融意义的回归，变量间本来不存在相依关系，但回归结果却得出存在相依关系的错误结论。因此，如何有效进行金融时间序列数据分析？如何判断一个时间序列是否为平稳序列？当我们在计量经济分析中涉及非平稳时间序列时，应作如何处理呢？这就是本章要讨论的基本内容，即主要探讨一些时间序列所特有的问题，如数据的平稳过程及如何检验序列的平稳性，协整及其检验，季节效应处理等。

6.1 数据的平稳过程

6.1.1 问题的提出

在经典回归分析中，通过假设样本观测点趋于无穷时，解释变量 X 任何时刻观测值的方差趋于有界常数，给出了 X 平稳性的一个重要条件。这样，既为大样本下的统计推断奠定了基础，也使得所考察的时间序列更靠近平稳性这一假设。

在现实经济生活中，大多数时间序列数据往往是非平稳的，而且主要的经济变量，如消费、收入等往往表现为一致地上升或下降，如果直接将非平稳时间序列当作平稳时间序列进行回归分析，可能会带来伪回归等问题，例如有两列时间序列数据表现出一致的变化趋势（非平稳的），即使它们之间没有任何经济关系，在进行回归时也可能得到较高的可决系数。也就是说，变量间本来不存在有意义的关系，但回归结果却得出存在有意义关系的错误结论。因此，在利用回归分析方法讨论经济变量有意义的经济关系之前，必须对经济变量时间序列的平稳性与非平稳性进行判断。如果经济变量时间序列是非平稳的，则需要寻找新的处理方法。

6.1.2 时间序列数据的平稳性

平稳性分析是时间序列回归分析中的共性问题，是经典回归分析赖以实施的基本假设；如果数据非平稳，则作为大样本下统计推断基础的一致性要求便被破坏，基于非平稳时间序列的预测就会失效。所谓时间序列的平稳性，是指时间序列的统计规律不会随着时间的推移而发生变化。以平稳时间序列数据作为计量经济模型变量的观测值时，其估计方法、检验过程仍可沿用经典回归分析的方法。

直观上，一个平稳的时间序列可以看作一条围绕其均值上下波动的曲线。从理论上讲，有两种意义的平稳性：一是严格平稳；二是弱平稳。如果一个序列的所有方面随着时间推移不变，那么这个过程称为严平稳（强平稳）。严格平稳是指随机过程 $\{Y_t\}$ 的联合分布函数与时间的位移无关。设 $\{Y_t\}$ 为一随机过程，n、h 为任意实数，若联合分布函数满足：

$$F_{Y_{t1},Y_{t2},\cdots,Y_{tn}}(y_1,\cdots,y_n) = F_{Y_{t1+h},Y_{t2+h},\cdots,Y_{tn+h}}(y_1,\cdots,y_n) \qquad (6.1)$$

则称 $\{Y_t\}$ 为严格平稳过程，它的分布结构不随时间推移而变化。粗略地说，严平稳时间序列的所有统计性质都不随时间的变化而改变。

就弱平稳的定义而言，如果一个过程的均值、方差和协方差随着时间推移不变，那么称这个过程是弱平稳的。更确切地说，Y_1，Y_2，$\cdots$是一个弱平稳过程，如果

$$E(Y_i) = \mu(常数) 对所有的 i 成立$$
$$Var(Y_i) = \sigma^2(常数) 对所有的 i 成立$$

则有：

$$\text{Corr}(Y_i, Y_{i-s}) = \gamma_s \ \text{对所有的 i, s 成立} \tag{6.2}$$

因此，均值和方差不随时间而改变，两个观测之间的相关仅依赖于它们之间的时间间隔。如果过程是弱平稳的，那么 Y_2 和 Y_5 之间的相关与 Y_7 和 Y_{10} 之间的相关相同，因为每对数据组合之间都相隔了三个时间单位。

一个简单的随机时间序列是一具有零均值同方差的独立分布序列。若 $\{\varepsilon_t\}$ 满足零均值、同方差和非自相关（陈强，2014），即：

$$E(\varepsilon_t) = 0$$
$$\text{Var}(\varepsilon_t) = \sigma^2$$
$$E(\varepsilon_t, \varepsilon_{t-s}) = 0 \tag{6.3}$$

对所有的 t 和 $s \neq t$ 成立，则称 $\{\varepsilon_t\}$ 为白噪声过程，通常可记作 $\varepsilon_t \sim \text{WN}(0, \sigma^2)$。由定义可知，一个白噪声序列是平稳的。

另一个简单的随机时间序列被称为随机游走，该序列由如下随机过程生成：

$$X_t = X_{t-1} + \mu_t \tag{6.4}$$

其中，μ_t 是一个白噪声。

容易知道该序列的均值与方差满足 $E(X_t) = E(X_{t-1})$ 和 $\text{Var}(X_t) = t\sigma^2$，即 X_t 的方差与时间 t 有关而非常数，它是非平稳序列。然而，对 X_t 取一阶差分 $\Delta X_t = X_t - X_{t-1} = \mu_t$，由于 μ_t 是一个白噪声，则序列 $\{\Delta X_t\}$ 是平稳的。后面将会看到，如果一个时间序列是非平稳的，它常常可通过取差分的方法而形成平稳序列。

事实上，随机游走过程是下面我们称之为 1 阶自回归 AR（1）过程的特例，即：

$$X_t = \varphi X_{t-1} + \mu_t \tag{6.5}$$

可以验证，$|\varphi| > 1$ 时，该随机过程生成的时间序列是发散的，表现为持续上升（$\varphi > 1$）或持续下降（$\varphi < 1$），因此是非平稳的；$\varphi = 1$ 时，是一个随机游走过程，也是非平稳的；只有当 $-1 < \varphi < 1$ 时，该随机过程才是平稳的。1 阶自回归过程 AR（1）又是如下 k 阶自回归 AR（k）过程的特例，即：

$$X_t = \varphi_1 X_{t-1} + \varphi_2 X_{t-2} + \cdots + \varphi_k X_{t-k} + \mu_t \tag{6.6}$$

6.1.3 平稳性的图示判断

由于在实际中遇到的时间序列数据很可能是非平稳序列，而平稳性在金融数据建模中又具有重要地位，因此，有必要对观测值的时间序列数据进行平稳性检验，该检验是时间序列回归分析中的一个关键问题。给出一个随机时间序列，可先通过该序列的时间路径图粗略地判断它是否平稳（见图6-1）。

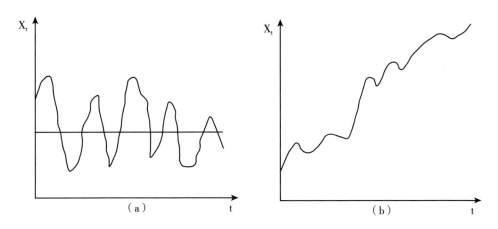

图6-1 数据平稳性判断图示

一个平稳的时间序列在图形上往往表现出一种围绕其均值不断波动的过程，如图6-1（a）所示；而非平稳序列则往往表现出在不同的时间段具有不同的均值（如持续上升或持续下降），如图6-1（b）所示。图示法可粗略地判定时间序列数据是否平稳，但是这类方法的主观判定性较强，因此，需要进一步判别，通常做法是检验样本自相关函数及其图形。定义随机时间序列的自相关函数（ACF）如下：

$$\rho_k = \frac{\gamma_k}{\gamma_0} \tag{6.7}$$

实际上，对一个随机过程只有一个实现（样本），因此，只能计算样本自相关函数。一个时间序列的样本自相关函数定义为：

$$\gamma_k = \frac{\sum\limits_{t=1}^{n-k}(X_t - \bar{X})(X_{t+k} - \bar{X})}{\sum\limits_{t=1}^{n}(X_t - \bar{X})^2} \quad k = 1,2,3 \tag{6.8}$$

由式（6.8）可知，随着k的增加，样本自相关函数下降且趋于零。但从下 179

降速度来看，平稳序列要比非平稳序列快得多。

6.1.4 平稳性的单位根检验

对时间序列的平稳性除了通过图形直观判断外，运用统计量进行统计检验则是更为准确与重要的。单位根检验是统计检验中普遍应用的一种检验方法。

6.1.4.1 DF 检验

我们已知道，随机游走序列 $X_t = X_{t-1} + \mu_t$ 是非平稳的，其中，μ_t 是白噪声。而该序列可看成是随机模型 $X_t = \rho X_{t-1} + \mu_t$ 中参数 $\rho = 1$ 时的情形，即我们对下式作回归

$$X_t = \rho X_{t-1} + \mu_t \tag{6.9}$$

如果确实发现 $\rho = 1$，就说随机变量 X_t 有一个单位根。式（6.9）可变形成差分形式：

$$\Delta X_t = (\rho - 1)X_{t-1} + \mu_t = \delta X_{t-1} + \mu_t \tag{6.10}$$

检验式（6.10）式是否存在单位根 $\rho = 1$，也可通过式（6.10）判断是否有 $\delta = 0$。

一般地，检验一个时间序列 X_t 的平稳性，可通过检验下列带有截距项的一阶自回归模型中的参数 ρ 是否小于 1：

$$X_t = \alpha + \rho X_{t-1} + \mu_t \tag{6.11}$$

或检验其等价变形式中的参数 δ 是否小于 0：

$$\Delta X_t = \alpha + \delta X_{t-1} + \mu_t \tag{6.12}$$

当式（6.11）中的参数 $\rho > 1$ 或 $\rho = 1$ 时，时间序列是非平稳的；对应于式（6.12），则有 $\delta > 0$ 或 $\delta = 0$。

6.1.4.2 ADF 检验

在上述使用 $\Delta X_t = \alpha + \delta X_{t-1} + \mu_t$ 对时间序列进行平稳性检验中，实际上假定了时间序列是由具有白噪声随机误差项的一阶自回归过程 AR（1）生成的。但在实际检验中，时间序列可能由更高阶的自回归过程生成，或者随机误差项并非白噪声，这样用 OLS 法进行估计均会表现出随机误差项出现自相关导致 DF 检验

无效。另外，如果时间序列包含有明显的随时间变化的某种趋势（如上升或下降），也容易导致上述检验中的自相关随机误差项问题。为了保证 DF 检验中随机误差项的白噪声特性，在对 DF 检验进行拓展后，形成了 ADF 检验。

ADF 检验是通过下面三个模型完成的：

模型 1　$\Delta X_t = \delta X_{t-1} + \sum_{i=1}^{m} \beta_i \Delta X_{t-i} + \varepsilon_i$ ；

模型 2　$\Delta X_t = \alpha + \delta X_{t-1} + \sum_{i=1}^{m} \beta_i \Delta X_{t-i} + \varepsilon_i$ ；

模型 3　$\Delta X_t = \alpha + \beta t + \delta X_{t-1} + \sum_{i=1}^{m} \beta_i \Delta X_{t-i} + \varepsilon_i$ 。

模型 3 中的 t 是时间变量，代表了时间序列随时间变化的某种趋势（如果存在）。检验的假设都是针对 H_1：$\delta < 0$，检验 H_0：$\delta = 0$，即存在一个单位根。模型 1 与另两模型的差别在于是否包含常数项和趋势项。实际检验时从模型 3 开始，然后模型 2、模型 1。何时检验拒绝零假设，即原序列不存在单位根，为平稳序列，何时检验停止；否则，就要继续检验，直到检验完模型 1 为止。检验原理与 DF 检验相同，只是对模型 1、模型 2、模型 3 进行检验时，有各自相应的临界值。

一个简单的检验过程：同时估计出上述三个模型的适当形式，然后通过 ADF 临界值表检验零假设 H_0：$\delta = 0$。

（1）只要其中有一个模型的检验结果拒绝了零假设，就可以认为时间序列是平稳的；

（2）当三个模型的检验结果都不能拒绝零假设时，则认为时间序列是非平稳的。这里所谓模型适当的形式就是在每个模型中选取适当的滞后差分项，以使模型的残差项是一个白噪声（主要保证不存在自相关）。

6.1.5　单整时间序列

随机游走序列 $X_t = X_{t-1} + \mu_t$，经差分后等价地变形为 $\Delta X_t = \mu_t$，由于 μ_t 是一个白噪声，因此，差分后的序列 $\{\Delta X_t\}$ 是平稳的。如果一个时间序列经过一次差分变成平稳的，就称原序列是一阶单整序列，记为 I(1)。一般地，如果一个时间序列经过 d 次差分后变成平稳序列，则称原序列是 d 阶单整时间序列，记为 I(d)。显然，I(0)代表平稳时间序列。

在现实经济生活中，只有少数经济指标的时间序列具有平稳性，如利率等；大多数指标的时间序列是非平稳的，如一些价格指数常常是 2 阶单整的，以不变价格表示的消费额、收入等常表现为 1 阶单整。大多数非平稳的时间序列一般可通过一次或多次差分的形式变为平稳的。但也有一些时间序列，无论经过多少次差分，都不能变为平稳的，这种序列被称为非单整的。

6.1.6　趋势平稳与差分平稳随机过程

前文已指出，一些非平稳的经济时间序列往往表现出共同的变化趋势，而这些序列间本身不一定有直接的关联关系，这时对这些数据进行回归，尽管有较高的 R^2，但其结果是没有任何实际意义的。这种现象我们称为虚假回归或伪回归。如用中国的劳动力时间序列数据与美国 GDP 时间序列作回归，会得到较高的 R^2，但不能认为两者有直接的关联关系，而只不过它们有共同的趋势，这种回归结果我们认为是虚假的。为了避免这种虚假回归的产生，通常的做法是引入作为趋势变量的时间。

考虑如下含有一阶自回归的随机过程：

$$X_t = \alpha + \beta t + \rho X_{t-1} + \mu_t \qquad (6.13)$$

其中，μ_t 为一白噪声，t 为一时间趋势。

（1）如果 $\rho = 1$，$\beta = 0$，则式（6.13）成为带位移的随机游走过程：

$$X_t = \alpha + X_{t-1} + \mu_t \qquad (6.14)$$

根据 α 的正负，X_t 表现出明显的上升或下降趋势，这种趋势称为随机性趋势。

（2）如果 $\rho = 0$，$\beta \neq 0$，则式（6.13）成为带时间趋势的随机变化过程：

$$X_t = \alpha + \beta t + \mu_t \qquad (6.15)$$

根据 β 的正负，X_t 表现出明显的上升或下降趋势。这种趋势称为确定性趋势。

（3）如果 $\rho = 1$，$\beta \neq 0$，则 X_t 包含有确定性与随机性两种趋势。

随机性趋势可通过差分的方法消除，例如，$X_t = \alpha + X_{t-1} + \mu_t$ 可通过差分变换为 $\Delta X_t = \alpha + \mu_t$，该时间序列称为差分平稳过程；确定性趋势无法通过差分的方法消除，而只能通过去除趋势项消除。如对式 $X_t = \alpha + \beta t + \mu_t$ 通过除去 βt 变换为 $X_t - \beta t = \alpha + \mu_t$，该时间序列是平稳的，因此，称为趋势平稳过程。最后，需要说明的是，趋势平稳过程代表了一个时间序列长期稳定的变化过程，因而用于进行长期预测更为可靠。

6.2 协 整

6.2.1 问题的提出

经典回归模型是建立在平稳数据变量基础上的，对于非平稳变量，不能使用经典回归模型，否则会出现虚假回归等诸多问题。由于许多经济变量是非平稳的，这就给经典的回归分析方法带来了很大限制。但是，如果变量之间有着长期的稳定关系，即它们之间是协整的，可以使用经典回归模型方法建立回归模型。

例如在中国居民人均消费水平与人均 GDP 变量的例子中，人均 GDP 决定着居民人均消费水平，而且它们之间有着长期的稳定关系，即它们之间是协整的，可以使用经典回归模型方法建立回归模型进行分析。

6.2.2 协整的定义

假设 $Y_t = \alpha_0 + \alpha_1 X_t + \mu_t$ 中的 X 与 Y 是 I(1) 序列，如果该式所表述的它们之间的长期均衡关系成立的话，则意味着由非均衡误差 $\mu_t = Y_t - \alpha_0 - \alpha_1 X_t$ 给出的线性组合是 I(0) 序列。这时我们称变量 X 与 Y 是协整的。

如果序列 $\{X_{1t}, X_{2t}, \cdots, X_{kt}\}$ 都是 d 阶单整，存在向量 $(\alpha = \alpha_1, \alpha_2, \cdots, \alpha_k)$ 使得 $Z_t = \alpha X_t' \sim I(d-b)$，其中 $b > 0$，$X_t = (X_{1t}, X_{2t}, \cdots, X_{kt})^T$，则认为序列 $\{X_{1t}, X_{2t}, \cdots, X_{kt}\}$ 是 (d, b) 阶协整，记为 $X_t \sim CI(d, b)$，α 为协整向量。如果两个变量都是单整变量，只有当它们的单整阶数相同时，才可能协整；如果它们的单整阶数不相同，就不可能协整。包含非平稳变量的均衡系统，必然意味着这些非平稳变量的某种组合是平稳的，这正是协整理论的思想。通俗来讲，所谓协整，是指多个非平稳经济变量的某种线性组合是平稳的。如收入与消费、工资与价格、政府支出与税收、出口与进口等，这些经济时间序列一般是非平稳序列，但它们之间却往往存在长期均衡关系。

从协整的定义可以看出，(d, b) 阶协整是一类非常重要的协整关系，它的经济意义在于：两个变量，虽然它们具有各自的长期波动规律，但是，如果它们是 (d, b) 阶协整的，则它们之间存在着一个长期稳定的比例关系。从变量之间是否具有协整关系出发选择模型的变量，其数据基础是牢固的，其统计性质是优良的。

协整概念的提出对于用非平稳变量建立经济计量模型以及检验这些变量之间的长期均衡关系非常重要。

（1）如果多个非平稳变量具有协整性，则这些变量可以合成一个平稳序列。这个平稳序列就可以用来描述原变量之间的均衡关系。

（2）当且仅当多个非平稳变量之间具有协整性时，由这些变量建立的回归模型才有意义。所以协整性检验也是区别真实回归与伪回归的有效方法。

（3）具有协整关系的非平稳变量可以用来建立误差修正模型。由于误差修正模型把长期关系和短期动态特征结合在一个模型中，因此，其既可以克服传统计量经济模型忽视伪回归的问题，又可以克服建立差分模型忽视水平变量信息的弱点。

6.2.3 协整的检验

6.2.3.1 两变量 EG 检验

在时间序列分析中，最令人关注的是 X_t 与 Y_t 是一阶单整序列，即 ΔX_t 和 ΔY_t 是平稳的，为了检验两个均呈现 1 阶单整的变量 X_t 和 Y_t 是否为协整，恩格尔和格兰杰于 1987 年提出两步检验法，也称为 EG 检验，该检验方法主要有以下两个步骤。

第一步，用 OLS 方法估计方程 $Y_t = \alpha_0 + \alpha_1 X_t + \mu_t$ 并计算非均衡误差，得到：

$$\hat{Y}_t = \hat{\alpha}_0 + \hat{\alpha}_1 X_t \tag{6.16}$$

$$e_t = Y_t - \hat{Y}_t$$

称为协整回归或是静态回归。

第二步，检验 e_t 的单整性。如果 e_t 为平稳序列，则认为变量 Y_t，X_t 为（1，1）阶协整；如果 e_t 为 1 阶单整，则认为变量 Y_t，X_t 为（2，1）阶协整，同时，需要注意的是，e_t 的单整性的检验方法仍然是 DF 检验或者 ADF 检验。

6.2.3.2 多变量协整关系检验

对于多变量的协整检验过程，基本与双变量情形相同，即需检验变量是否具有同阶单整性以及是否存在稳定的线性组合。在检验是否存在稳定的线性组合时，需通过设置一个变量为被解释变量，其他变量为解释变量，进行 OLS 估计并检验残差序列是否平稳。如果不平稳，则需更换被解释变量，进行同样的 OLS 估计及相应的残差项检验。当所有的变量都被作为被解释变量检验之后，仍不能得到平稳的残差项序列，则认为这些变量间不存在（d，b）阶协整。

6.2.4 协整与均衡的再讨论

协整方程不一定是均衡方程。它们至少存在以下差异：

（1）协整方程具有统计意义，而均衡方程具有经济意义。

（2）均衡方程中应该包含均衡系统中的所有时间序列，而协整方程中可以只包含其中的一部分时间序列。

（3）协整方程只要求随机项是平稳的，而均衡方程要求随机项是白噪声。

其中，第（1）点最重要。所以不能由协整关系导出均衡关系，只能用协整关系检验均衡关系。

6.3 季节效应处理

6.3.1 季节效应

如果一个时间序列是每月或每季度（甚至每周或每天）观测而得到的，它就有可能表现出季节性。季节效应这一说法来源于对宏观经济指标的描述，所谓季节效应就是指与季节有关的规律性。比如，由于节日的原因，存在持续时间较久的购物潮，会导致该季度的销售量猛增。大多数宏观经济指标，比如居民消费物价指数、就业率、国内生产总值和进出口等都会表现出一定的季节效应，在一年内会随着季节等变化形成有规律的变动，各年变化强度大体相同且每年重现。

6.3.2 季节效应处理

6.3.2.1 季节指数

季节指数即反映季节变动的相对数，各指数刻画了现象在一个年度内各月或季的典型数量特征，以全年月或季资料的平均数为基础计算。如果分析的是月份数据，季节模型就由 12 个指数组成；若为季度数据，则由 4 个指数组成。各个指数平均数等于100%。月（或季）的指数之和等于1200%（或400%），指数越远离其平均数（100%）季节变动程度越大。计算方法有按月（季）平均法和趋势剔除法。

6.3.2.2 按月（季）平均法

（1）根据原时间序列通过简单平均计算季节指数。

（2）假定时间序列没有明显的长期趋势和循环波动。

（3）计算季节指数的步骤：首先，计算同月（季）的平均数；其次，计算全部数据的总月（季）平均数；再次，计算季节指数（S）＝（同期平均数/总平均数）×100%；最后，利用季节比率分析季节变动的特点和趋势，预测未来年份各月（季）的发展水平。

6.3.2.3 趋势剔除法

趋势剔除法需要先将序列中的趋势予以消除，再计算季节指数。计算季节指数主要包括计算移动平均趋势值（T）、从序列中剔除趋势值（Y/T）、按前述方法计算季节指数 S。

6.3.2.4 季节变动的调整

将季节变动从其时间序列中予以剔除，以便观察和分析时间序列的其他特征。消除季节变动的方法是将原时间序列除以相应的季节指数，计算公式为

$$Y/S = (T \times S \times C \times I)/S = T \times C \times I \qquad (6.17)$$

6.4 案例分析

为了深入分析股票市场与经济增长的具体数量关系，选取股票市场成交金额（CJE）、社会消费品零售总额（CONS）、固定资产投资（FI）和国内生产总值（GDP）四个指标展开实证分析，收集 1995～2021 年相关统计数据，如表 6-1 所示。

表6-1　　　　　　　　股票市场发展及经济增长相关数据序列　　　　　　单位：亿元

年份	股票市场成交额	社会消费品零售总额	固定资产投资	国内生产总值
1995	4036.45	23463.90	20019.00	61339.90
1996	21332.17	28120.40	22974.00	71813.60
1997	30721.83	30922.90	24941.00	79715.00
1998	23527.31	32955.60	28406.00	85195.50
1999	31319.60	35122.00	29855.00	90564.40
2000	60826.65	38447.10	32918.00	100280.10
2001	38305.18	42240.40	37214.00	110863.10
2002	27990.46	47124.60	43500.00	121717.40
2003	32115.27	51303.90	53841.00	137422.00
2004	42333.95	58004.10	66235.00	161840.20
2005	31664.78	66491.70	80994.00	187318.90
2006	90468.89	76827.20	97583.00	219438.50
2007	460556.23	90638.40	118323.00	270092.30
2008	267112.66	110994.60	144587.00	319244.60
2009	535987.00	128331.30	181760.00	348517.70
2010	545633.55	152083.10	218834.00	412119.30
2011	421644.59	179803.80	238782.00	487940.20
2012	314583.27	205517.30	281684.00	538580.00
2013	468729.00	232252.60	329318.00	592963.20
2014	742385.26	259487.30	373637.00	643563.10
2015	2550541.31	286587.80	405928.00	688858.20
2016	1277680.00	315806.20	434364.00	746395.10
2017	1124625.11	347326.70	461284.00	832035.90
2018	901739.40	377783.10	488499.00	919281.10
2019	1274158.80	408017.20	513608.00	986515.20
2020	2068252.52	391980.60	527270.00	1013567.00
2021	2579734.00	440823.20	552884.20	1143669.70

　　由于所用数据为时间序列数据，需要检验其平稳性，对所有时间序列取对数后，先通过时间路径图大致判断平稳性（见图6-2）。

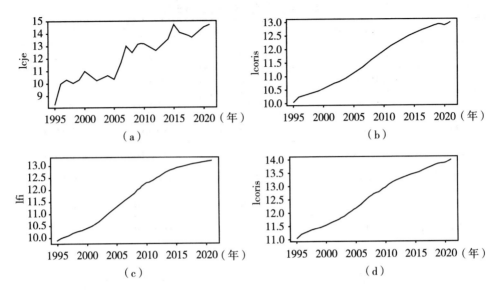

图 6 – 2　时间序列数据平稳性判断

图 6 – 2 中的（a）~（d）分别为变量股票市场成交金额、社会消费品零售总额、固定资产投资以及国内生产总值随时间的变动趋势。从结果中可以看出四个变量具有明显向上增长趋势。通过绘制时间序列图发现四个指标均有时间趋势，所以需要进行单位根检验。采用 ADF 检验进行平稳性检验，检验结果如表6 – 2所示。

表 6 – 2　　　　　　　　　　　　　ADF 检验结果

变量	t 统计量	P 值	是否平稳
LCJE	− 1.6620	0.4509	否
LCONS	− 1.0340	0.7408	否
LFI	− 1.9560	0.3063	否
LGDP	− 1.2260	0.6622	否
ΔLCJE	− 5.6810	0.0000	是
ΔLCONS	− 3.0730	0.0286	是
ΔLFI	− 1.4340	0.5660	否
ΔLGDP	− 2.8450	0.0521	否
Δ^2LFI	− 6.1710	0.0000	是
Δ^2LGDP	− 4.9140	0.0000	是

表 6 – 2 为相关变量进行 ADF 检验的结果，ADF 检验的原假设是存在单位

根，即变量是不平稳的。从表中结果可以看出，变量股票市场成交金额、社会消费品零售总额、固定资产投资以及国内生产总值的对数序列是不平稳的，所以进行一阶差分后继续进行检验。对所有变量的对数序列进行一阶差分后发现，股票市场成交金额、社会消费品零售总额的一阶差分在 5% 的显著性水平下是平稳的，而固定资产投资以及国内生产总值序列的一阶差分在 5% 的显著性水平下是不平稳的，所以对固定资产投资以及国内生产总值序列进行二阶差分之后继续进行平稳性检验，从检验结果得知，二阶差分是不存在单位根的，即固定资产投资以及国内生产总值序列的二阶差分是平稳序列。

从上述分析中可以看出变量股票市场成交金额、社会消费品零售总额是同阶单整序列，所以二者之间可能存在协整关系，根据前面学到过的内容使用 EG 两步法考察它们之间是否存在协整关系。

第一步，以股票市场成交金额作为因变量、社会消费品零售总额数值作为自变量进行普通最小二乘估计，结果如图 6－3 所示。

```
Residuals:
      Min      1Q   Median      3Q      Max
-1.11302 -0.41103  0.04442  0.28051  1.23278

Coefficients:
             Estimate Std. Error t value Pr(>|t|)
(Intercept)   -8.3903     1.3063  -6.423  1.0e-06 ***
data1[, 3]     1.7695     0.1122  15.764  1.7e-14 ***
---
Signif. codes:  0 '***' 0.001 '**' 0.01 '*' 0.05 '.' 0.1 ' ' 1

Residual standard error: 0.5607 on 25 degrees of freedom
Multiple R-squared:  0.9086,    Adjusted R-squared:  0.9049
F-statistic: 248.5 on 1 and 25 DF,  p-value: 1.698e-14
```

图 6－3　普通最小二乘估计结果

从上述结果中可以看出，模型整体上是非常显著的。模型的可决系数为0.9086，模型修正的可决系数为0.9049，说明模型的解释能力较强。自变量和常数项的系数是非常显著的，可以看出简单回归的模型在一定程度上是可以接受的，但也存在提升和改进的空间。

模型的回归方程是：

$$LCJE = -8.390315 + 1.769495 \times LCONS$$

第二步，提取残差序列，并对残差序列进行 ADF 检验，结果如图 6－4所示。

```
Augmented Dickey-Fuller Test

data:  r
Dickey-Fuller = -3.0361, Lag order = 2, p-value = 0.1769
alternative hypothesis: stationary
```

图 6-4 残差序列的 ADF 检验结果

从检验结果可知残差序列在 1% 的显著性水平下拒绝了存在单位根的原假设，说明残差序列是不存在单位根的，即残差序列是平稳的。综上所述，股票市场成交金额、社会消费品零售总额对两个变量间的数值存在一定的协整关系。根据上述分析结果可以构建出相关的模型来描述这种协整关系。

本章小结

通过对本章内容的学习，对时间序列数据有了初步的了解，触类旁通，对金融时间序列的相关分析也有了简单的认识。进行计量分析时，如果直接将非平稳时间序列当作平稳时间序列来进行回归分析，则可能造成伪回归。经济学家研究发现，造成伪回归的根本原因在于时间序列变量的非平稳性。对金融时间序列进行分析时也要注意序列的平稳性。时间序列的平稳性，是指时间序列的统计规律不会随着时间的推移而发生变化。从理论上，有两种意义的平稳性：一是严格平稳；二是弱平稳。如果一个行为的所有方面随着时间推移不变，那么这个过程称为严平稳（强平稳）的；如果一个过程的均值、方差和协方差随着时间推移不变，那么称这个过程是弱平稳的。对时间序列数据进行平稳性检验非常重要，本章介绍的检验方法有图示法、DF 检验和 ADF 检验。实际应用中用图示法进行平稳性检验主观性较强，用 DF 检验或 ADF 检验更加精确，在进行具体的实证分析时，要根据不同的场景选择不同的检验方法。同阶单整序列可能存在协整关系，在时间序列数据不平稳的情况下，可以通过协整检验构建出合理的模型。协整是指多个非平稳经济变量的某种线性组合是平稳的。协整分析对于检验变量之间的长期均衡关系非常重要，而且也是区别真实回归与伪回归的有效方法。时间序列分析中不能忽视的一点是时间序列的季节效应处理，大多数时间序列具有明显的季节趋势，可以通过按月（季）平均法、趋势剔除法进行剔除。

课后习题

1. 在金融时间序列分析中，为什么要分析序列的平稳性问题？如果不考虑时间序列的平稳性直接进行回归，会造成什么现象？后果是什么？

2. ADF 检验的基本原理和基本步骤是什么？

3. 如何判断两个变量之间是否存在协整关系？

4. 什么是季节效应？如何进行季节效应处理？

5. 如何理解长期均衡和协整？

6. 货币政策是宏观调控的基本手段之一。根据一般经济学原理，货币供应量的变化会影响股市价格。通过表 6 - 3 给出的 2002 ~ 2021 年上证指数、货币供应量 M1 和 M2 的相关数据来探究股票指数和货币供应结构之间的实际关系。

表 6 - 3

年份	上证指数（SH）	货币（M1）供应量（亿元）	准货币（M2）供应量（亿元）
2002	1357. 70	70881. 79	114125. 20
2003	1497. 00	84118. 57	137104. 30
2004	1266. 50	95969. 70	158137. 20
2005	1161. 10	107278. 80	191476. 91
2006	2675. 50	126028. 10	219549. 90
2007	5261. 60	152560. 08	250882. 10
2008	1820. 80	166217. 13	308949. 47
2009	3277. 10	221445. 80	388778. 70
2010	2808. 10	266621. 50	459230. 30
2011	2199. 40	289847. 70	561743. 22
2012	2269. 10	308664. 20	665484. 60
2013	2116. 00	337291. 05	769233. 93
2014	3234. 70	348056. 41	880318. 40
2015	3539. 20	400953. 44	991324. 67
2016	3103. 60	486557. 24	1063509. 43
2017	3307. 20	543790. 15	1146445. 17
2018	2493. 90	551685. 90	1275058. 30
2019	3050. 10	576009. 15	1410479. 67
2020	3473. 10	625580. 99	1561214. 90
2021	3639. 80	647443. 35	1735456. 35

（1）作上证指数、M1 和 M2 的时间路径图，并通过图示法直观判断这三个序列是否是平稳序列；

（2）应用单位根检验分别检验这三个时间序列是否是平稳的，并确定其单整阶数。

7. 中国外汇储备规模的影响因素众多，其中人民币汇率作为一项重要的影响因素，对中国外汇储备规模的影响值得深入探究，表6-4是给出了2002~2021年中国外汇储备规模和人民币汇率的数据，考虑到中国持有的美元储备占外汇储备规模的60%以上，所以将这里的汇率设定为人民币对美元的汇率。

表6-4

年份	外汇储备规模（亿美元）	人民币对美元的汇率
2002	2864.07	827.70
2003	4032.51	827.70
2004	6099.32	827.68
2005	8188.72	819.17
2006	10663.44	797.18
2007	15282.49	760.40
2008	19460.30	694.51
2009	23991.52	683.10
2010	28473.38	676.95
2011	31811.48	645.88
2012	33115.89	631.25
2013	38213.15	619.32
2014	38430.18	614.28
2015	33303.62	622.84
2016	30105.17	664.23
2017	31399.49	675.18
2018	30727.12	661.74
2019	31079.24	689.85
2020	32165.22	689.76
2021	32501.66	645.15

（1）对外汇储备规模和汇率进行平稳性检验。

（2）用EG两步检验法对外汇储备规模和汇率这两个时间序列进行协整性检验，判断两个变量之间是否存在协整关系。

拓展阅读

［1］陆前进，卢庆杰，李治国．银行信贷、外汇储备和中国的实际汇率——基于中国 2000 ~ 2011 年数据的实证研究 ［J］．金融研究，2013，401 （11）：28 - 40.

［2］叶宗裕．ADF 单位根检验法的替代方法 ［J］．数量经济技术经济研究，2017，34 （6）：148 - 161.

［3］邱冬阳，邓璇．人民币购买力平价成立吗？——基于人民币兑欧元的多样本协整分析 ［J］．金融理论与实践，2020 （4）：41 - 51.

［4］白雪梅，吴德燚．中国股市与经济增长的非线性依从关系研究 ［J］．统计研究，2010，27 （6）：40 - 45.

［5］李连发，辛晓岱．银行信贷、经济周期与货币政策调控：1984 ~ 2011 ［J］．经济研究，2012，47 （3）：102 - 114.

［6］卓丽洪．互联网金融与经济安全构成要素关联度实证研究 ［J］．数量经济技术经济研究，2020，37 （2）：3 - 25.

［7］汤胤，毛景慧．金融时间序列指标判别框架：以特质波动率为例 ［J］．财经理论与实践，2016，37 （3）：35 - 39.

［8］姚耀军．中国金融发展与全要素生产率——基于时间序列的经验证据 ［J］．数量经济技术经济研究，2010，27 （3）：68 - 80 + 161.

第7章 ARMA 模型

据《史记·货殖列传》记载，早在我国春秋战国时期，范蠡和计然就提出我国农业生产具有"六岁穰，六岁旱，十二岁一大饥"的自然规律。《越绝书·计倪内经》中说："太阴三岁处金则穰，三岁处水则毁，三岁处木则康，三岁处火则旱。故散有时积，敛有时领，则决万物不过三岁而发矣……天下六岁一穰，六岁一康，凡十二岁一饥。"春秋战国之际，人们将天文学与农业丰歉联系起来，产生了农业丰歉循环论。计然之术认为农业生产的丰歉决定于有规律性的天时变动，大体为6年一穰、6年一旱，12年一大饥，较小的变动为3年一循环。2500多年前，古人通过对时间序列的记录和分析，掌握了农业生产丰歉的规律，发现农业生产具有6年一小波动、12年左右一个大周期规律，建立一个简单的时间序列模型，对农业生产情况进行预测，以便趋利避害，达到国富民足的目的。建立时间序列模型是重要的分析时间序列的手段。

在金融领域广泛存在着时间序列，如企业每天的股票价格变动情况、企业每个季度的盈利状况、我国每个月的利率变化情况、我国货币对国外货币的汇率变化情况等，本章的主要目的是通过学习如何建立时间序列模型，分析研究金融领域的问题。

为了更好地研究时间序列的变化规律，ARIMA 模型于20世纪70年代被首次提出后，已经广泛应用于自然科学和社会科学领域。时间序列 ARIMA 模型一般分为四种类型，在本章我们分别对这四种模型进行讲述：第7.1节为 AR 模型，在本节我们将会介绍时间序列的生成过程和 AR 模型所具有的时间序列特征；第7.2节为 MA 模型；第7.3节为 ARMA 模型；第7.4节为 ARIMA 模型。

7.1 AR 模型

7.1.1 时间序列分析和数据生成过程

在现实生活中，事物变化过程可以分为两种：一种是有确定形式的变化过程，变化过程可以描述为关于时间 t 的函数，例如真空中的自由落体运动、物体之间的万有引力公式等。另一种是变化过程形式不确定，不能用一个关于时间 t 的确定性函数来描述事物的随机变化过程，这意味着对同一事物变化过程进行独立、反复观测时得出的结果不同。对于每一次观测，得到一个观测到的随机变量。如果让这种观测随时间的推移永远持续下去，就得到用来描述随机现象不断演变的随机变量集合，也就是一个随机过程。如果使用数学语言来定义随机函数，给定一个时间域 T，对于 T 中每一个参数 t，都有一个取值于确定集合 W 的随机变量 $Y_t(s)$，其中，s 属于一个特定的样本区间。所以，对于一个给定的 t，$Y_t(s)$ 是一个随机变量。对于一个确定的样本 s，$Y_t(s)$ 就是在 s 上的一组实现值，而集合 $\{Y_t(s)，t \in T\}$ 就是一个随机过程。组成随机过程的随机变量一般定义在时间域和空间域上。在金融学领域中，股票价格指数随时间的变化情况也是一个随机过程。我们按照时间的顺序把一个随机事件变化发展的过程记录下来就构成了一个时间序列。对时间序列进行观察、研究，找寻它变化发展的规律、预测它将来的走势就是时间序列分析。

短期预测是时间序列分析的主要目的。时间序列分析的理论基础相对简单，金融时间序列的一个最重要特征是自相关性（autocorrelation），又称为序列相关性（serial correlation）。以投资品的收益率序列为例，我们会经常观察到一段时间内的收益率之间存在正相关或者负相关。设若时间序列（或随机过程）的任一元素 y_t 与其前期元素（y_{t-1}、y_{t-2} 等）之间存在着某种关联，则我们可以根据该时间序列的既往观测值来预测其未来的趋势。在金融领域的时间序列分析过程中，我们还会经常使用到数据生成过程的概念，下面介绍数据生成过程。

假设模型中所有系数已知或者是已经设立的，那么给定解释变量 x_t 的一组观测值，回归模型就可以生成对应的一组 y_t 值，则模型就是一个数据生成过程。

数据生成过程可以利用下面的回归模型来说明，即：

$$y_t = \beta_0 x_t + \varepsilon_t, t = 1,2,\cdots,T \tag{7.1}$$

其中，ε_t 服从均值为 0、方差为 σ_0^2 的正态分布。

这里需要区分数据生成过程和回归过程，数据生成过程是已知模型的系数，从而生成一组数据的过程，而回归模型是根据已知的样本观测值去预估模型中未知的模型参数。因此，在实际应用中，不能找到一个观测到的序列对应的数据生产过程，那么数据生成过程的价值又是什么？在实际应用中，我们可以利用相关软件生成各种序列的实现值，我们只需设定一个数据生成过程，让其满足待研究对象的特征，生成对应的序列即可。在现代金融领域，数据生成的概念得以广泛应用，如蒙特卡罗模拟、自举法等。数据生成过程适用于理论上的问题与真实世界的事例之间的比较。如中国国际股票指数和随机游走过程是否相似、股票的收益率序列是否符合白噪声过程。

为了更好地理解相关概念，我们举例说明，假定我们观测到一组样本大小为 T 的股票价格 $Y_t: \{y_1, y_2, y_3, \cdots, y_T\}$，这是一个 T 个样本观测值的集合，但这个集合只是这些数据随机过程的一个可能的结果。如果把股票价格在不同时期的观测值看成一个 Y_t 的数据生成过程，那么，在此过程中生成一个无限期的观测值 $\{\cdots, y_{-1}, y_1, y_2, y_3, \cdots, y_T, \cdots\}$，这组观测值序列是一个数据生成过程的实现过程。

7.1.2 时间序列分析的平稳性要求

时间序列分析中的许多方法都要求时间序列具有平稳性，比如 AR 模型、ARMA 模型和 ARIMA 模型都是以平稳的时间序列为基础建立的。

但是，在金融学领域，很多经济序列都是非平稳的，比如一个国家的货币汇率序列、股价走势数据等通常都是非平稳的。随机时间序列的平稳性主要包括弱平稳和强平稳两种形式，其中弱平稳是最常见和最常用的形式，如果一个行为的所有方面随着时间推移不变，那么这个过程称为严平稳（强平稳），严平稳过程的要求相对更加严格，在实际应用中应用较少。弱平稳有时也叫协方差平稳或二阶平稳。对于随机时间序列 y_t，如果其期望值、方差以及自协方差均不随时间 t 变化而变化，则称 y_t 为弱平稳随机变量；如果组成随机过程的随机变量是弱平稳的，则这个随机过程也是一个弱平稳过程。我们在第 6 章已经学习了平稳性的判断方法和依据，这里不再赘述。

传统的经济学家普遍认为投机价格的走势类似于随机游走模型，随机游走过程中每个序列值都是上一个序列值增加一个随机数，第 t 时刻序列值等于前 t 个随机数相加，且一阶差分序列是随机的，无法预测未来的发展方向。随机游走序列不是平稳时间序列，因为方差不是常数，当时间趋于无穷时，序列的方差也趋于无穷大。因此，投机价格的走势是不平稳的时间序列，我们无法对其直接进行时间序列分析，在进行时间分析前，需要对该时间序列进行处理，使其变得平稳，然后再对其进行时间序列分析。

7.1.3　一阶自回归模型

在金融领域，当一些金融变量显示了连续的相关性时，这种相关性可以用自回归模型来表示，例如，一阶自回归模型可以表示为 AR（1）模型，其基本定义指的是当期的随机变量与自身滞后一期项和一个随机扰动项之间的数理关系，AR（1）模型可以写成：

$$y_t = \emptyset_1 y_{t-1} + \varepsilon_t \tag{7.2}$$

其中，$\emptyset_1$ 是回归参数项；ε_t 服从一个独立同分布的白噪声过程，服从均值为 0、方差为 σ^2，是满足经典计量经济模型的随机误差项；y_{t-1} 是滞后一期的随机变量值，ε_t 与 y_{t-1} 独立。从式（7.2）可以看出，时间序列下一期的预测值是每一期的平均值和当期值的加权平均值，上一期的变量数值对本期的变量影响为 φ_1，y_t 与 y_{t-1} 相关，可以用当期值预测下一期值，AR（1）模型是一个简单的线性预测。

式（7.2）中 AR（1）模型也可以写成滞后算子形式，即：

$$(1 - \emptyset_1 L) y_t = \Phi(L) y_t = \varepsilon_t \tag{7.3}$$

与自回归过程常常联系一起的是平稳性问题，我们在建立自回归时间序列模型时，要关注这个序列是否是平稳序列，此时特征方程的所有根都要在单位圆之外，即所有根的绝对值大于 1，时间序列才是平稳过程，我们在此基础上建立的模型才有意义。在一阶自回归过程 AR（1）模型中，需要满足特征方程 $\Phi(L) = 0$ 的根的绝对值大于 1，一阶自回归过程的时间序列才是平稳的，特征方程 $1 - \emptyset_1 L = 0$ 的根为 $L = 1/\emptyset_1$，若要使一阶自回归过程平稳，需要满足 $\left| \dfrac{1}{\emptyset_1} \right| > 1$，即 $|\emptyset_1| < 1$，此时，在满足平稳性的前提条件下，一阶自回归过程可以做如下转化：

$$(1 - \emptyset_1 L) y_t = \varepsilon_t \tag{7.4}$$

$$y_t = \frac{1}{1 - \emptyset_1 L} \varepsilon_t = \left[1 + \emptyset_1 L + (\emptyset_1 L)^2 + (\emptyset_1 L)^3 + \cdots \right] \varepsilon_t = \left[\sum_{i=0}^{\infty} (\emptyset_1 L)^i \right] \varepsilon_t$$

$$\tag{7.5}$$

从上式可以直接看出，若使一阶自回归过程平稳，$\sum\limits_{i=0}^{\infty} (\emptyset_1 L)^i$ 必须具有收敛性，即一阶自回归系数 $\emptyset_1$ 必须满足 $|\emptyset_1| < 1$；反之，如果 $|\emptyset_1| > 1$，那么随机扰

动项 ε 对 y 的影响会随着时间的推移逐渐消失，最终导致 y_t 的序列是平稳的。这一过程可以用数学语言阐述，我们可以用无限阶移动平均过程来描述 AR（1）模型，即：

$$y_t = \varepsilon_t + \emptyset_1 \varepsilon_{t-1} + \emptyset_1^2 \varepsilon_{t-2} + \cdots, |\emptyset_1| < 1 \tag{7.6}$$

AR（1）过程的均值为：

$$E[y_t] = 0 \tag{7.7}$$

AR（1）过程的方差为：

$$
\begin{aligned}
y_t &= E[y_t - \mu]^2 = E[\varepsilon_t + \emptyset_1 \varepsilon_{t-1} + \emptyset_1^2 \varepsilon_{t-2} + \cdots]^2 \\
&= E(\varepsilon_t)^2 + \emptyset_1^2 E(\varepsilon_{t-1})^2 + \emptyset_1^4 E(\varepsilon_{t-2})^2 + \cdots \\
&= (1 + \emptyset_1^2 + \emptyset_1^4 + \cdots)\sigma^2 = \sigma^2/(1 - \emptyset_1^2)
\end{aligned} \tag{7.8}
$$

平稳序列的观测值表现出一种向其均值水平回复的特征，这种特征在金融时间序列分析中称为均值回复（mean - reverting）。

AR（1）过程的自协方差可以表示为如下形式：

$$
\begin{aligned}
\gamma_j &= E[y_t - \mu][y_{t-j} - \mu] \\
&= E[\varepsilon_t + \alpha\varepsilon_{t-1} + \alpha^2 \varepsilon_{t-2} + \cdots][\varepsilon_{t-j} + \alpha\varepsilon_{t-j-1} + \alpha^2 \varepsilon_{t-j-2} + \cdots] \\
&= \alpha^j E[\varepsilon_{t-j}^2] + \alpha^{j+2} E[\varepsilon_{t-j-1}^2] + \alpha^{j+4} E[\varepsilon_{t-j-2}^4] + \cdots \\
&= \alpha^j (1 + \alpha^2 + \alpha^4 + \cdots)\sigma^2 = \frac{\sigma^2}{1 - \alpha^2}\alpha^j
\end{aligned} \tag{7.9}
$$

AR（1）过程的方差为：

$$\rho_j = \frac{\gamma_j}{\gamma_0} = \alpha^j \tag{7.10}$$

因此，对于 $|\alpha|$，其取值越靠近于 1，则暗示 y_t 序列相邻观测值之间的相关性越强。一般将自相关函数相对于滞后期数 j 绘制出的图示称为自相关图。很明显，平稳 AR（1）过程的自相关函数图应该是随着滞后期数的增加而呈现逐渐衰减的态势。拖尾是相关函数始终有非零取值，不会在 k 大于某个常数后就恒等于零（或在 0 附近随机波动）。截尾是相关函数在大于某个常数 k 后快速趋于 0，为 k 阶截尾。平稳 AR（1）过程的自相关函数图呈现出拖尾趋势。

自回归系数 α 取值不同对自相关函数系数以及 y_t 序列动态走势的影响如图 7 - 1 所示。

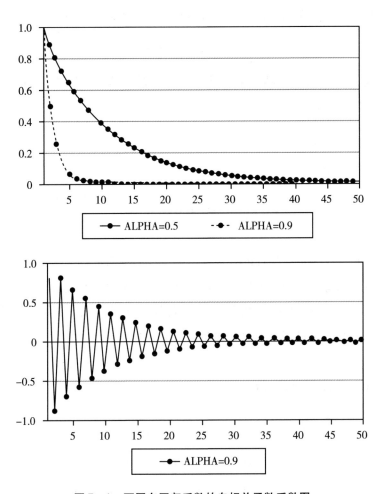

图 7－1　不同自回归系数的自相关函数系数图

当自回归系数 α 取值为 $0 \sim 1$ 时，比如 $\alpha = 0.5$ 或者 $\alpha = 0.9$ 时，自相关函数图形特征为平滑的指数衰减；当自回归系数 α 取值为 $-1 \sim 0$ 时，比如 $\alpha = -0.9$ 时，自相关函数图形特征为正负交替的指数衰减。$|\alpha|$ 取值越接近于 0，衰减的速度越快；越接近于 1，衰减的速度越快。

我们继续了解 AR（2）过程，即：

$$y_t = \varnothing_1 y_{t-1} + \varnothing_2 y_{t-2} + \varepsilon_t \tag{7.11}$$

其中，$\varnothing_1$ 和 $\varnothing_2$ 是回归参数项，ε_t 是服从均值为 0、方差为 σ^2 的白噪声过程，y_{t-1} 和 y_{t-2} 分别是滞后一期和滞后两期的随机变量，ε_t 与 y_{t-1} 和 y_{t-2} 独立。

将 AR（2）过程 $y_t = \varnothing_1 y_{t-1} + \varnothing_2 y_{t-2} + \varepsilon_t$ 两边同乘 y_{t-j}，可得：

$$\gamma_j = \varnothing_1 \gamma_{j-1} + \varnothing_2 \gamma_{j-2}, j = 1, 2, \cdots \tag{7.12}$$

这种形式的递推称为齐次线性差分方程，两边除以 γ_0 得：

$$\rho_j = \varnothing_1\rho_{j-1} + \varnothing_2\rho_{j-2}, j = 1,2,\cdots \tag{7.13}$$

为了使 AR（2）过程满足平稳性的条件，系数满足特征方程的根都在单位圆外要求。特征方程为：

$$1 - \varnothing_1 L - \varnothing_2 L^2 = 0 \tag{7.14}$$

上式的两个根为：

$$L_1,L_2 = \frac{\varnothing_1 \pm \sqrt{\varnothing_1^2 + 4\varnothing_2}}{2} \tag{7.15}$$

AR（2）过程满足平稳性的条件是这两个根的绝对值都大于 1。

如果两个根都是正的，则自相关函数系数呈现出负指数速度单调衰减。如果两个根正负不同，则自相关函数系数绝对值仍以负指数速度衰减但是不单调；当负根绝对值更小时，自相关函数系数会正负交替衰减。

7.1.4 自回归 AR（p）过程

对于一般的自回归 AR(p)过程，自回归 AR(p)模型就是变量对其滞后期进行回归，如果一个线性随机过程可以描述为如下形式：

$$y_t = \varnothing_1 y_{t-1} + \varnothing_2 y_{t-2} + \varnothing_3 y_{t-3} + \cdots + \varnothing_p y_{t-p} + \mu_t \tag{7.16}$$

其中，$\varnothing_i$（$i=1, 2, \cdots, p$）是回归参数，u_t 是白噪声过程，这个线性过程 y_t 是 p 阶自回归过程，可以用 AR（p）表示。这个线性过程 AR（p）也可以用滞后算子形式表示：

$$(1 - \varnothing_1 L - \varnothing_2 L^2 - \varnothing_3 L^3 - \cdots - \varnothing_p L^p)y_t = \Phi(L)y_t = \mu_t \tag{7.17}$$

其中，$\Phi(L) = 1 - \varnothing_1 L - \varnothing_2 L^2 - \varnothing_3 L^3 - \cdots - \varnothing_p L^p$ 为自回归算子多项式，也称为特征多项式。与自回归 AR（p）模型紧密相连的一个问题就是平稳性问题，对于自回归 AR(p)模型而言，如果特征方程 $\Phi(L)=0$ 所有根的绝对值大于 1，则该过程是一个平稳的过程。对于一般的 AR(p)模型，其自相关函数的性质也由其特征根决定。自相关函数可以是单调衰减、震荡衰减、正负交替衰减、呈周期震荡衰减。在有复特征根或者有接近的特征根时，时间序列呈现出一定的随机周期变化。

7.2 MA 模型

7.2.1 MA（1）过程

通常情况下，经济系统中任何经济变量的时间序列都可以用自回归过程来描述。对于高阶的 AR 模型，有些可以用低阶的 MA 模型更好地描述，一般的 AR 模型也可以用高阶 MA 模型近似，移动平均模型是以过去参差项来做的线性组合。在模型分析的实践中，为简化估计参数的工作量，我们当然希望模型中的参数尽可能地少，于是便有了引入移动平均过程的必要。我们就把这种由白噪声序列诸元素的加权和所表示的随机过程称作移动平均过程（moving average process，MA）。

移动平均模型是一种用于预测未来的模型，移动平均过程指的是将时间序列 y_t 写成一系列不相关的随机变量的线性组合，其中，误差项的滞后期数就是该移动平均过程的阶数。y_t 的每个值可以被认为是过去几个预测误差的加权移动平均值。如对于一阶移动平均过程可以表示为如下形式：

$$y_t = c + \mu_t + \theta_1 \mu_{t-1} \tag{7.18}$$

式（7.18）就是一个一阶移动平均过程，简记为 MA（1）。其中，C 表示常数项，θ_1 为系数，μ_t 是方差为 σ^2 的白噪声过程，移动平均模型不是在回归中使用预测变量的过去值，而是在类似回归的模型中使用过去的预测误差，但是，由于我们无法直接观测到 μ_t 的值，所以不能直接回归建立 MA 模型。

对于 MA（1）过程的均值可以表示成如下形式：

$$\mu = E(y_t) = E(c + \mu_t + \theta_1 \mu_{t-1}) = c \tag{7.19}$$

对于 MA（1）过程的方差可以表示成如下形式：

$$\gamma_0 = E[y_t - E(y_t)]^2 = E(\mu_t + \theta_1 \mu_{t-1})^2 = (1 + \theta_1^2)\sigma^2 \tag{7.20}$$

MA（1）过程自协方差可以表示为：

$$E(y_t - \mu)(y_{t-j} - \mu) = E(\mu_t + \theta_1 \mu_{t-1})(\mu_{t-j-1} + \theta_1 \mu_{t-j-2})$$
$$= E(\mu_t \mu_{t-j-1} + \theta_1 \mu_{t-1} \varepsilon_{t-j-1} + \theta_1 \mu_t \mu_{t-j-2} + \theta_1^2 \mu_{t-1} \mu_{t-j-2})$$

$$\tag{7.21}$$

根据白噪声的性质：

$$\gamma_j = \begin{cases} \theta_1 \sigma^2 , j = 1 \\ 0 \quad , j > 1 \end{cases} \tag{7.22}$$

MA（1）过程自相关函数为：

$$\rho_j = \frac{\gamma_j}{\gamma_0} = \begin{cases} \dfrac{\theta_1}{(1 + \theta_1^2)} , j = 1 \\ 0 \quad , j > 1 \end{cases} \tag{7.23}$$

由式（7.23）可知，MA（1）过程的自相关函数只有在相邻两项之间存在非0的数值，在其他情况中均为0。

MA（1）过程的自相关函数在滞后一期的情况下非0，在滞后两期及之后的任意一期，自相关函数均取值为0，因此，MA（1）出现了截尾特征。θ_1 取值为0.5 和 −0.2 时，MA（1）过程的自相关函数图如图7 −2 所示。

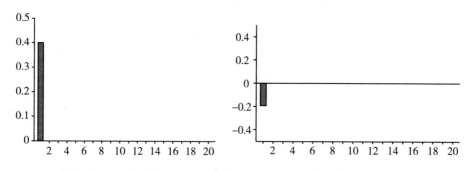

图7 −2　$\theta_1 = 0.5$ 和 $\theta_1 = -0.2$ 的 MA（1）过程的理论自相关函数图

由于 MA 过程都是平稳的时间序列过程，所以就不需要再讨论其平稳性，但是，对于 MA 模型，我们通常需要考虑其可逆性，即是否可以将 MA 过程转化为 AR 过程。

当 $|\theta_1| < 1$ 时，MA（1）过程可以转化为：

$$(1 + \theta_1 L)^{-1} (y_t - c) = (1 - \theta_1 L + \theta_1^2 L^2 - \theta_1^3 L^3 + L)(y_t - c) = \mu_t \tag{7.24}$$

对其进行整理，不难看出其是一种无穷 AR 过程，即：

$$y_t = (c - \theta_1 c + \theta_1^2 c - \theta_1^3 c + L) + \theta_1 y_{t-1} - \theta_1^2 y_{t-2} + L \tag{7.25}$$

以上推导过程说明了一个 MA（1）过程的可逆条件，即：当 $|\theta_1| < 1$ 时，MA（1）过程可逆，在这种情况下，MA（1）过程可以逆过来写成 AR 的形式。

7.2.2　MA（q）过程

移动平均模型是具有 q 个不相关的误差项组成的平稳时间序列模型。如果一个线性随机过程可用下式表达：

$$y_t = \mu_t + \theta_1 \mu_{t-2} + K + \theta_q \mu_{t-q} \tag{7.26}$$

其中，θ_1，θ_2，$\cdots$，θ_q 为系数，μ_t 是白噪声过程，则式（7.26）称为 q 阶移动平均过程，记为 MA（q）。之所以称为"移动平均"，是因为 y 由 q＋1 个 μ_t 和其滞后项的加权和构造而成，"移动"指 t 的变化，"平均"指加权和。式（7.26）还可写为：

$$y_t = (1 + \theta_1 L + \theta_2 L^2 + K + \theta_q L^q)\mu_t = \Theta(L)\mu_t \tag{7.27}$$

由定义可知，任何一个 q 阶移动平均过程都是由 q＋1 个白噪声变量的加权和组成，所以任何一个有限阶移动平均过程都是平稳的过程。与移动平均过程相联系的一个重要概念是可逆性。移动平均过程具有可逆性的条件是特征方程，$\Theta(L) = 0$ 的全部根的绝对值必须都大于 1。所以，MA(q) 过程具有可逆性的条件是特征方程 $\Theta(L) = 0$ 的根必须在单位圆之外。

关于自回归与移动平均过程的关系：对于高阶的 AR 模型，有些可以用低阶的 MA 模型更好地描述，一般的 AR 模型也可以用高阶 MA 模型近似。一个平稳的 AR 过程可以转换为一个无限阶的移动平均过程，一个可逆的 MA(q) 过程可转换成一个无限阶的自回归过程，对于 AR(p) 过程只需考虑平稳性问题，条件是 $\Theta(L) = 0$ 的根（绝对值）必须大于 1，不必考虑可逆性问题。对于有限阶 MA(q) 过程，只需考虑可逆性问题，条件是 $\Theta(L) = 0$ 的根必须位于单位圆之外，不必考虑平稳性问题。

移动平均过程可由自回归过程推演而得，由此我们可以证明：一个平稳有限阶自回归过程必定可以转化成某个无限阶移动平均过程；反之，当某些条件（称之为可转换条件）具备时，一个有限阶移动平均过程也可以转换成某个无限阶自回归过程。于是，我们便可以将阶数较高的自回归过程近似地用阶数较低的移动平均过程来代替，反之亦然。

那么，对于一个给定的时间序列样本，如何才能以最少的待估参数给出产生这一样本的随机过程呢？一般来说，假设时间序列的自相关函数有截断点，如果自相关图出现某一期之后陡然减小为零（并且之后也为零）的现象，则其可以形象地描述本期为截断点，本期之后出现截尾特征。即当阶数大于某个数值的时候，其自相关系数开始等于零，但其偏自相关系数却只是伴随着阶数的增大而逐渐减小，并无截断点，这时采取移动平均过程比较经济，也即模型中所包含的参数较少。

若时间序列的自相关函数只是伴随着阶数的增加而逐渐衰减，并无截断点，但其偏自相关函数（partial auto – correlation function，PACF）却有截断点，这时宜采用自回归过程。若时间序列的自相关函数和偏自相关函数都只是伴随着阶数的增加而逐渐衰减，但均无截断点，则无论是采用自回归模型还是采用移动平均模型，其中所包含的待估参数都过多。这时，宜采用自回归移动平均过程 ARMA（p，q）。

7.3 ARMA 模型

所谓的自回归移动平均模型（auto – regressive moving average，ARMA），就是设法将自回归过程 AR 和移动平均过程 MA 结合起来，共同模拟产生既有时间序列样本数据的那个随机过程的模型。AR 模型有偏自相关函数截尾性质，MA 模型有相关函数截尾性质。有些因果线性时间序列有与 AR 和 MA 类似的表现，但是不能在低阶实现偏自相关函数截尾或者相关函数截尾。ARMA 模型结合了 AR 和 MA 模型，在对数据拟合优度相近的情况下往往可以得到更简单的模型，而且不要求偏自相关函数截尾，也不要求相关函数截尾。

在数学上，我们总可以将一个高阶 AR 过程分解成某个低阶 AR 过程和另一个高阶过程之和。假设将其中所分解出来的那个高阶 AR 过程用一个较低阶的 MA 过程来替代，则那个真实的随机过程也就由低阶 AR 过程和高阶 AR 过程之和变换成低阶 AR 过程与低阶 MA 过程之和。这就是自回归移动平均模型的基本思路。

可见，ARMA(p，q)是一种比 AR(p)和 MA(q)更具普遍性的模型，而 AR(p) 模型和 MA(q)模型可分别理解为 ARMA 模型的两个特例［ARMA(p，0)和 ARMA (0，q)］。实践中的任何时间序列都可以使用 ARMA(p，q)这个模型来模拟。而且实践经验表明，p 和 q 的取值一般都不会超过 2。

需要指出的是，AR(p)、MA(q)和 ARMA(p，q)都是平稳随机过程，但在金融计量实践中，所获得的时间序列数据经常会呈现出系统性地上升或下降等趋势。有些时间序列还呈现出周而复始的周期性波动。这样的时间序列肯定产生于非平稳的随机过程，从而不可以直接套用诸如 AR(p)、MA(q)或 ARMA(p，q) 等的平稳随机过程来模拟。

由自回归和移动平均两部分共同构造的随机过程称为自回归移动平均过程，记为 ARMA(p，q)，其中，p、q 分别表示自回归和移动平均分量的最大阶数。ARMA(p，q)的一般表达式是：

$$y_t = (\alpha_1 y_{t-1} + \alpha_2 y_{t-2} + L + \alpha_p y_{t-p} + \mu_t + \theta_1 \mu_{t-1} + \theta_2 \mu_{t-2} + L + \theta_q \mu_{t-q})$$
$$(7.28)$$

$$\Phi(L)y_t = \Theta(L)\mu_t \tag{7.29}$$

式（7.29）中，$\Phi(L)$ 和 $\Theta(L)$ 分别表示 L 的 p、q 阶特征多项式，分别称为自回归算子和移动平均算子。ARMA(p，q)过程的平稳性只依赖于其自回归部分，即 $\Phi(L)=0$ 的全部根的值在单位圆之外。可逆性则只依赖于移动平均部分，即 $\Theta(L)=0$ 的根的值应在单位圆之外。

对于 ARMA(p，q)过程的方差和自协方差而言，当 j > q 时有：

$$\gamma_j = \alpha_1 \gamma_{j-1} + \alpha_2 \gamma_{j-2} + L + \alpha_p \gamma_{j-p}, j = q+1, q+2, \cdots \tag{7.30}$$

由式（7.30）可推出：

$$\rho_j = \alpha_1 \rho_{j-1} + \alpha_2 \rho_{j-2} + L + \alpha_p \rho_{j-p}, j = q+1, q+2, \cdots \tag{7.31}$$

对于简单的 ARMA 过程，如 ARMA（1，1）过程，其理论自相关函数相对易求，即：

$$\gamma_0 = \alpha_1 \gamma_1 + \sigma^2 + \theta_1 (\alpha_1 + \theta_1) \sigma^2$$
$$\gamma_1 = \alpha_1 \gamma_0 + \theta_1 \sigma^2$$
$$\gamma_2 = \alpha_1 \gamma_1$$

可得：

$$\rho_1 = \frac{(1 + \alpha_1 \theta_1)(\alpha_1 + \theta_1)}{1 + \theta_1^2 + 2\alpha_1 \theta_1}$$

ARMA（1，1）过程其理论自相关函数如图 7-3 所示。

如果平稳性和可逆性都满足，那么 AR、MA 和 ARMA 之间可以相互转化。所以，在实证研究中，MA 模型或者 MA 的表达形式经常被用来分析随机扰动因素对代表特定含义的金融或经济变量的影响情况。一般来说，将 ARMA 模型转化成 MA 模型的目的是清楚地考查以往的随机冲击因素 ε_{t-j}（j = 0，1，2，…）对当前 y_t 的影响效果。另外，将 ARMA 模型转化成 AR 模型的形式，经常可以用来刻画某些金融时间序列变量的动态路径。

在实际应用中，PACF 分析法可以用来区分 AR 与 MA 过程，因为对于一个 AR（p）模型，其 PACF 应该在 p 个滞后期之后陡然降为 0，而对于 MA（q）模

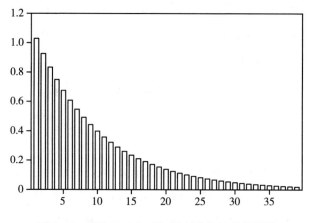

图 7-3 ARMA（1，1）的理论自相关函数图

型来说，其对应的 PACF 应该呈现出逐渐衰减、向 0 趋近的态势。无论对于 ACF
还是 PACF，如果图示出现在某一期该值陡然减小为 0（并且之后也为 0）的现
象，通常可以形象地描述为 ACF 或 PACF 在某期后出现截尾特征。相反，如果图
示出现逐渐衰减的态势，则可以描述为拖尾特征。AR（1）与 MA（1）模型的
PACF 特征如图 7-4 所示。

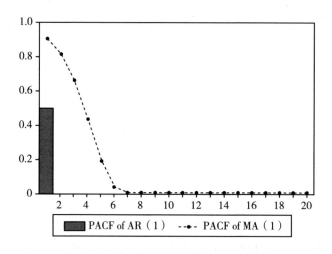

图 7-4 AR 与 MA 模型的 PACF 比较

AR 与 MA 模型的 ACF 和 PACF 特征如表 7-1 所示。

表 7-1　　　　　　　　　　AR 与 MA 模型的 ACF 和 PACF 特征比较

项目	AR（p）模型	MA（q）模型
ACF	拖尾	q 期后截尾
PACF	p 期后截尾	拖尾

自相关和偏自相关图作为时间序列判断阶数的重要方法，很多读者在刚接触时都会存在一个疑问，即如何根据拖尾截尾特征来判断 ARMA 模型的阶数。比较 AR 与 MA 模型的自相关函数和偏自相关函数特征可知，AR 模型是自相关系数拖尾、偏自相关系数截尾；MA 模型是自相关系数截尾、偏自相关函数拖尾。ARMA 模型是自相关函数和偏自相关函数均无限延长的，呈现出拖尾特征。我们可以根据自相关函数和偏自相关函数输出结果的特征进行具体的判别。

一般可以通过以下流程来判断时间序列是否可以构建 ARMA 模型：

（1）求出该时间序列的样本自相关系数和样本偏自相关系数的值。

（2）根据样本自相关系数和偏自相关系数的性质，选择阶数适当的 ARMA（p，q）模型进行拟合。

（3）估计模型中未知参数的值。

（4）检验模型的有效性。如果拟合模型未通过检验，回到步骤 2，重新选择模型拟合。

（5）模型优化。如果拟合模型通过检验，仍然回到步骤 2，充分考虑各种可能，建立多个拟合模型，从所有通过检验的拟合模型中选择最优模型。

7.4　ARIMA 模型

7.4.1　ARIMA 模型特点分析

ARIMA 模型（autoregressive integrated moving average model），也称为积分自回归移动平均模型，或者称为差分整合移动平均自回归模型（移动也可称为滑动），是时间序列预测分析方法之一。ARIMA（p，d，q）中，AR 代表自回归部分，p 为自回归项数；MA 代表移动平均部分，q 为滑动平均项数，d 为使该时间序列成为平稳序列所实施差分变换的次数（阶数）。"差分"一词虽未出现在 ARIMA 的英文名称中，却是关键步骤。对于非平稳的时间序列，应先将其平稳化，才可以进一步建立模型。其中，为了获得一个平稳性序列，差分变换是最常用的平稳化方法，将时间序列进行平稳化处理后，再使用 AR（p）、MA（q）或 ARMA（p，q）模拟已平稳化的随机过程，这就是差分自回归移动平均模型 ARIMA（p，d，q）。

由此可见，ARIMA（p，d，q）是一种比 ARMA（p，q）更为普遍性的模型。而 ARMA（p，q）可理解为 ARIMA（p，d，q）的特例（ARIMA（p，0，q））。当差分

阶数 d 为 0 时，ARIMA 模型就等同于 ARMA 模型。

对于一组给定的时间序列数据，依照上述思路寻找一个能产生这组数据的随机过程的 ARIMA(p, d, q) 模型方法，称为博克斯 – 詹金斯（Box-Jenkins）方法。它是当今时间序列分析理论与方法的基础。随机过程 y_t 若经过 d 次差分之后可变换为一个以 $\Phi(L)$ 为 p 阶的自回归算子，$\Theta(L)$ 为 q 阶移动平均算子平稳、可逆的随机过程，则称 y_t 为（p, d, q）阶积分自回归移动平均过程，记为 ARIMA(p, d, q)，即：

$$\Delta^2 = \Delta(\Delta y_t) = (y_t - y_{t-1}) - (y_{t-1} - y_{t-2}) = y_t - y_{t-1} + y_{t-2} \qquad (7.32)$$

其中，Δ^2 表示二次差分符号。依此类推，Δ^3 表示三次差分符号，而 Δ^n 表示 n 次差分符号。概括地说，一个 ARIMA(p, d, q) 过程经过 d 次差分后就可以获得对应的平稳过程。

特征方程的若干个根的值恰好在单位圆上，这种根称为单位根，该过程也是非平稳的。但该过程的特点是其经过相应次差分之后可以转化为一个平稳过程。例如，考虑一个 AR 模型的平稳性条件，如果它的不平稳是因为它的特征方程的根含有一个单位根，可以称这个过程为单位根过程或者一阶单整过程，记为 I（1），其中 "I" 表示单整，"（1）" 表示单整的阶数。如果是 I（1），则一次差分即可实现；而对于 I（2）过程，则可以通过两次差分获得平稳过程。下面介绍含有单位根的非平稳随机过程。假设一个随机过程含有 d 个单位根，则其经过 d 次差分之后可以变换成为一个平稳的自回归移动平均过程，即：

$$\Phi(L)\Delta^d y_t = \Theta(L)\mu_t \qquad (7.33)$$

$$x_t = \Delta^d y_t \qquad (7.34)$$

由式（7.33）与式（7.34）可得：

$$\Phi(L)x_t = \Theta(L)\mu_t \qquad (7.35)$$

经过 d 次差分之后，可以用一个平稳的、可逆的 ARMA 过程表示。

如果含有趋势成分的非平稳时间序列参与到计量回归中，许多经典的回归估计假设条件将不再满足，所以就必须小心解释相应的统计检验和统计推断中有时会出现的所谓伪回归现象，这时可能需要应用协整分析方法进行分析。非平稳时间序列消去其趋势成分之后才能转化为平稳的时间序列。一般来说，常用的去除趋势的方法有差分法和去除趋势法，前者主要针对随机趋势非平稳时间序列，而后者主要针对含有确定性趋势的非平稳时间序列。随机趋势非平稳过程可以通过差分法变为平稳过程，差分法一般用来去除含有随机趋势的非平稳时间序列。对于经过差分处理后可以转换为平稳时间序列的非平稳时间序列，可以称为齐次非平稳时间序列，其中，差分的次数就是齐次的阶。

对于随机游走过程表达式 $y_t = y_{t-1} + \mu_t$，如果 μ_t 是白噪声过程，该随机游走过程的期望等于零，方差为无限大，随机游走过程是非平稳的过程。对其进行一阶差分处理：

$$\Delta y_t = y_t - y_{t-1} = \mu_t \tag{7.36}$$

随机游走过程一次差分后序列如图 7-5 所示。基于随机游走过程的一次差分 Δy_t 是一个平稳的随机时序变量，因为 μ_t 是平稳白噪声过程。对于非季节经济时间序列，p、d、q 的值很少有大于 2 的情景。这些参数的常见取值是 0、1 和 2。

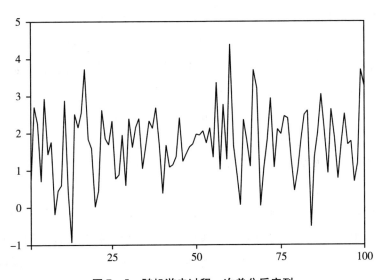

图 7-5　随机游走过程一次差分后序列

7.4.2　模型拟合的统计推断方法

如果同一个时间序列可以适应 AR、MA、ARMA 等多种模型，此时哪种模型更优是分析时需要解决的一个问题。在统计推断方法上，我们可以借助 AIC 和 BIC 信息准则来甄别不同模型的拟合性。

当某一模型使 AIC 数值达到最小值时，我们认为该模型是最优的拟合模型。

因为中心化 ARMA(p，q)模型的未知参数个数为 p + q + 1，非中心化 ARMA(p，q)模型的未知参数个数为 p + q + 2。因此，中心化 ARMA(p，q)模型的 AIC 函数为：

$$AIC = n\ln(\hat{\sigma}_\varepsilon^2) + 2(p + q + 1) \tag{7.37}$$

非中心化 ARMA(p, q) 模型的 AIC 函数为：

$$AIC = n\ln(\hat{\sigma}_\varepsilon^2) + 2(p + q + 2) \tag{7.38}$$

7.4.3 ARIMA 模型建立过程

建立时间序列模型通常包括三个步骤：模型的识别、模型参数的估计、模型的诊断与检验。

模型的识别就是通过对相关图与偏相关图的分析，初步确定适合给定时间序列的 ARIMA 模型形式，即确定 d，p，q 的值。模型参数的估计就是待初步确定模型形式后对模型参数进行估计，可以逐个从低阶模型尝试，p + q 越小越好，找到 AIC 最小的选择，用精确最大似然或者条件最大似然方法估计参数。对残差进行白噪声检验以验证模型是否充分。

R 语言的 forecast 包提供了一个 auto. arima( ) 函数，可以自动进行模型选择。TSA 包提供了一个 armasubsets( ) 函数用于模型选择。

诊断与检验就是以样本为基础检验所拟合的模型，以求发现某些不妥之处。如果估计的模型中的某些参数估计值不能通过显著性检验，自回归特征方程的根不都在单位圆之外或者残差序列不能近似为一个白噪声序列，应返回第一步再次对模型进行识别。如果上述两个问题都不存在，就可以接受所建立的模型。

对于非平稳时间序列，在建立模型之前，应先通过差分把非平稳时间序列变换为平稳时间序列。通常情况下，我们在实际变换中需要对经济时间序列进行一次或二次差分。具体做法是对非平稳时间序列进行差分的同时，分析差分序列的相关图以判断差分序列的平稳性，或者用单位根检验方法检验序列的平稳性，直至得到一个平稳序列，但在实际中也要防止过度差分。对于一个序列，差分后若数据的极差变大，说明差分过度。

7.5 案例分析

现用平安银行股份有限公司（以下简称平安银行）的股票开盘价格作为本章的案例，对其股票开盘价格时间序列进行案例分析，对建立一个时间序列模型所需的步骤进行演示。在平安银行股票开盘价格时间序列模型建立之前,我们先对平安银行股票开盘价格序列进行自相关和偏自相关图分析,以判别其平稳性。将数据导入软件后,建立其自相关图和偏自相关图,如图7-6所示。从平安银行股票开盘价格时间序列的自相关和偏自相关图可以看出,该序列的自相关图衰减非常缓慢,据此,我们可以认定平安银行开盘价格时间序列是非平稳序列。

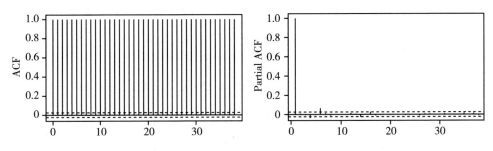

图7-6 平安银行股票开盘价自相关和偏自相关函数图

为了使平安银行股票开盘价格时间序列变得平稳,先对平安银行股票开盘价格时间序列进行一阶差分处理,然后再根据其自相关图和偏自相关图进行判断一阶差分处理后的时间序列是否是平稳的,处理后的自相关和偏自相关函数图如图7-7所示。从图7-7中可以看出,经过一阶差分处理后的时间序列满足了平稳性的要求。

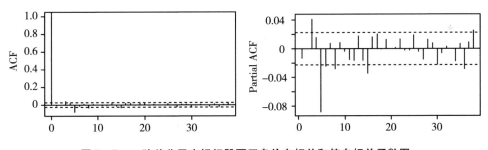

图7-7 一阶差分平安银行股票开盘价自相关和偏自相关函数图

根据处理后的平安银行股票开盘价格时间序列自相关图和偏自相关图的图形特征,可以选择最优的 ARIMA 模型的阶数进行尝试,比如,在本案例中,可以尝试建立 ARIMA(1,1,1) 模型、ARIMA(2,1,1)模型、ARIMA(3,1,1)模型、ARIMA(4,1,1) 模型、ARIMA(5,1,1)模型等,然后根据 AIC 准则判别,选择 AIC 值最小的模型,在其中选择相对最优的自回归模型。当然,在 R 软件建立 ARIMA 模型的实际软件操作中,也可以使用 R 软件对模型 ARIMA(p,d,q)的参数进行自动化判定,以选择最优的阶数。通过模型筛选,最终我们选择了最优的 ARIMA(5, 1, 1)模型, 回归模型结果如图 7-8 所示。

```
Series: data1
ARIMA(5,1,1)

Coefficients:
         ar1      ar2      ar3      ar4      ar5      ma1
      0.2316   0.0080   0.0431   0.0044  -0.0921  -0.2467
s.e.  0.1222   0.0118   0.0117   0.0128   0.0114   0.1227

sigma^2 = 0.03068:  log likelihood = 2474.59
AIC=-4935.17   AICc=-4935.16   BIC=-4886.58
```

图 7-8 平安银行股票开盘价 ARIMA (5, 1, 1) 模型回归结果

根据模型的回归结果, 建立如下模型:

$$D(open_t) = 0.2316D(open_{t-1}) + 0.0080D(open_{t-2}) + 0.0431D(open_{t-3})$$
$$+ 0.0044D(open_{t-4}) - 0.0921D(open_{t-5}) + v_t - 0.2467v_{t-1}$$

最终建立的平安银行开盘价格时间序列模型如上式所示, 在此回归模型中, 右侧的三个参数均通过了 t 值显著性检验。此外, 对其残差项进行了白噪声检验, 结果发现, 该时间序列的残差项是白噪声序列, 说明原序列中所有有价值的信息已经被模型所提取。总之, 为平安银行股票开盘价格建立的时间序列模型通过了参数性检验和残差白噪声检验, 这也表明所建立的模型是合理的。在此基础上, 可以使用 ARIMA(2, 1, 1)模型对平安银行开盘价格的时间序列进行建模和短期内的合理预测。

本章小结

时间序列 ARIMA 模型一般分为四种类型, 即自回归模型、移动平均模型、自回归移动平均模型和积分自回归移动平均模型。本章分别对其进行介绍。我们推导了这些模型的基本统计特性, 特别对重要特例 (自回归和移动平均模型) 的统计特性进行推导。此外, 还讨论了这些特例的平稳性和可逆性问题, 分析了 ARMA 和 ARIMA 模型的特性, 读者应该熟练掌握这些模型的自相关特性和模型的各种表达式。同时, 单积自回归移动平均 ARIMA 模型只需要根据内生变量而不需要借助其他外生变量就可以进行模型的建立和预测, 依靠自身的规律就可以对未来进行预测。ARIMA 模型有两个特点: 第一, 这种建模方法不考虑其他解释变量的作用, 不以经济理论为依据, 而是依据变量本身的变化规律, 利用外推机制描述时间序列的变化; 第二, 明确考虑时间序列的非平稳性。当时间序列非平稳时，应先通过差分变换使序列平稳后再建立 ARMA 模型。对于给定的时间序列，ARIMA 模型形式的选择通常并不是唯一的。在实际建立模型过程中，经验越丰富，模型形式的选择就越准确、合理。学习时间序列 ARIMA 模型有如下作用：第一，研究时间序列本身的变化规律，如序列属于何种结构、模型参数是多少、含有何种成分等；第二，在用时间序列构成的回归模型预测过程中可以先用 ARIMA 模型预测解释变量的值；第三，在金融领域研究中，时间序列 ARIMA 模型分析是基础，掌握 ARIMA 模型分析方法对于学好金融领域相关知识具有关键作用。

课后习题

1. 对于 AR（2）模型 $y_t = 0.7y_{t-1} - 0.1y_{t-2} + \mu_t$，试判别其平稳性。

2. 已知 ARMA(1，1)模型 $y_t = c + \alpha_1 y_{t-1} + \mu_t - \theta_1 \mu_{t-1}$，要求：

（1）证明原模型可以写成 MA 形式。

（2）证明原模型可以写成 AR 形式。

（3）如果 $\alpha_1 = \theta_1$，（1）和（2）的结论会如何变化？

3. 登录国家统计局网站，下载最新的 GDP 月度指数，根据其自相关和偏自相关特征：

（1）判断该时间序列适合使用什么模型？

（2）根据你的判断，设计出你的模型。

4. 假设 $y_t = a + bt + x_t$，其中，x_t 是随机游走序列，a 和 b 为常数，试判断：

（1）y_t 是否平稳。

（2）$\{y_t\}$ 是平稳。

5. 从 Wind 金融数据库下载一个上市企业的季度股票价格时间序列：

（1）画出这个数据的时间序列图并进行阐释。

（2）对这个上市企业的季度股票价格序列求自然对数，并画出变换后的数据时间序列图，描述对数变换对这个序列走势的影响。

（3）对你选择的企业股票价格序列建立适合的时间序列模型。

拓展阅读

[1] 祝梓翔，邓翔 . 季度数据比较和混合动力模型测试 [J]. 管理世界，2017（9）：27-41.

［2］张卫平，李天栋．中国的货币在长期是中性的吗？——基于Fisher-Seater定义的研究［J］．经济研究，2012，47（4）：89－100.

［3］孔祥智，钟真，毛学峰．全球经济危机对中国农产品贸易的影响研究［J］．管理世界，2009（11）：84－97.

［4］魏巍贤，林伯强．国内外石油价格波动性及其互动关系［J］．经济研究，2007（12）：130－141.

［5］刘金全，郑挺国，隋建利．我国通货膨胀率均值过程和波动过程中的双长记忆性度量与统计检验［J］．管理世界，2007（7）：14－21.

［6］杭斌，申春兰．经济转型中消费与收入的长期均衡关系和短期动态关系——中国城镇居民消费行为的实证分析［J］．管理世界，2004（5）：25－32.

［7］孙立坚，江彦．关于"通缩出口"论的检验：中、日、美三国比较［J］．管理世界，2003（10）：6－19＋155.

［8］黄后川，陈浪南．中国股票市场波动率的高频估计与特性分析［J］．经济研究，2003（2）：75－82＋94.

［9］夏春．实际经济时间序列的计算、季节调整及相关经济含义［J］．经济研究，2002（3）：36－43＋94.

［10］王博，郭廓，马君潞．高储蓄率、货币供给规则与宏观经济的稳定性［J］．经济研究，2013，48（5）：4－16＋60.

［11］周申．贸易与收入的关系：对中国的案例研究［J］．世界经济，2001（4）：13－19.

［12］陈飞，范庆泉，高铁梅．农业政策、粮食产量与粮食生产调整能力［J］．经济研究，2010，45（11）：101－114＋140.

［13］童中文，解晓洋，邓熳利．中国银行业系统性风险的"社会性消化"机制研究［J］．经济研究，2018，53（2）：124－139.

第 8 章 ARCH/GARCH 模型

20 世纪 90 年代后期，金融危机发生的频率逐渐上升，人们开始愈加关注金融市场风险的度量和预测。投资者们希望在市场平稳的时候能够捕捉到潜在损失。因此，投资组合配置的重心也开始从均值 – 方差模型中的均值转向方差。传统金融时间序列分析模型（如 ARIMA 模型）假定时间序列的方差是固定的，在分析和预测金融时间系列的波动时，直接使用样本数据的历史标准差来预测未来的波动性。这种做法并不适合实际金融时间序列，对实际金融数据系列的分析表明，资产价格或收益率波动并不是固定的，是随时间变化的，因此，传统金融时间分析难以有效预测金融数据波动。自 ARCH 模型提出以来，经过几十年的发展，衍生了一系列处理金融时间序列方差的模型，甚至金融时间波动率指数已经成为一种金融产品，如芝加哥期权交易所中的 VIX 波动率指数。现有的处理波动率的模型有随机漫步模型（RW）、历史均值模型（HA）、移动平均模型（MA）、指数平滑模型（ES）以及 ARCH/GARCH 模型。在所有的模型中，ARCH/GARCH 模型是使用最广泛，也是发展最为丰富的模型。本章将主要介绍这一模型。

本章的目的是让读者了解如何通过 ARCH/GARCH 模型处理金融时间序列中的异方差问题，掌握 ARCH/GARCH 模型的构建逻辑、构建过程以及估计方法，并且能够将其运用在金融实践中。鉴于此，本章设计了以下三节内容：第 8.1 节重点介绍 ARCH 模型，包括 ARCH 模型中涉及的一些重要概念、为什么要使用 ARCH 模型以及 ARCH 模型如何构建等内容；第 8.2 节重点介绍 GARCH 模型，主要包括单变量和多变量 GARCH 模型，并延伸介绍了基于 GARCH 模型的扩展模型；第 8.3 节是案例分析，通过分步建模的方式来构建一个 ARCH/GARCH 模型，以期读者能真正掌握 ARCH/GARCH 模型的构建过程。

8.1 ARCH 模型

8.1.1 资产波动率

资产波动率是金融市场中衡量资产风险最常用的指标。尽管资产波动率在金融市场和金融研究中至关重要，但在实际中却难以直接观察到。现实中可直接观测的指标往往是资产价格或其衍生品价格，因此，需要从价格来观察波动率。一般而言，波动率可以通过资产收益率来观察，而资产收益率的计算有以下几种方法。

一是简单资产收益率。简单资产收益率的计算公式为 $R_t = (P_t - P_{t-1})/P_{t-1}$，即简单资产收益率等于资产价格的当期变动率。更进一步，可以用简单资产收益率的几何平均值表示 k 期的平均简单资产收益率 $R_t(k)$，具体计算公式如下：

$$R_t(k) = \left(\prod_{j=0}^{k-1} (1 + R_{t-j}) \right)^{1/k} - 1 \tag{8.1}$$

需要指出的是，几何平均值和算术平均值并不相等，k 期的算术平均简单资产收益率应为 $k^{-1} \sum_{j=0}^{k-1} R_{t-j}$。

二是对数资产收益率。对数资产收益率的定义为两期价格之比的自然对数，即：$r_t = \log\left(\dfrac{P_t}{P_{t-1}}\right) = \log(1 + R_t)$。一般而言，在连续复利的条件下，使用对数资产收益率是较为合适的。对于 k 期的平均资产收益率，可以用下式计算：

$$r_t(k) = \log[1 + R_t(k)] = \frac{1}{k}\log\prod_{j=0}^{k-1}(1 + R_{t-j}) = \frac{1}{k}\log\sum_{j=0}^{k-1}(1 + R_{t-j}) = \frac{1}{k}\sum_{j=0}^{k-1}r_{t-j} \tag{8.2}$$

根据泰勒公式，在价格变化很小的情况下，对数资产收益率和简单资产收益率是没有明显差异的。一般认为，在收益率低于 10% 的情况下，使用对数资产收益率和简单资产收益率没有明显差异。本章如果未做其他说明，使用的资产收益率数据均为对数资产收益率。

资产收益率的变化反映了资产波动率。如图 8-1 所示，1991 年 4 月 3 日～2022 年 7 月 25 日平安银行（000001，SZ）的日度资产收益率反映了该指数的资产波动率。仔细观察图 8-1 可以发现，资产波动存在几个重要的特征：第一，资产的波动性具有时变特征；第二，资产的波动存在集聚现象；第三，波动率有一定的带宽限制；第四，波动率具有杠杆效应。波动的时变特征是说资产收益率的波动存在高频高幅震荡时期，也存在相对平稳的低频低幅震荡期。资产的波动集聚性是指资产收益率的波动具有一定的延续特征，即如果当期波动较为剧烈的话，那么未来一段时期的波动也倾向于较为剧烈的波动。波动率有一定的带宽限制是说资产收益率的波动范围是有界的，不会发散到无穷。波动率的杠杆效应是说波动率对收益率大幅上升或下降的反应不是不同的，由图 8 - 1 可以看出，波动率对收益率的大幅下降反应更为剧烈。

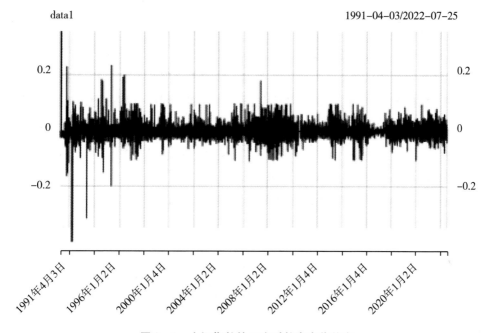

图 8 - 1　上证指数的日度对数资产收益率

　　尽管图形可以展示出资产收益率的波动状况，但这对金融研究和投资分析来说远远不够。在金融研究和投资决策中，人们需要对波动进行测算和预测，方差是用于测算和预测时间序列波动最常用的指标。方差的准确计算对量化投资组合和金融风险控制具有重要意义。首先，方差能够度量资产风险这一特征，可以使投资者根据方差变化做出投资决策，如果投资标的的方差越大，那么意味着持有该项资产的预期收益或损失就越大，风险厌恶者更倾向于持有波动较小的资产或者在市场波动较小的时期入场。其次，某些金融衍生品的价值本身就取决于资产的方差（如芝加哥期权交易所的 VIX 指数）。期权交易者往往想得到关于资产波动率的最精准的预测，以决定其买卖时机。再次，对方差的预测还能提高预测区间。在 AR 模型中，通常用预测值加减一定倍数（倍数值与置信系数有关）的回归标准误来构造预测区间，这种方法假定误差的方差是固定的。但如果预测误差的方差随时间变化，那么预测区间的宽度也应当随时间变化。此外，方差的准确计算对于量化投资组合或交易头寸的风险、构建风险控制策略、计算期权定价模型关键参数都至关重要。

8.1.2 ARCH 模型的构造

上一章介绍的 ARIMA 模型侧重于对金融时间序列的均值进行估计和预测，难以对方差进行处理，因此，需要使用新的模型——ARCH 模型来解决这个问题。在正式介绍 ARCH 模型之前，我们需要对金融时间序列分析中为什么要引入 ARCH 进行说明。仍以平安银行的股票收益率数据为例，从图 8 - 1 可知，收益率序列是平稳且随机的。我们进一步画出了收益率序列和收益率系列绝对值的自相关图，如图 8 - 2 所示。图 8 - 2 中左图是收益率序列的自相关图，从图中可以看出除了极个别时期收益率序列有相关性以外，整个收益率序列并没有明显的序列前后相关性。图 8 - 2 右图是收益率序列绝对值的自相关图，图中显示出收益率序列的绝对值有显著的前后相关性。这表明，收益率序列是前后不相关的，但不是独立的。ARIMA 模型显然不能很好地处理这一问题，因此，需要引入 ARCH 模型。

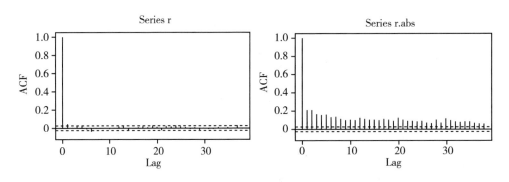

图 8 - 2　收益率和收益率绝对值的自相关图

ARCH 模型实际上是自回归条件异方差模型（autoregressive conditional heteroscedasticity model）的简称。ARCH 模型最早由 2003 年诺贝尔经济学奖获得者罗伯特·恩格尔（Robert Engle）于 1982 年提出。从该模型的命名来看，该模型首先是一个自回归（AR）模型，该模型要处理残差项方差为异方差的情形，同时该模型的命名还暗含着尽管残差项方差为异方差，但其条件方差是同方差的假定。为了保持写作的一致性和易于理解，我们仍用资产收益率来刻画和介绍

ARCH 模型（当然，该模型适用于所有金融变量）。一个完整的 ARCH 模型由两部分构成，第一部分是一个均值方程，第二部分为波动率方程。

在均值方程中，通常假定资产收益率服从一个 ARMA（p，q）模型，因此，资产收益率可以表示为式（8.3）。有时候，如果可以获得别的解释变量，那么均值方程还可以丰富为一个自回归本部滞后模型。

$$r_t = \mu_t + a_t = \delta_0 + \sum_{i=1}^{p} \delta_i r_{t-i} - \sum_{j=1}^{q} \theta_j a_{t-j} \tag{8.3}$$

均值方程在上一章已经得到了充分的讨论，也不是本章关注的焦点，因此，本章将讨论重点放在波动率方程上。为了讨论的方便，将 $a_t = r_t - \mu_t$ 记为均值方程的残差，并把其称为资产收益率在 t 时刻的"扰动"或"新息"。假定 t 时刻某资产收益率扰动为 a_t，那么资产收益率的波动行为可以用以下方程刻画：

$$a_t = \sigma_t \varepsilon_t \tag{8.4}$$

$$\sigma_t^2 = \alpha_0 + \alpha_1 a_{t-1}^2 + \cdots + \alpha_m a_{t-m}^2 \tag{8.5}$$

式（8.4）和式（8.5）共同刻画了一个 ARCH(m) 模型中的波动率方程。上两式中，σ_t 表示资产收益率数据的标准差，ε_t 是服从均值为 0，方差为 1 的独立正态分布序列。σ_t^2 表示资产收益率数据的方差，α_0，α_1，$\cdots$，α_m 为待估参数。式（8.5）表明任何时点资产收益率序列的方差都是固定常数加上滞后期扰动平方项的加权平均，该式也表达了 a_t 系列的不独立性。为保证 σ_t^2 非负且无条件方差有限以及模型的平稳性，需要对参数 α_0、α_1，$\cdots$，α_m 做一些限定，稍后本书将以 ARCH（1）模型为例进行具体讨论。

从式（8.5）来看，如果资产收益率某个扰动滞后期的平方项较大，即 $\{a_{t-i}^2\}_{i=1}^{m}$ 较大，那么就会导致较大的 σ_t^2，从而 a_t 倾向于取得绝对值较大的值。所谓的倾向指的是概率大，因为根据式（8.4），a_t 的具体值还与 ε_t 有关，大的 σ_t 不代表大的 a_t，这意味着在 ARCH 模型框架中，大的"扰动"后面会是一个更大的"扰动"，与我们在资产收益率中观察到的波动性集聚现象相符合。

8.1.3　ARCH 模型的性质

为更为清晰地理解 ARCH 模型的含义，我们来看一个一般的 ARCH（1）模型。ARCH 模型的特征充分体现在波动率方程中，因此，我们仍讨论波动率方程。式（8.6）和式（8.7）描述了 ARCH（1）模型的波动率方程：

$$a_t = \sigma_t \varepsilon_t \tag{8.6}$$

$$\sigma_t^2 = \alpha_0 + \alpha_1 a_{t-1}^2 \tag{8.7}$$

其中，$\alpha_0 > 0$，$\alpha_1 \geqslant 0$。根据上两式，可以得到 a_t 的无条件均值仍为 0，其推导过程如下：

$$E(a_t) = E[E(a_t \mid F_{t-1})] = E[\sigma_t E(\varepsilon_t)] = 0 \tag{8.8}$$

同时，a_t 的无条件方差可以表示为：

$$Var(a_t) = E(a_t^2) = E[E(a_t^2 \mid F_{t-1})] = E[\alpha_0 + \alpha_1 a_{t-1}^2] = \alpha_0 + \alpha_1 E(a_{t-1}^2) \tag{8.9}$$

由于 a_t 是平稳过程，且 $E(a_t) = 0$，因此 $Var(a_t) = Var(a_{t-1}) = E(a_{t-1}^2)$。进一步，就可以得到 $Var(a_t) = \alpha_0 + \alpha_1 Var(a_t)$，解得 $Var(a_t) = \dfrac{\alpha_0}{1 - \alpha_1}$。因为方差必须为正，即要满足 $Var(a_t) > 0$，所以要求 $0 \leqslant \alpha_1 < 1$。基于 ARCH（1）模型的推导，可以推广到 ARCH(m) 模型中的相关参数要求：

a. 参数 α_0，α_1，$\cdots$，α_m 都是非负参数；

b. $\alpha_1 + \cdots + \alpha_m < 1$。

8.1.4 ARCH 模型的特点

如前所述，ARCH 模型在分析金融数据上有独特之处，主要的优缺点可以归纳如下。

优点：该模型可以处理金融时间序列数据中的波动性集聚现象；该模型的扰动 "a_t" 具有厚尾特征。

缺点：由于该模型假定波动率的变化与过去 "扰动" 的平方项有关，这意味着正向 "扰动" 和 "负向" 扰动对金融时间序列数据的影响是对称的，这与之前观测到的数据特征有差异。本章前面已经指出波动率存在杠杆效应，即波动率对收益率大幅上升或下降的反应不是不同的；ARCH 模型对参数有较强的限制，这一缺点在高阶 ARCH 模型中较为明显（如序列有有限的四阶矩，那么就要求 ARCH（1）模型中 α_1^2 的取值区间为 $[0, 1/3]$），在高阶的 ARCH 模型中，对参数的限制就更为复杂，从而大大限制了 ARCH 模型刻画超额峰度的能力；ARCH 模型在解释时间序列变化的原因方面并没有提供新的观点，ARCH 只是机械地描述条件方差这种特有的金融时间序列现象，但该模型丝毫不能解释到底是什么原因导致了这种现象的发生；ARCH 模型常常会高估波动率的预测值，这是因为该模型对大的孤立"扰动"反应缓慢。

8.1.5　ARCH 模型的建立

如果发现金融时间序列存在显著的 ARCH 效应，那么如何建立一个 ARCH 模型呢？建立 ARCH 模型的首要问题是确定 ARCH 模型的阶数，即 ARCH（m）中 m 应该是多少。实际上，可以利用 a_t^2 的偏自相关函数（PACF）来确定 ARCH 模型的阶数。利用 a_t^2 的偏自相关函数来确定 ARCH 模型的阶数原因在于根据式（8.6）的刻画，如果样本给定，则 a_t^2 是 σ_t^2 无偏估计。所以，我们就希望可以用 a_t^2 为被解释变量做 m 阶自回归，从而确定 m 的取值。需要指出的是，单独的任何一个 a_t^2 都不是 σ_t^2 的有效和最佳估计，但是它却是估计值的近似，并能提供有效信息，有助于 m 值的确定。为了实现自回归方式确定 m 值的目标，一个可行的做法是定义 $\tau_t = r_t^2 - \sigma_t^2$，在数学上可以证明序列 $\{\tau_t\}$ 是满足均值为零且不相关，那么 ARCH 模型中的其中一个方程就变成一个 AR 模型：

$$r_t^2 = \alpha_0 + \alpha_1 r_{t-1}^2 + \cdots + \alpha_m r_{t-m}^2 + \tau_t \tag{8.10}$$

需要注意的是，尽管式（8.10）是一个 AR(m) 的形式，但 $\{\tau_t\}$ 并不满足同分布这一条件。根据 AR(m) 模型，利用 a_t^2 的偏自相关函数来确定 m 值是十分有用的工具，但不一定是最有效的，特别是在样本容量较小的情况下。

建立 ARCH 模型要解决的第二个问题是 ARCH 模型的估计问题。由于异方差的存在，OLS 估计不再是最佳线性无偏估计，极大似然估计是更优的估计方法。在 ARCH 模型中，根据 ε_t 分布的不同假定，所用的自然函数也不一样。在正态分布的假定下，ARCH 模型的似然函数可以写为：

$$f(a_1, \cdots, a_T \mid \alpha) = f(a_T \mid F_{T-1}) f(a_{T-1} \mid F_{T-2}) \cdots f(a_{m+1} \mid F_m) f(a_1, \cdots, a_m \mid \alpha)$$

$$= \prod_{t=m+1}^{T} \frac{1}{\sqrt{2\pi\sigma_t^2}} \exp\left(-\frac{r_t^2}{2\sigma_t^2}\right) \times f(a_1, \cdots, a_m \mid \alpha) \tag{8.11}$$

其中，$\alpha = (\alpha_0, \alpha_1, \cdots, \alpha_m)'$，$f(a_1, \cdots, a_m \mid \alpha)$ 是 $a_1, \cdots, a_m$ 的联合概率密度函数。由于在形式上精确描述 $f(a_1, \cdots, a_m \mid \alpha)$ 较为复杂，通常的做法是将其在似然函数中略去，然后求出条件似然函数，这在样本较大时颇为有用。这种做法的合理性在于如果 ARCH 模型设定正确，则所有的条件概率都是相互独立的，似然函数就是所有条件概率的乘积。根据式（8.11），条件似然函数可以写为：

$$f(a_{m+1}, \cdots, a_T \mid \alpha, a_1, \cdots, a_m) = \prod_{t=m+1}^{T} \frac{1}{\sqrt{2\pi\sigma_t^2}} \exp\left(-\frac{r_t^2}{2\sigma_t^2}\right) \qquad (8.12)$$

其中，σ_t^2 可以递推计算。由式（8.12）的似然函数得到的估计称为在正态假设条件下的最大似然估计（MLE）。对式（8.12）的估计可以有更为简便的方法，就是对其取对数，然后求条件对数似然函数的最大值，最大化值由数值方法确定。条件对数似然函数如下：

$$l(a_{m+1}, \cdots, a_T \mid \alpha, a_1, \cdots, a_m) = \sum_{t=m+1}^{T} \left[-\frac{1}{2}\ln(2\pi) - \frac{1}{2}\ln(\sigma_t^2) - \frac{1}{2}\frac{r_t^2}{\sigma_t^2} \right]$$

$$(8.13)$$

式（8.13）右边第一项 $-\frac{1}{2}\ln(2\pi)$ 不含任何参数，因此，该式又可以进一步化简为：

$$l(a_{m+1}, \cdots, a_T \mid \alpha, a_1, \cdots, a_m) = -\sum_{t=m+1}^{T} \left[\frac{1}{2}\ln(\sigma_t^2) + \frac{1}{2}\frac{r_t^2}{\sigma_t^2} \right] \qquad (8.14)$$

需要指出的是，为了便于理解，在利用式（8.5）介绍 ARCH 模型时，本教材直接假设 ε_t 是服从均值为 0，方差为 1 的独立正态分布序列。实际上，这只是其中一种情况，在现实中 ε_t 的分布还有可能是标准 t 分布、有偏 t 分布或者广义误差分布（GED）。在 ε_t 不同的分布条件下，估计 ARCH 模型参数的似然函数和对数似然函数均不相同。

建立 ARCH 模型要解决的第三个问题是对 ARCH 模型的检验问题。如果样本数据呈现出 ARCH 特征，并且按照一定步骤建立了一个 ARCH 模型，那么这个模型建立得是否合适，需要作一些必要的检验。一般而言，如果 ARCH 模型的建立是合理的，那么其标准化的残差 $\tilde{a}_t = a_t/\sigma_t$ 就为一个独立同分布的随机序列，因此，可以通过检验 $\{\tilde{a}_t\}$ 序列的相关特征来检验 ARCH 的准确性问题。$\tilde{a}_t$ 的 Ljimg - Box 统计量可用来检验均值方程的充分性，同时，$\tilde{a}_t^2$ 的 Ljimg - Box 统计量也可用来检验波动率方程的正确性。$\tilde{a}_t$ 的偏度、峰度、分位点对分位点图（即 Q - Q 图）可用来检验分布假定的有效性。

在理论上解决了以上问题之后，就形成了建立 ARCH(m) 模型的一般步骤：首先，通过检验数据的前后相关性建立一个均值方程，如有必要，对收益率序列建立一个计量经济模型（如 ARMA 模型）来消除任何的线性依赖；其次，对均值方程的残差进行 ARCH 效应检验；再次，如果 ARCH 效应在统计上是显著的，则指定一个波动率模型，并对均值方程和波动率方程进行联合估计；最后，仔细检验所拟合的模型，如有必要则进行改进。

8.2　GARCH 模型

8.2.1　单变量 GARCH 模型

ARCH 模型虽然简单，但是对高阶的 ARCH 模型来说，往往需要估计很多参数，而高阶的 ARCH 模型对充分描述资产收益率的波动又非常必要。为解决这个难题，GARCH 模型于 1986 年被提出。GARCH 模型和 ARCH 模型基本相似，区别就在于波动率方程。同样，令 $a_t = r_t - \mu_t$ 记为均值方程的残差，并把其称为资产收益率在 t 时刻的"扰动"或"新息"。如果 a_t 满足式（8.15）和式（8.16），那么就可以说 r_t 服从一个 GARCH（m，s）模型：

$$a_t = \sigma_t \varepsilon_t \tag{8.15}$$

$$\sigma_t^2 = \alpha_0 + \sum_{i=1}^{m} \alpha_i a_{t-i}^2 + \sum_{j=1}^{s} \beta_j \sigma_{t-j}^2 \tag{8.16}$$

式（8.15）中，$\{\varepsilon_t\}$ 仍是独立同分布的均值为 0、方差为 1 的随机变量。与前面一样，$\{\varepsilon_t\}$ 也可以服从其他分布。参数满足以下条件：$\alpha_0 > 0$，$\alpha_i \geqslant 0$，$\beta_j \geqslant 0$，$\sum_{i=1}^{\max(m,s)} (\alpha_i + \beta_j) < 1$。当 i > m 时，$\alpha_i = 0$；当 j > s 时，$\beta_j = 0$。这与 AR 模型类似，理解起来相对简单。$\sum_{i=1}^{\max(m,s)} (\alpha_i + \beta_j) < 1$ 是为了保证 a_t 的无条件方差有限，同时，a_t 条件方差 σ_t^2 还随时间变动。

进一步，令 $\gamma_t = a_t^2 - \sigma_t^2$，可得 $\sigma_t^2 = a_t^2 - \gamma_t$，延伸一步可得 $\sigma_{t-i}^2 = a_{t-i}^2 - \gamma_{t-i}$，结合式（8.16），可以将 GARCH 模型写为：

$$a_t^2 = \alpha_0 + \sum_{i=1}^{\max(m,s)} (\alpha_i + \beta_j) a_{t-i}^2 + \gamma_t - \sum_{j=1}^{s} \beta_j \gamma_{t-j} \tag{8.17}$$

容易证明 $E(\gamma_t) = 0$，且当 j ≥ 1 时，$Cov(\gamma_t, \gamma_{t-j}) = 0$，说明 $\{\gamma_t\}$ 是一个鞍差序列。但是，$\{\gamma_t\}$ 并不是独立同分布的。对比 ARMA 模型，可以发现式（8.16）实际上是一个针对 a_t^2 的 ARMA 模型。借鉴 ARMA 模型的思想，可以解得：

$$E(a_t^2) = \frac{\alpha_0}{1 - \sum\limits_{i=1}^{\max(m,s)} (\alpha_i + \beta_j)} \tag{8.18}$$

可以通过分析一个简单的 GARCH（1，1）模型，找出 GARCH 模型的特点。GARCH（1，1）模型中波动率方程如下：

$$\sigma_t^2 = \alpha_0 + \alpha_1 a_{t-1}^2 + \beta_1 \sigma_{t-1}^2 \tag{8.19}$$

其中，α_0，$\beta_1 \geq 0$，且 $\alpha_1 + \beta_1 < 1$。在式（8.17）中，其他条件不变的情况下，如果 a_{t-1}^2 较大，那么 a_t^2 也相对较大，同时较大的 a_{t-1}^2 或较大的 σ_{t-1}^2 都倾向于引起较大的 σ_t^2，意味着在上期扰动较大的情况下，下期扰动也可能较大，这就描述了金融时间序列数据中的波动性集聚现象。此外，我们还可以证明，如果相关参数满足 $1 - 2\alpha_1^2 - (\alpha_1 + \beta_1)^2 > 0$ 的条件，经过计算可以得出式（8.20）。式（8.20）意味着，GARCH（1，1）模型具有厚尾特征，这也与金融数据特征较为符合。

$$\frac{E(a_t^4)}{[E(a_t^2)]^2} = \frac{3[1 - (\alpha_1 + \beta_1)^2]}{1 - 2\alpha_1^2 - (\alpha_1 + \beta_1)^2} > 3 \tag{8.20}$$

尽管 GARCH 模型存在以上优点，但同样该模型也存在缺点。首先，该模型能够以简单的方式来刻画波动率的变化过程，但对参数的要求较高：为了保证该模型方差为非负这个必要条件，通常假设方差方程中的每个参数的系数为正数，而在现实情况下这样的条件很难满足，当 GARCH 模型中的参数增多时，模型的系数很容易出现负数的情况。其次，GARCH 模型对于不同方向的扰动反应相同。这与现实数据中的杠杆效应有一定背离。

8.2.2　多变量 GARCH 模型

截至目前，本教材涉及的 ARCH/GARCH 模型都适用于单变量时间序列情形，但在实践中该模型适用度往往不够，比如要分析和预测股票组合的波动率。那么单变量 GARCH 模型能否推广到多变量 GARCH 模型，即是否存在多元 GARCH 模型呢？答案是肯定的。

在单变量情形下，假定收益序列服从正态分布，ARCH/GARCH 模型中收益序列的特征是用均值和方差方程来刻画的，在多变量情形下，多元正态分布的特征可以由均值向量和协方差矩阵来刻画。股票收益时间序列的实证研究显示，条件协方差矩阵是时变的，不仅每个收益的方差是时变的，股票收益之间的相关系数也是时变的，这表明应该用 ARCH/GARCH 模型对协方差矩阵建模。

多元 GARCH 模型又称为 VEC – GARCH 模型，它的建模对象不是单个收益序列，而是多个收益之间的协方差矩阵，多元 GARCH 模型的难点在于协方差矩阵内的每一个元素都要与其他元素以及过去的收益进行回归，处理起来较为困难。以一个二元 GARCH 模型为例，假定两个变量过程如下：

$$a_{1t} = \sigma_{1t}\varepsilon_{1t} \tag{8.21}$$
$$a_{2t} = \sigma_{2t}\varepsilon_{2t} \tag{8.22}$$

该过程的形式类似于单变量 ARCH 模型，但是方差波动方程现在由不同方差 σ_{1t}、σ_{2t} 再加上协方差项 σ_{12t} 三个公式来表示。与单变量 ARCH 模型类似，假设方差和协方差都是与时间相关的自回归过程。在这种情况下，每项都取决于所有滞后的扰动平方项和所有滞后扰动的乘积。例如，对于一阶滞后的情形，可以写成如下形式：

$$\sigma_{1t}^2 = \alpha_0 + \alpha_{11}a_{1,t-1}^2 + \alpha_{12}a_{1,t-1}a_{2,t-1} + \alpha_{13}a_{2,t-1}^2 \tag{8.23}$$
$$\sigma_{12t}^2 = \beta_0 + \alpha_{21}a_{1,t-1}^2 + \alpha_{22}a_{1,t-1}a_{2,t-1} + \alpha_{23}a_{2,t-1}^2 \tag{8.24}$$
$$\sigma_{1t}^2 = \gamma_0 + \alpha_{31}a_{1,t-1}^2 + \alpha_{32}a_{1,t-1}a_{2,t-1} + \alpha_{33}a_{2,t-1}^2 \tag{8.25}$$

具有一阶滞后的最简单的二元 ARCH 模型意味着要估计 12 个参数。如果对于三元时间序列的一阶滞后模型，则需要估计 42 个参数，显然待估参数的数量限制了除二元模型以外的其他多元模型。在实践中，由于待估参数的数量太多，以至于在金融时间序列里面不能用足够多的样本来估计模型，这意味着 VEC 模型只能在两个时间序列中使用，因此，有必要进行一定的简化。目前学术界已经提出了几种简化方法，如对 GARCH 模型中每个序列的方差进行建模。通过这种方法，我们只需要估计一个恒定的相关系数矩阵加上 GARCH 模型中每个序列的参数即可。

8.2.3　GARCH 模型的扩展

8.2.3.1　IGARCH 模型

传统的 GARCH 模型中，波动性会向均值恢复，即长期来看，波动性会恢复到长期均值的位置，但是，对于某些金融时间序列，这种特征不复存在，这时就需要用到 IGARCH 模型来描述这种波动特征。IGARCH 模型的全称为求和广义自回归条件异方差模型（integrated generalized autoregressive conditional heteroscedeastic，IGARCH），IGARCH 模型主要处理式（8.17）中 AR 多项式有一个单位根的情形，因此，IGARCH 模型也称为单位根 GARCH 模型。类似于 ARIMA 模型，IGARCH 模型的主要特点是过去的平方扰动 $\gamma_{t-i} = a_{t-i}^2 - \sigma_{t-i}^2$ 对当期扰动 a_t^2 的影响是持久的。IGARCH（1，1）模型的波动率方程可以写为

$$a_t = \sigma_t \varepsilon_t \tag{8.26}$$

$$\sigma_t^2 = \alpha_0 + \alpha_1 a_{t-1}^2 + (1 - \alpha_1)\sigma_{t-1}^2 \tag{8.27}$$

其中，$0 < \alpha_1 < 1$。IGARCH（1，1）模型参数的估计值与 GARCH（1，1）模型差距不大，但这两个模型有一个重要区别。在 IGARCH（1，1）模型下，a_t 的无条件方差没有定义，因此，r_t 的无条件方差也是没有定义的，这一点对一个对数收益率序列难以验证。

8.2.3.2　GARCH-M 模型

金融学理论中，期望收益可能与风险有关，即风险越高的资产，其资产收益率也应该越高，人们是不会持有高风险低收益率资产的。通常，超过正常收益的部分称为风险溢价，但在标准的 ARCH/GARCH 模型中，忽略了这一现实特征。为了对资产收益率与波动率相关的这种现象建模，GARCH-M 模型被提出，其中"M"表示收益率的条件均值。简单的 GARCH-M（1 – 1）模型可以由以下三个方程刻画：

$$r_t = \mu + c\sigma_t^2 + a_t \tag{8.28}$$

$$a_t = \sigma_t \varepsilon_t \tag{8.29}$$

$$\sigma_t^2 = \alpha_0 + \alpha_1 a_{t-1}^2 + \beta_1 \sigma_{t-1}^2 \tag{8.30}$$

其中，μ 和 c 均是常数。c 是风险溢价参数，c 为正值意味着资产收益率与它过去的波动率正相关。GARCH-M 模型意味着收益率序列 r_t 存在前后相关性，这种前后相关性是由波动率过程 $\{\sigma_t^2\}$ 的前后相关性导致的，风险溢价的存在是历史股票收益率具有前后相关性的另一种原因。

8.2.3.3　EGARCH 模型

在传统的 GARCH 模型中，过去的扰动对当前的扰动的影响是对称的，具有对称作用，即正向扰动和负向扰动有相同的作用，然而，现实的市场杠杆效应普遍存在，"好消息"和"坏消息"对金融变量的影响是不同的，"坏消息"的影响往往更大。为了刻画这种金融数据的非对称性，指数 GARCH（exponential

GARCH，EGARCH）模型被提出。EGARCH（m，s）模型可以写为：

$$a_t = \sigma_t \varepsilon_t \tag{8.31}$$

$$\ln(\sigma_t^2) = \alpha_0 + \sum_{i=1}^{m} \alpha_i g(\varepsilon_{t-i}) + \sum_{j=1}^{s} \beta_j \sigma_{t-j}^2 \tag{8.32}$$

$$g(\varepsilon_t) = \theta \varepsilon_t + \delta[\,|\varepsilon_t| - E(|\varepsilon_t|)\,] \tag{8.33}$$

其中，α_0 是常数，B 是延迟（或滞后）算子，使得 $Bg(\varepsilon_t) = g(\varepsilon_{t-1})$，$g(\varepsilon_t)$ 满足 $E[g(\varepsilon_t)] = 0$，$1 + \beta_1 B + \cdots + \beta_{s-1} B^{s-1}$ 和 $1 - \alpha_1 B - \cdots - \alpha_m B^m$ 是多项式，它们的根都在单位圆外且没有公因子，即根的模大于 1。实际应用中，式（8.32）又被简化为：

$$\ln(\sigma_t^2) = \alpha_0 + \sum_{i=1}^{m} (\theta_i \left| \frac{\varepsilon_{t-i}}{\sigma_{t-i}} \right| + \delta_i \frac{\varepsilon_{t-i}}{\sigma_{t-i}}) + \sum_{j=1}^{s} \beta_j \sigma_{t-j}^2 \tag{8.34}$$

式（8.34）中，当 $\delta \neq 0$ 时，扰动对序列的影响是非对称的；当 $\delta < 0$ 时，序列波动受负外部冲击的影响较大；当 $\delta > 0$ 时，序列波动受正外部冲击影响较大，此时的 δ 就被称为杠杆效应参数。EGARCH 模型解决了 GARCH 模型的一些局限性，因为 EGARCH 模型的条件方差函数是 ε_t 的一次函数，可以比较好地判断波动源的持续特征；用自然对数形式表示条件方差 σ_t^2，不论 α_i 和 β_j 取任何值，条件方差都是非负的，不用对参数进行非负约束，这样可以减少数值的计算量。

8.2.3.4 多变量 GARCH 模型的扩展

为了便于理解，在前文我们以方程组的形式介绍了多变量 GARCH 模型，但实际上用矩阵形式表示多变量 GARCH 模型更为简洁。在介绍扩展的 GARCH 模型之前，我们首先简要了解多变量 GARCH 模型的矩阵表示形式。一个多变量 GARCH（MGARCH）模型可以表示为：

$$h_t = \gamma + \sum_{i=1}^{m} A_i \text{vech}(\varepsilon_{t-1} \varepsilon_{t-1}') + \sum_{j=1}^{s} B_j h_{t-j} \tag{8.35}$$

式（8.35）描述了一个 MGARCH(m，s)模型，γ 为估计参数，A_i 和 B_j 是需要估计的系数矩阵。$h_t \equiv \text{vech}(H_t)$，$H_t$ 为条件协方差矩阵。H_t 是一个对称矩阵，可直接将该矩阵中下三角元素提出，并按顺序叠放成一个列向量。这样叠放的列向量也被称为"半向量化算子"，并用 vech 表示。在 VEC-GARCH 模型中假定 A_i 和 B_j 是对角矩阵，这要求 H_t 在所有时间 t 都是正定的，这在现实中难以实现。同时，该模型没有考虑条件方差和协方差之间的相互作用，其模型不能研究多个变量之间的相互关系。因此，有学者们提出了一些不同的解决方法。

（1）BEKK-GARCH 模型。BEKK-GARCH 模型是一个优化的多维 GARCH 模型，该模型简化了所需要计算的参数，并且保证了 H_t 的正定性。在 BEKK-GARCH 模型中，为保证的 H_t 的正定性，将常数项分解为两个下三角矩阵的乘积，但是对协方差的稳定又提出了新的要求。在条件不满足时，BEKK-GARCH 模型经常出现不能识别的问题，而且 BEKK-GARCH 模型也面临待估参数过多的问题。

（2）CCC-GARCH 模型。CCC-GARCH 模型是一个新的多维 GARCH 模型，在该模型中，条件方差矩阵是时变的，但是条件相关矩阵是固定的，即条件相关关系是常数，因此，该模型也被称为不变条件协相关（constant conditional correlation，CCC）模型。该模型中，条件协方差矩阵被进一步分解为条件方差矩阵和条件相关矩阵，在此分解的基础上，分别对两个矩阵参数化，条件方差矩阵与单变量 GARCH 模型类似，条件相关矩阵是固定的，从而条件协方差矩阵可以表示为：

$$H_t = D_t P D_t \tag{8.36}$$

其中，$D_t = \mathrm{diag}\left(h_{1t}^{\frac{1}{2}}, \cdots, h_{Nt}^{\frac{1}{2}}\right)$，$P = \left[\rho_{ij}\right]$ 具有正定和对称双重特征，且满足 $\rho_{ii} = 1$。据此，可以知道 H_t 矩阵的非对角元素为 $h_{it}^{\frac{1}{2}} h_{jt}^{\frac{1}{2}} \rho_{ij}$。条件方差可以表示为：

$$h_t = \omega + \sum_{j=1}^{q} A_j \varepsilon_{t-j}^{(2)} + \sum_{j=1}^{p} B_j h_{t-j} \tag{8.37}$$

其中，ω 是一个列向量，A_j 和 B_j 均为对角矩阵，$\varepsilon_{t-j}^{(2)} = \varepsilon_t \odot \varepsilon_t$。如果相关矩阵正定，并且 ω、A_j 和 B_j 的对角元素均为正，条件协方差矩阵就是正定的。实际上，除非 $p = q = 1$，A_j 和 B_j 的对角元素不一定要求为正。CCC 模型中假定条件相关关系是常数的条件过于严苛，在现实中往往不满足，因此，又引发了许多改进模型。

（3）DCC-GARCH 模型。DCC-GARCH 模型是动态多元 GARCH 模型（Dynamic Conditional Correlation-MVGARCH，DCC-GARCH）。该模型同样把协方差矩阵分解为条件方差矩阵和条件相关矩阵两部分，然后分别进行参数的估计和处理。与 CCC-GARCH 模型相比，该方法不仅降低了待估参数的数量，同时还能描述不同时间序列之间的波动传递，在模型估计上也相对方便。因此，该模型以及该模型的延伸模型常常被用来分析不同市场和不同资产之间的波动溢出效应。

DCC-GARCH 模型可以表示为：

$$H_t = D_t R_t D_t \tag{8.38}$$

其中，$D_t = \text{diag}\ (h_{11t}^{\frac{1}{2}},\ \cdots,\ h_{NNt}^{\frac{1}{2}})$，$h_{iit}$ 为一元 GARCH 过程。R_t 是两个对角矩阵和一个正定矩阵相乘，即：

$$R_t = \text{diag}(q_{11t}^{\frac{1}{2}},\cdots,q_{NNt}^{\frac{1}{2}})Q_t\text{diag}(q_{11t}^{\frac{1}{2}},\cdots,q_{NNt}^{\frac{1}{2}}) \tag{8.39}$$

这里 $Q_t = （q_{ijt}）$ 满足正定对称的特征，具体形式为：

$$Q_t = (1 - \alpha - \beta)\bar{Q} + \alpha\mu_{t-1} + \beta Q_{t-1} \tag{8.40}$$

其中，$\mu_{it} = \varepsilon_{it}/\sqrt{h_{it}}$，$\alpha$ 和 β 不等于 0，且满足 $\alpha + \beta < 1$。$\bar{Q}$ 是 μ_t 的无条件方差矩阵。实际估计过程中，可以按两步法来实现。首先是对每个原始时间序列进行一元 GARCH 估计，得到条件方差；其次是利用第一步得到的数据估计结果方程中条件相关矩阵的参数。分步处理的好处在于当维数较高的时候，估计效率更高。

　　尽管 DCC-GARCH 模型与其他很多多维 GARCH 模型相比有许多优点，但缺点也很明显：在该模型中条件相关矩阵 R_t 的动态特征依赖于矩阵 Q_t，而从 Q_t 的动态方程中可以看出，Q_t 分量的动态特征都是相同的，这可能不符合实际情况。当然，这种缺陷也引发了一系列修正模型的出现，在此不再赘述。

8.3　案例分析

案例一：单变量 GARCH 模型的建立

　　继续使用平安银行（000001. SZ）的日度对数资产收益率数据来完整地构建一个 GARCH 模型。需要强调的是，只有在扰动项存在条件异方差时，才需要使用 ARCH 或 GARCH 模型。那么，如何判断扰动项是否存在条件异方差呢？初步的方法是可以画时间序列图，看看是否存在波动性集聚，但这种观察不够科学，需要更为严谨的检验方法。严格的统计检验包括以下三种方法。

　　方法一：首先，用 OLS 估计原方程 $y_t = x_t'\beta + \varepsilon_t$（或其他 ADL 模型），得到残差序列 $\{\varepsilon_t\}$。其次，用 OLS 估计辅助回归，$e_t^2 = \alpha_0 + \alpha_1 e_{t-1}^2 + \cdots + \alpha_p e_{t-p}^2 + error_t$，并检验原假设 $H_0: \alpha_1 = \alpha_2 = \cdots \alpha_p = 0$（不存在条件异方差）。可以进行通常的 F 检验，或使用 LM 检验。如果拒绝 H_0，则认为应使用 ARCH 或 GARCH 模型。

　　方法二：可以对残差平方序列 $\{e_t^2\}$ 进行 Q 检验，检验其序列相关性。如果

$\{e_t^2\}$ 存在自相关，则认为 ε_t 存在条件异方差。

方法三：最为直接的方法是在估计 ARCH 或 GARCH 模型之后，看条件异方差方程中的系数（即所有 α 与 β）是否显著。

本教材将使用方法一和方法二结合来逐步完成 GARCH 模型的构建。如图 8-3 所示，可以比较明显地看出波动性集聚。作为对照，先考虑一个自回归模型。为此，用信息准则来确定自回归模型的阶数。

```
z test of coefficients:

           Estimate Std. Error z value  Pr(>|z|)
ar1       0.03927008 0.01143232 3.4350 0.0005925 ***
ar2       0.00114324 0.01143730 0.1000 0.9203785
ar3       0.02467466 0.01143784 2.1573 0.0309835 *
ar4       0.01858753 0.01143183 1.6259 0.1039615
intercept 0.00044407 0.00033143 1.3399 0.1802857
---
Signif. codes:  0 '***' 0.001 '**' 0.01 '*' 0.05 '.' 0.1 ' ' 1
```

图 8-3 自回归结果

图 8-3 显示，不同的信息准则选择的最优滞后阶数并不相同。由于 AR（1）模型过于简略，我们选择 AR（3）模型。因此，使用 OLS 估计 AR（3）模型，回归结果如图 8-4 所示。

```
z test of coefficients:

           Estimate Std. Error z value  Pr(>|z|)
ar1       0.03974295 0.01143119 3.4767 0.0005076 ***
ar2       0.00115877 0.01144022 0.1013 0.9193207
ar3       0.02542586 0.01143209 2.2241 0.0261432 *
intercept 0.00044409 0.00032539 1.3648 0.1723182
---
Signif. codes:  0 '***' 0.001 '**' 0.01 '*' 0.05 '.' 0.1 ' ' 1
```

图 8-4 OLS 回归结果

图 8-4 显示，3 阶滞后项的系数依然显著不为 0。下面检查 OLS 回归的残差是否存在 ARCH 效应，我们先使用 LM 检验，结果如图 8-5 所示。

```
        ARCH LM-test; Null hypothesis: no ARCH effects

data:  e
Chi-squared = 55.481, df = 1, p-value = 9.436e-14


        ARCH LM-test; Null hypothesis: no ARCH effects

data:  e
Chi-squared = 83.84, df = 2, p-value < 2.2e-16


        ARCH LM-test; Null hypothesis: no ARCH effects

data:  e
Chi-squared = 108.14, df = 3, p-value < 2.2e-16
```

图 8-5 LM 检验结果

图 8 – 5 显示，LM 检验表明 ARCH（1）– ARCH（3）存在明显的 ARCH 效应。下面通过画图更直观地考察 OLS 的残差平方是否存在自相关。

残差平方的自相关图和偏自相关图与残差平方的 Q 检验分别如图 8 – 6 和图 8 – 7 所示。从图 8 – 6 和 8 – 7 均可以看出，残差序列 $\{e_t^2\}$ 存在自相关，因此扰动项存在条件异方差。该结论与 LM 的检验结果一致。

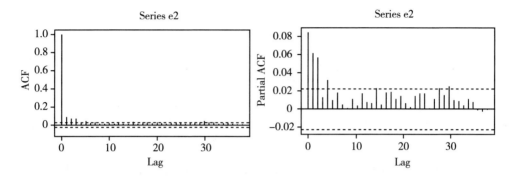

图 8 – 6   残差平方的自相关图和偏自相关图

```
data:  e2
X-squared = 55.488, df = 1, p-value = 9.404e-14


              Box-Pierce test

data:  e2
X-squared = 90.8, df = 2, p-value < 2.2e-16


              Box-Pierce test

data:  e2
X-squared = 124.86, df = 3, p-value < 2.2e-16


              Box-Pierce test

data:  e2
X-squared = 130.28, df = 4, p-value < 2.2e-16


              Box-Pierce test

data:  e2
X-squared = 143.73, df = 5, p-value < 2.2e-16


              Box-Pierce test

data:  e2
X-squared = 147.46, df = 6, p-value < 2.2e-16


              Box-Pierce test

data:  e2
X-squared = 153.32, df = 7, p-value < 2.2e-16


              Box-Pierce test

data:  e2
X-squared = 155.16, df = 8, p-value < 2.2e-16


              Box-Pierce test

data:  e2
X-squared = 155.88, df = 9, p-value < 2.2e-16


              Box-Pierce test

data:  e2
X-squared = 158.32, df = 10, p-value < 2.2e-16
```

图 8 – 7   残差平方的 Q 检验

在确定了存在 ARCH 效应以后，接下来要确定 ARCH 模型的阶数。为了确定该阶数，需要对 $\{e_t^2\}$ 序列进行自回归。

残差平方的自回归结果如图 8-8 所示，$\{e_t^2\}$ 序列滞后 3 期的回归结果仍显著为正，应该考虑 ARCH（3）模型。

```
> coeftest(arima(e2,order=c(4,0,0)))

z test of coefficients:

           Estimate  Std. Error z value  Pr(>|z|)
ar1       7.5760e-02 1.1433e-02  6.6266 3.436e-11 ***
ar2       5.5856e-02 1.1447e-02  4.8794 1.064e-06 ***
ar3       5.5698e-02 1.1447e-02  4.8658 1.140e-06 ***
ar4       1.3033e-02 1.1432e-02  1.1401    0.2542
intercept 7.0467e-04 4.7322e-05 14.8910 < 2.2e-16 ***
---
Signif. codes:  0 '***' 0.001 '**' 0.01 '*' 0.05 '.' 0.1 ' ' 1
```

图 8-8 残差平方的自回归结果

ARCH（3）模型回归结果如图 8-9 所示，所有的 ARCH 项很显著。进一步，我们考虑更为简洁的 GARCH（1，1）模型。

```
Call:
garch(x = r, order = c(0, 3))

Model:
GARCH(0,3)

Residuals:
      Min       1Q    Median       3Q      Max
 -18.6020  -0.4880    0.0000   0.4178  14.7598

Coefficient(s):
      Estimate  Std. Error  t value Pr(>|t|)
a0   4.282e-04   2.751e-06   155.66  <2e-16 ***
a1   2.054e-01   6.431e-03    31.93  <2e-16 ***
a2   1.507e-01   9.629e-03    15.65  <2e-16 ***
a3   7.738e-02   7.473e-03    10.35  <2e-16 ***
---
Signif. codes:  0 '***' 0.001 '**' 0.01 '*' 0.05 '.' 0.1 ' ' 1

Diagnostic Tests:
         Jarque Bera Test

data:  Residuals
X-squared = 302791, df = 2, p-value < 2.2e-16


          Box-Ljung test

data:  Squared.Residuals
X-squared = 0.17805, df = 1, p-value = 0.6731
```

图 8-9 ARCH（3）模型回归结果

GARCH（1，1）模型回归结果如图 8-10 所示，所有的 ARCH 项和 GARCH 项都很显著。最后，对 GARCH（1，1）模型的条件方差进行预测。

```
Title:
 GARCH Modelling

Call:
 garchFit(formula = +1 ~ garch(1, 1), data = r)

Mean and Variance Equation:
 data ~ garch(1, 1)
 <environment: 0x0000025012364170>
 [data = r]

Conditional Distribution:
 norm

Coefficient(s):
         mu       omega      alpha1       beta1
 2.0805e-04  5.6477e-05  1.0259e-01  8.2224e-01

Std. Errors:
 based on Hessian

Error Analysis:
          Estimate  Std. Error  t value Pr(>|t|)
 mu      2.080e-04   2.651e-04    0.785    0.433
 omega   5.648e-05   9.204e-06    6.136 8.47e-10 ***
 alpha1  1.026e-01   1.279e-02    8.024 1.11e-15 ***
 beta1   8.222e-01   2.350e-02   34.991  < 2e-16 ***
 ---
 Signif. codes:  0 '***' 0.001 '**' 0.01 '*' 0.05 '.' 0.1 ' ' 1

Log Likelihood:
 17430.12    normalized:  2.279341

Description:
 Sat Sep 17 18:22:14 2022 by user: dell


Standardised Residuals Tests:
                            Statistic p-value
 Jarque-Bera Test   R  Chi^2 639910.6  0
 Shapiro-Wilk Test  R  W     NA        NA
 Ljung-Box Test     R  Q(10) 24.46181  0.006464558
 Ljung-Box Test     R  Q(15) 27.12727  0.02771636
 Ljung-Box Test     R  Q(20) 31.08709  0.05405115
 Ljung-Box Test     R^2 Q(10) 0.6138442 0.9999824
 Ljung-Box Test     R^2 Q(15) 1.000291  0.9999997
 Ljung-Box Test     R^2 Q(20) 1.124343  1
 LM Arch Test       R  TR^2  0.8590172 0.999994

Information Criterion Statistics:
       AIC        BIC        SIC       HQIC
 -4.557636  -4.554005  -4.557636  -4.556390
```

图 8 – 10   GARCH（1，1）模型回归结果

条件方差的时间趋势如图 8 – 11 所示，日收益率的条件方差波动频繁，有时甚至急剧上升，特别是在 20 世纪 90 年代。如果使用 OLS 估计，则会错过这些信息，因为 OLS 假设方差为常数。

案例二：多维 GARCH 模型的应用

房地产市场和资本市场是投资者进行资产配置和金融投资的主要平台。由于财富效应、替代效应、信贷扩张效应、信息传递效应以及投资者行为等的影响，两个市场存在一定的相互影响。本案例我们将以中国股票市场和房地产市场为例，研究股票市场和房地产市场的波动溢出效应。具体而言，股票市场我们使用

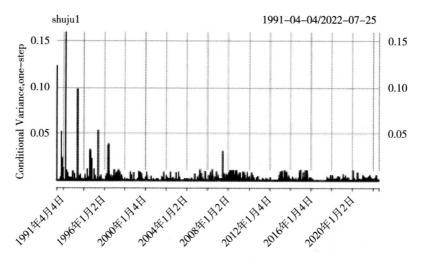

图 8 - 11　条件方差的时间趋势

月度上证综指和深圳综指指数来衡量，房地产市场状况使用国房景气指数来衡量，样本周期为 1998 年 1 月 ~ 2022 年 7 月。三个变量的时序变化情况如图 8 - 12 所示。

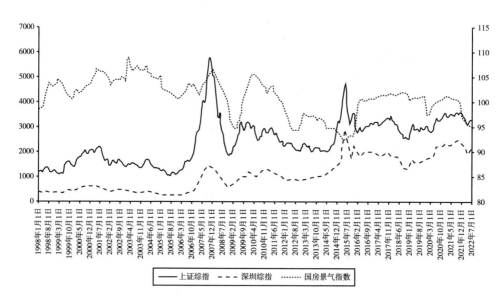

图 8 - 12　1998 年 1 月 ~ 2022 年 7 月三个指数的时序图

从时序图来看，两个市场（三个变量）之间的确存在一定的互动关系，并且这种互动关系是时变的，部分阶段是同升同降，部分阶段又是此升彼降。两个市场指数之间的相关关系并不是讨论的重点，我们想探讨的重点是这两个市场之间是否存在波动溢出效应，多维 GARCH 效应正好能用来分析这个问题。在展开时间序列分析之前，需要对时间序列进行单位根检验。本教材第 6 章已经介绍了单位根检验的基本原理和方法，我们将使用最有成效的 DF – GLS 方法对两个序列进行单位根检验。从图 8 – 12 可以看出，两个序列均是带有截距项且没有趋势项的序列，在单位根检验时，将遵循这种设定。

从单位根检验结果来看①（见图 8 – 13），上证综合指数、深圳综合指数和国房景气指数都不能拒绝存在单位根的原假设，即原序列是一个单位根过程。因此，需要对原序列进行一阶差分后，再次进行单位根检验。

```
###################################################
# Augmented Dickey-Fuller Test Unit Root Test #
###################################################

Test regression none

Call:
lm(formula = z.diff ~ z.lag.1 - 1 + z.diff.lag)

Residuals:
     Min      1Q  Median      3Q     Max
-3.4670 -0.2829  0.0004  0.2547  4.9671

Coefficients:
            Estimate Std. Error t value Pr(>|t|)
z.lag.1   -0.0001206  0.0003994   -0.302    0.763
z.diff.lag 0.3396013  0.0551017    6.163 2.37e-09 ***
---
Signif. codes:  0 '***' 0.001 '**' 0.01 '*' 0.05 '.' 0.1 ' ' 1

Residual standard error: 0.6925 on 291 degrees of freedom
Multiple R-squared:  0.1158,    Adjusted R-squared:  0.1097
F-statistic: 19.06 on 2 and 291 DF,  p-value: 1.665e-08


Value of test-statistic is: -0.302

Critical values for test statistics:
     1pct  5pct 10pct
tau1 -2.58 -1.95 -1.62
```

图 8 – 13　国房景气指数单位根检验结果

如图 8 – 14 所示，在经过差分以后，在各显著性水平上三个变量②都拒绝了存在单位根的原假设，因此可认为差分序列是一个平稳序列。单位根检验结果说明两个变量的一阶差分均为平稳过程，要考虑两个变量之间的长期关系，接下来需要对原序列进行协整检验。协整检验包括 EG 两步法和 Johanson 协整检验，由于 Johanson 协整检验在检验协整关系之外，还能给出协整方程个数，因此，使用 Johanson 协整检验。协整检验结果如图 8 – 15 所示。

①②　本教材只汇报了国房景气指数的检验结果，其他结果读者可自行检验。

```
################################################
# Augmented Dickey-Fuller Test Unit Root Test #
################################################

Test regression none


Call:
lm(formula = z.diff ~ z.lag.1 - 1 + z.diff.lag)

Residuals:
    Min     1Q  Median      3Q     Max
-3.4770 -0.2868 -0.0079  0.2408  4.9549

Coefficients:
            Estimate Std. Error t value Pr(>|t|)
z.lag.1     -0.64063    0.06744  -9.500   <2e-16 ***
z.diff.lag  -0.02941    0.05868  -0.501    0.617
---
Signif. codes:  0 '***' 0.001 '**' 0.01 '*' 0.05 '.' 0.1 ' ' 1

Residual standard error: 0.6935 on 290 degrees of freedom
Multiple R-squared:  0.3306,    Adjusted R-squared:  0.326
F-statistic:  71.6 on 2 and 290 DF,  p-value: < 2.2e-16


Value of test-statistic is: -9.4999

Critical values for test statistics:
     1pct  5pct 10pct
tau1 -2.58 -1.95 -1.62
```

图 8 – 14   一阶国房景气指数单位根检验结果

```
#######################
# Johansen-Procedure #
#######################

Test type: maximal eigenvalue statistic (lambda max) , with linear trend

Eigenvalues (lambda):
[1] 0.038903503 0.031980203 0.002160961

values of teststatistic and critical values of test:

          test 10pct  5pct  1pct
r <= 2 |  0.63  6.50  8.18 11.65
r <= 1 |  9.52 12.91 14.90 19.19
r = 0  | 11.63 18.90 21.07 25.75

Eigenvectors, normalised to first column:
(These are the cointegration relations)

            sh.12        sz.12        hs.12
sh.12   1.0000000    1.00000   1.000000
sz.12   0.3541881   -1.16998  -2.693349
hs.12 316.1168555 -120.96990  45.043389

Weights W:
(This is the loading matrix)

              sh.12          sz.12          hs.12
sh.d -2.261639e-02 -0.0090827852  2.478866e-03
sz.d -9.473852e-03  0.0071767704  2.541669e-03
hs.d -4.573316e-05  0.0001223129 -1.725355e-05
```

图 8 – 15   协整检验结果

图 8 – 15 中的协整检验结果表明，原序列之间不存在线性无关的协整向量。因此，我们只能对原序列的一阶差分建立 VAR 模型。结合第 7 章的和本章案例一的相关内容，我们可以定 VAR 模型的最优滞后期为滞后 4 期，因此，我们构建 VAR（4）模型。一阶差分的 VAR 回归结果如表 8 – 1 所示。

表 8 – 1   VAR（4）检验结果

变量	dhs	dsz	dsh
L. dhs	0.290 *** (4.918)	– 1.972 (– 0.245)	– 12.284 (– 0.842)
L2. dhs	– 0.004 (– 0.061)	– 4.906 (– 0.600)	1.313 (0.089)
L3. dhs	0.120 ** (2.002)	2.287 (0.280)	– 3.054 (– 0.207)
L4. dhs	0.005 (0.092)	1.492 (0.191)	– 2.868 (– 0.203)
L. dsz	– 0.001 ** (– 1.968)	0.081 (0.779)	– 0.350 * (– 1.860)
L2. dsz	0.001 (1.491)	– 0.181 * (– 1.724)	– 0.216 (– 1.136)
L3. dsz	0.001 (0.952)	– 0.290 *** (– 2.762)	– 0.430 ** (– 2.259)
L4. dsz	0.000 (0.370)	– 0.222 ** (– 2.104)	– 0.230 (– 1.203)
L. dsh	0.001 ** (2.106)	0.052 (0.903)	0.464 *** (4.431)
L2. dsh	– 0.000 (– 0.844)	0.110 * (1.782)	0.080 (0.721)
L3. dsh	0.000 (0.712)	0.004 (0.069)	0.105 (0.943)
L4. dsh	– 0.000 (– 0.414)	0.213 *** (3.654)	0.315 *** (2.977)
截距项	– 0.023 (– 0.589)	6.870 (1.286)	6.785 (0.702)
观测值	290	290	290

根据表 8 – 1，可以得到以下结论：在国房景气指数的一阶差分回归方程中，自身滞后 1 期和 3 期的系数分别在 1%、5% 的显著性水平下显著为正，但滞后 2 期和滞后 4 期的回归系数并不显著，深圳综指和上证综指滞后 1 期的回归系数均在 1% 的显著性水平下显著，但符号相反。在一阶深圳综指回归方程中，国房景气指数的滞后期的回归系数均不显著，说明国房景气指数的变动对深圳综指的变

动没有影响，而深圳综指自身变动的滞后 3 期和 4 期的回归系数都显著为负，上证综指一阶差分的滞后 1 期和滞后 3 的回归系数都显著为正，其他滞后期的回归系数并不显著。在一阶上证综指的回归方程中，一阶国房景气指数的各滞后期回归系数均不显著，表明国房景气指数的变动对上证综指的变动没有影响，一阶深圳综指的滞后 1 期和滞后 3 期的回归系数均显著为负，表明深圳综指的变动会影响上证综指的变动，一阶上证综指本身的滞后 1 期和滞后 3 期的回归系数都在 1% 的显著性水平下显著为正，表明该序列存在自相关。在建立多维 GARCH 模型之前，构建 VAR 模型是为了 VAR 模型的残差 – 协方差信息，从而测算各指标间的波动溢出效应。接下来，我们将使用多维 GARCH 模型检验是否存在波动溢出效应。

DCC – GARCH 模型的回归结果如图 8 – 16 所示。从图 8 – 16 中的回归结果来看，三个回归方程的 ARCH 项均显著为正，表明三个一阶差分序列存在明显的 ARCH 效应，即三个一阶差分序列存在波动集聚现象。图 8 – 16 中的 dcca1 和 dccb1 对应于式（8.39）中的 α 和 β，回归结果显示 dcca1 和 dccb1 都在 1% 的显著性水平下显著为正，且二者相加小于 1，表明对于此三个时间变量序列的分析应该使用 DCC – GARCH 模型，而不是 CCC – GARCH 模型。

```
*---------------------------------*
*          DCC GARCH Fit          *
*---------------------------------*

Distribution          :  mvnorm
Model                 :  DCC(1,1)
No. Parameters        :  14
[VAR GARCH DCC UncQ]  :  [0+9+2+3]
No. Series            :  3
No. Obs.              :  294
Log-Likelihood        :  -3578.326
Av.Log-Likelihood     :  -12.17

Optimal Parameters
---------------------------------
                Estimate    Std. Error    t value  Pr(>|t|)
[dsh].omega    1.8588e+03   773.060580   2.4045e+00  0.016195
[dsh].alpha1   2.6929e-01     0.073199   3.6789e+00  0.000234
[dsh].beta1    6.7290e-01     0.055053   1.2223e+01  0.000000
[dsz].omega    1.8760e+02   141.054814   1.3300e+00  0.183534
[dsz].alpha1   3.4703e-01     0.074236   4.6747e+00  0.000003
[dsz].beta1    6.5197e-01     0.078094   8.3485e+00  0.000000
[dhs].omega    4.0200e-04     0.005280   7.6168e-02  0.939286
[dhs].alpha1   0.0000e+00     0.009035   1.0000e+00  1.000000
[dhs].beta1    9.9900e-01     0.000620   1.6122e+03  0.000000
[Joint]dcca1   8.2193e-02     0.019284   4.2621e+00  0.000020
[Joint]dccb1   9.1231e-01     0.021858   4.1738e+01  0.000000

Information Criteria
---------------------

Akaike        24.438
Bayes         24.613
Shibata       24.433
Hannan-Quinn  24.508

Elapsed time : 2.031183
```

图 8 – 16　DCC – GARCH 模型回归结果

进一步，还可以画出三个变量之间的动态条件相关系数，如图 8 - 17 所示。

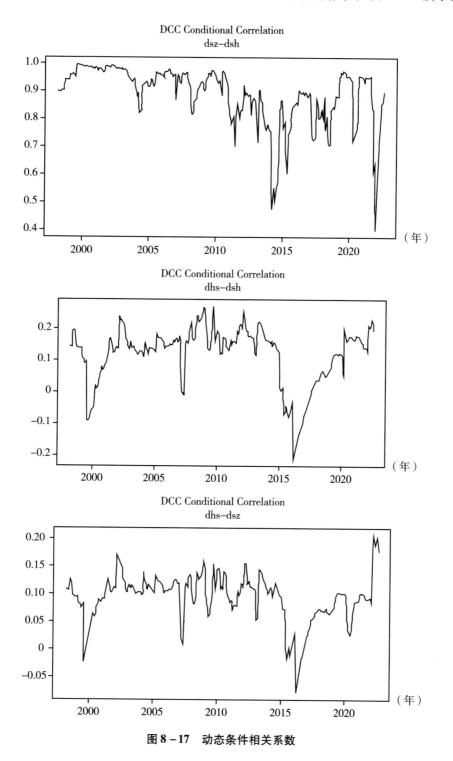

图 8 - 17 动态条件相关系数

本章小结

投资者在选择投资标的时，不仅要关注投资标的的收益，还要关注投资标的的风险。因此，需要对资产风险进行分析和评估，ARCH/GARCH 模型正是实现这一目标的有效工具。此外，ARCH/GARCH 模型在金融数据中的适用性还在于金融时间序列常常具有尖峰厚尾的特征，传统的金融模型难以有效实现对该特征的刻画。同时，在对金融资产收益率的观察中，还能发现资产收益率存在波动性集聚现象，这也是 ARCH/GARCH 模型所刻画的重点。ARCH/GARCH 模型主要有均值方程和波动率方程构成，设定较为充分均值方程应该是 ARIMA 模型，而波动率方程的设定是均值方程扰动项的条件方差与扰动项滞后期相关。ARCH 模型和 GARCH 模型具有一致性，GARCH 模型主要解决 ARCH 模型中估计参数较多的问题。实际上，任何平稳的 GARCH（m，s）模型都可以转换为 ARCH（∞）过程，任何高阶的 ARCH 过程都可以表示为低阶的 GARCH 过程。在 GARCH 模型提出以后，为解决 GARCH 模型中的缺陷（如非对称效应等），研究者们又提出了不同的 GARCH 模型，这些衍生模型大大提升了 ARCH/GARCH 模型在金融数据分析领域中的适用性。

课后习题

1. 在金融数据分析中，为什么要使用 ARCH/GARCH 模型？

2. ARCH/GARCH 模型的建模步骤是什么？

3. ARCH/GARCH 模型中对参数的要求分别是什么？

4. 在案例二中，只完成了 CCC – GARCH 模型的构建，请读者自行完成 DCC – GARCH 模型的构建，并进行比较分析（注意：在实际构建过程中，可能会存在极大似然估计不能收敛的问题）。

拓展阅读

[1] 王佳妮，李文浩. GARCH 模型能否提供好的波动率预测 [J]. 数量经济技术经济研究，2005（6）：74 – 87.

[2] 卢方元，李成钰. 不同分布对 ARCH 类模型结果的影响——基于上证指数收益率的对比分析 [J]. 数量经济技术经济研究，2007（8）：130 – 136.

［3］方彤，苏治．一种基于 LASSO 的多变量混频 GARCH 模型设计与优化算法研究 ［J］．数量经济技术经济研究，2021，38（12）：146－163.

［4］苏治，方彤，马景义．一类包含不同权重函数的混频 GARCH 族模型及其应用研究 ［J］．数量经济技术经济研究，2018，35（10）：126－143.

［5］李文君，尹康．多元 GARCH 模型研究述评 ［J］．数量经济技术经济研究，2009，26（10）：138－147.

［6］王曦，朱立挺，王凯立．我国货币政策是否关注资产价格？——基于马尔科夫区制转换 BEKK 多元 GARCH 模型 ［J］．金融研究，2017，449（11）：1－17.

［7］韩峰，谢赤，孙柏．基于 IV－GARCH 模型的外汇干预有效性实证研究 ［J］．金融研究，2011，372（6）：71－85.

［8］李子奈，周建．宏观经济统计数据结构变化分析及其对中国的实证 ［J］．经济研究，2005（1）：15－26.

［9］王江涛，黄立玮，崔翔宇．基于自适应权重的混频 GARCH 模型及其应用 ［J］．统计研究，2021，38（5）：97－108.

［10］江春，杨力菲，姜婷婷．投资者风险态度、资产价格与汇率预期的动态关系研究——基于 DCC－GARCH 和 TVP－SV－VAR 模型 ［J］．统计研究，2022，39（2）：114－129.

第9章　R语言应用

　　无论对于统计学、计量经济学、数理经济学等科班出身的工作者来说，还是对于仅希望分析数据但无任何数理功底的工作者而言，从理论走向实践操作都是必经之路。特别是在当前数据分析方法更新速度快、很多科研工作者更希望能快速实现数据分析结果的情况下，应用软件进行数据分析显得格外重要。不可否认，可用于数据分析的软件很多，那么为什么要选择 R 语言呢？它有什么优势吗？完全没有编程基础的初学者能学会吗？学习 R 语言会很费时间吗？通过本章内容的阅读，相信上述问题都能找到答案。

　　本章的主要目的有两个：短期目标，通过对本书前面各章节数据分析过程的再现，打通读者从数据分析理论走向数据分析实践的"最后一公里"；长期目标，给读者介绍一个数据分析工具、一个学习型工具，能让读者通过自行学习，实现本书以外的其他数据分析，它甚至可以伴随你的整个数据分析生涯。这么强大的数据分析工具学习起来应该所耗时间较多、难度应该很大吧？为驱散各位读者的"恐惧"心理，在正式开始本章之前，有必要给各位读者吃下一颗定心丸——以应用为主要目标的 R 语言学习相对还是很容易的。本书编写前期所做的实验表明，完全没有编程基础、没有接触过 R 语言的研究工作者，从下载好 R 软件、安装好所需要的 R 语言包开始，直至得出想要的数据分析结果，大概耗时 1 小时。对于高难度方法，特别是需要重新改写程序代码的方法而言，1 小时肯定是不够的。当然，除非我们正在创造新方法，这种情况基本碰不到。

　　为节省读者时间，方便具有不同目标的读者阅读本章内容，本章各小节内容的设计，在保持连贯性的基础上，也保持了一定的独立性：对于想初步了解 R 语言的读者而言，可阅读第 9.1 节 "R 语言入门"部分的内容；对于想了解 R 语言基本操作、数据的基本检验以及初步绘制图形的读者而言，可查阅第 9.2 节 "R 语言数据检验与可视化"部分的内容；对于仅想查验本书前面各个章节图形绘制、数据分析等相关代码，以求复现本书结果的读者而言，可跳过前两节，直接进入第 9.3 节 "金融统计与数据分析的 R 语言应用"部分；对于部分熟知本教

材各种模型如何实现、想要进一步了解 R 语言如何自学的读者而言，在第 9.4 节
"R 语言的自主学习路径"部分给出了些许建议，希望能让读者少走些弯路。为
增加阅读理解，本章代码内容使用"；"和"。"表示分行，读者运行代码时，
不应输入"；"和"。"。

9.1　R 语言入门

本节从回应读者的一些关切入手，以打消读者的学习顾虑，进而对 R 语言进
行简要介绍，使读者了解 R 语言如何安装、了解 R 语言使用中的基本概念和术
语、了解 R 语言代码编写过程中常见的错误，将读者从"门外"带入"门内"。

9.1.1　初次接触 R 语言的常见疑问

R 语言作为一种程序语言，用于数据分析当然功能更为强大，但也正因为如
此，让许多想学习 R 语言、但惧怕程序语言的工作者望而却步。实际上，R 语言
的"可怕"不在于程序有多复杂，而在于你觉得它"可怕"。

9.1.1.1　R 语言的学习是否需要编程基础

随着现代社会分工高度精细化，各行各业不可避免地产生了以技术为基础的
准入条件，程序编辑自然而然地就成为程序师的工作，这也不难想象为何固化数
据分析软件广受欢迎了，因为我们根本不需要编程基础，只需要会"点鼠标"
就可以了。这句话既合理也不合理，合理的原因我们都清楚，但说其不合理则在
于，程序师与数据分析师是两种职业，多数程序师不进行数据分析工作，而多数
数据分析师也不进行程序开发等工作。那么，既然是一种用于数据分析的编程语
言——R 语言，其设计也必然是面向广大没有程序开发、编程基础的数据分析人
员、科研人员、学生等群体的。

事实上，对于绝大多数没有编程基础的工作者而言，如何能快速掌握 R 语言
是 R 语言在设计之初就考虑到了的问题，因此便有了合乎常识逻辑的代码设计。
请读者在 R 软件（安装见后文）的代码输入界面输入"1＋1"，然后选择运行，
看看能得到什么结果？请读者再输入"1/2"，选择运行代码后，再看看得到什
么结果？相信读者已经猜到了答案。没错，R 语言没有想象得那么难，原因就在
于 R 语言代码的逻辑是符合常识的。因此，对于没有任何编程基础的读者来说，

R 语言仍然是"友好"的软件。

9.1.1.2　R 语言学习是否需要大量记忆代码

对于多数人来说，记忆是个大难题，想象 R 语言学习中针对不同模型估计的需要，可能记忆大量的代码就望而生畏，特别是对于应用 R 语言的多数人来讲，目的仅仅是将其作为数据分析的工具，并不想也不可能将编程作为职业。在这样的情况下，想到为了估计某个模型可能需要大量的前期准备时间就感觉得不偿失。的确，如果依靠反复且大量的记忆来支撑 R 语言数据分析的需要，对于仅是偶尔需要数据分析工作而言机会成本过高，本书的编者就有过类似的经历。我在 10 年前开始 R 语言的学习（需要说明的是，我在接触 R 语言之前，没有编程经历和功底，完全是门外汉），按照传统的学习路径，我用了两年多的时间记住了从基本统计分析、截面数据分析、时间序列分析到面板数据分析的大部分常用模型代码，我的目的是做到当我在数据分析中需要用到某个模型时，可以毫不费时地写出代码，完成数据分析。不得不说，理想是美好的，现实是残酷的，我经历了大多数人在应付考试时都可能遇到的问题，即记住前面的、忘记后面的，把后面的记住了，前面的又忘了。编者不是纯粹的数据分析师，也不从事程序编辑工作，只是在我的科研过程中会用到数据分析罢了，我没有那么多的时间去记忆所有数据分析代码，既不必要，也不现实。在这次失败的经历中，我进行了反思和总结，才发现走了不少弯路。其实，对于 R 语言的学习来讲，基本不必记忆代码，之所以说是基本不必记忆，是因为我们还是建议读者记住 R 语言基本操作的代码，以节省后续数据分析时间，当然，基本操作代码很少，如数据导入、导出，生成向量、矩阵等，当熟悉 R 语言操作后，这些代码已成为基本操作，是不需要刻意记忆的，想忘记也很难。

对于初学者而言，我们有两个建议：第一，将 R 软件转换为"固化软件"。对于大多数人而言，常用到的数据分析模型是比较集中的，如处理金融数据，常用的方法是时间序列分析模型，需要用到的代码相对不多，我们只需要将已编辑好的代码保存起来，下次需要用到时直接复制粘贴即可，从而大大减少工作量，也省去了数据分析过程中 R 语言代码的编写难题。第二，熟能生巧。每次数据分析前重新编辑 R 语言代码，练习几次后，自然了然于心。对于仅将 R 语言作为数据分析工具、对 R 语言不感兴趣的读者可采用第一种方案，但对于想要使用 R 语言更高级的功能、实现更为强大的数据分析而言，第二种方案会更切合实际。

9.1.1.3　R 语言数据分析是否代码多且复杂

R 语言毕竟是程序语言，运用 R 语言进行数据分析，长长的代码让人头晕、使人却步，特别是对于那些有"晕码症"的人来讲尤其如此。关键问题是，运用 R 语言进行数据分析真的会有很多复杂的代码吗？如果你心中的答案是肯定的，那么我们猜想，你肯定是没有真正接触 R 语言，多且复杂的代码可能是你的主观想象。实际上，对于我们常见的数据分析而言，对于 R 来讲，都属于简单的分析问题，基本不会涉及过多、过于复杂的代码，对于这个问题的解释，我们将从 R 语言存在的目的进行说明，希望能改变上述刻板印象。

从 R 语言的第一个目的来讲，R 语言作为程序语言，其形成和编写在于让数据分析人员与计算机进行交流，但当今的科技毕竟没有先进到我们可以直接使用人类语言和计算机进行交流，这样我们就要退而求其次，用计算机能明白的语言和它交流，让它执行我们的命令，由此也催生了 R 语言形成的内在逻辑。R 语言就是为了让我们能更方便地对计算机发号施令，让它为我们工作，难道作为"领导者"的我们，连发号施令都觉得麻烦吗？从 R 语言的第二个目的来讲，人机交互式的语言，当然是越简单越好，R 语言设计的逻辑也遵从了这一普遍规律。实际上，R 语言已经将很多用于实现数据分析功能的代码程式化了，即多数情况下我们只需要调用相应的函数即可完成数据分析，至于函数背后所隐含的代码，如果我们不感兴趣，完全可以不用去看，完全可以做到"眼不见、心不烦"，R 语言的设计确实也是这么做的，除非我们想要了解函数背后的程序代码，否则，R 语言是不会主动展示给我们的。设想，让我们生成 1000000 个服从标准正态分布（均值为 0，标准差为 1）的随机数，我们要写多长的 R 语言代码？能想象生成这么多数字，R 语言只需要"rnorm（1000000）"吗？不得不说，R 语言背后运行的逻辑远比你想象的复杂，但需要你编辑的代码远比你想象的要简单。

综上所述，如果你想，R 语言可以作为你数据分析的神兵利器；如果你不想，那么 R 语言完全可以转化为你所需要的那种"固化软件"。既然如此，学习 R 语言何难之有？相信你会慢慢爱上 R 语言的。

9.1.2　R 语言简介

通过第一部分内容的了解，我们希望已经消除了初学者对 R 语言的恐惧，既然如此，让我们一起进入 R 语言的世界，了解选择 R 语言的理由，阐明一些关于 R 语言的基本术语。最后，我们给出了一些初学者常见的错误，这些错误会导致 R 语言不能"理解"你的命令而选择"罢工"。

9.1.2.1 选择 R 语言的理由

（1）人机交互数据分析与绘图。可用于数据分析和绘图的软件较多，但与其他软件相比，R 语言可谓是为数据分析和绘图而生，特别是可用于人机交互式数据分析与绘图。通过人机交互，R 语言可输出我们想要看到的结果呈现方式，而对于结果展示意义不大的结果我们可以通过代码"屏蔽"。同时，R 语言可以灵活地选择数据分析方法，如在回归分析中我们可以很容易地选择采用最小二乘法抑或选择采用极大似然法进行估计。对于绘图而言，R 语言的功能也异常强大，对于很多 SSCI、SCI、CSSCI 期刊发表而言，图形的呈现要求相对较高，R 语言完全可以实现我们想让图形呈现的形式。一言以蔽之，人机交互的数据分析方式与绘图方式可以使我们较为轻松地得到传统上难以实现的结果。

（2）开源软件。值得一提的是，R 语言是一款开源软件，可以免费从官网进行下载和更新，可在一定程度上省去使用者数据分析的成本。此外，作为一款开源软件，R 语言的开放程度非常高，几乎任何为实现某些功能而编制的"包"、"包"中的函数等都可以"打开"，这样可以使对 R 语言代码感兴趣的使用者观察函数运行背后的代码逻辑。更进一步，在将函数中的代码复制后，我们可以根据我们自己的需要调整函数代码的构成，在前人的基础上实现更强大的分析功能。同时，以已有的"包"为基础，我们也可以编辑出新的 R 语言包。通过 R 语言包中函数的运行代码，可以让感兴趣的使用者迈上更高的台阶，开发出 R 语言更强大的功能。

（3）庞大的维护社区。R 语言的运行和维护由来自全世界的 R 语言爱好者组成，在该社区中，有许许多多 R 语言爱好者提供分析案例和解答提问者遇到的问题，当然，交流的语言是英语。这种运行和维护的模式使得全世界任何国家或地区的使用者不再孤单，即使我们身边没有 R 语言使用者，也不用担心遇到问题无法解决。事实上，对于初学者乃至绝大多数熟悉 R 语言的使用者而言，我们根本无须提问，因为我们所遇到的问题，在世界范围内很多人都曾遇到过，他们早已将问题提出，并已经得到解答，我们只需搜索已有问题即可得到问题的答案，这种模式会成为我们 R 语言自主学习的强大资源支撑。

（4）几乎与方法更新同步。新方法的出现往往遵从其理论旨趣，即在理论上呈现新方法的基本逻辑，但这对于应用者而言无异于"镜中花、水中月"，了解方法的应用范畴，但却无法实现。想要通过软件实现新的方法，通常有两个办法：第一，熟悉 R 语言编程，自行根据理论公式编辑出新方法的 R 语言代码，从而实现新方法的应用；第二，利用别人编辑好的 R 语言包中的函数，实现新方法的应用。对于第一个办法而言，要求 R 语言的编程能力较强，一般使用者很难办到，但第二个办法就相对变得简单得多，俨然成为 R 语言套路式的常规操作。我们知道，全世界范围内 R 语言使用者众多，这也意味着第二个办法往往很容易办到，通常在某个新方法出现后短时间内，我们就可以搜索到与新方法的应用相对应的 R 语言包，这种几乎与方法同步更新的特点大大拓展了 R 语言的应用范围，也吸引了更多的数据分析工作者加入 R 语言使用者的行列，毕竟这是传统固化软件难以企及的。

（5）调用外部程序和文件。在 R 语言中，我们可以很容易地调用其他外部程序，如 Stata、SAS、WINbugs、Stan 等，当然，这是 R 语言分析中难度相对较高的操作。之所以在 R 语言中调用其他外部程序（不同于导入外部数据，而是直接利用 R 语言调用外部程序），是因为我们可以在一定程度上少学一门程序语言而实现其功能。以贝叶斯统计为例（贝叶斯统计与传统频率统计为统计学两大分支，如线性回归可以采用传统的回归方式，也可以采用贝叶斯回归的方式，两种统计学分支建立的前提条件不同），一般而言，贝叶斯数据分析往往有其专用的软件和语言，如 WINbugs，如果完全采用该软件进行数据分析，我们必须要再次学习一种新的机器语言，但利用 R 语言进行调用的话，可以极大地减少新软件机器语言的学习工作，我们仅需知晓 WINbugs 模型设定的语言即可（本书编者就是采用这种方式调用 WINbugs、Stan 等贝叶斯分析软件进行贝叶斯数据分析的）。R 语言不仅可以调用外部程序，也可以轻松调用外部文件，如 SAS、Stata、SPSS、Excel 等格式的数据，如此一来，便大大提高了 R 语言在应用上的兼容性。R 语言调用外部程序和文件的功能进一步体现了 R 语言的开放性以及强大的生命力。

（6）兼容性与特殊功能。从兼容性来看，R 语言不仅可以安装并应用于 Windows 操作平台，也同样可以兼容 UNLX、Mac OS X 等操作平台，甚至可以在平板电脑和手机上运行 R 语言，可预装的系统范围广。就 R 语言特殊功能而言，一般情况下，我们往往在数据分析后，再次通过手动的方式将数据分析结果进行整理，形成标准的汇报或展示格式，但 R 语言却可以代劳本属于我们的工作，即我们首先按照我们需要的格式，将 R 语言结果输出的代码参数进行设定，而后运行结果输出，可直接呈现出我们需要的结果展现形式，在标准化的操作下，可以在一定程度上实现"一劳永逸"。细心的读者可能发现，如果我们能利用 R 语言将数据分析结果呈现的形式进行设置，是否也同样可以设置文本格式，直接让 R 语言输出符合排版要求的文本呢？答案是肯定的，但已超出了我们所要讨论的范围，感兴趣的读者可通过自主学习路径将其实现。

9.1.2.2　安装与术语

（1）R 语言的获取与安装。在解释 R 语言基本术语之前，有必要先获取并安装 R 软件。作为开源软件，R 语言可直接从其官网（https：//www.r-project.org/）获取，打开 R 语言官网后，可以看到如图 9-1 所示的界面。

图 9-1　R 语言官网界面

然后选择下载（Download）选项下的 CRAN，在下拉选项中找到中国镜像网站，选择任意一个链接进入即可，会出现如图 9-2 所示的界面。

图 9-2　R 语言下载界面

从图 9 - 2 中可以看到下载选项，选择适合自己的版本下载即可。以 Windows 操作系统为例，下载后运行的 R 语言如图 9 - 3 所示。

图 9 - 3　R 语言工作界面

图 9 - 3 中输入光标所在位置即为输入 R 语言代码的位置，输入完毕的代码可按 Enter 键运行。需要说明的是，官网下载的版本中，输入代码的位置仅显示一行，即运行完毕一行代码后自动消失，若想找回上一行已经运行的代码，需要使用键盘的上翻键。通常情况下，进行数据分析时，我们需要的代码有多行，但在 R 语言官网直接下载的版本中进行数据操作不利于多行代码的运行，也不利于代码查错。因此，建议在安装 R 语言官网版本的基础上，进一步安装 Rstudio（https：//www. rstudio. com/），一般而言，选择 Rstudio 的免费版本即可。安装后的 Rstudio 运行界面如图 9 - 4 所示。

在图 9 - 4 中，Rstudio 被分为四个区域，左上侧空白区即为 R 语言代码输入区域，可以输入多行代码，既可以同时选中多行代码运行，也可以单独选择某一行代码或某一行代码中的部分代码运行。与 R 语言官网的版本相比，其更方便数据分析的指令操作。右上侧区域为运行环境、运行历史等情况，一般我们很少用到。左下侧区域为结果显示区域，通过对左上侧区域 R 语言代码的运行，文字性和统计性结果会显示在左下侧区域内。右下侧区域功能较多，可用于图形展示、已下载的 R 语言包显示、寻求帮助显示等。需要说明的是，运行 Rstudio 必须先

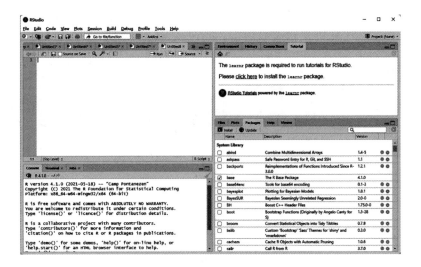

图 9－4　Rstudio 运行界面

安装 R 语言的官网版本，否则 Rstudio 无法运行，这也是我们没有仅仅安装 Rstudio 的主要原因。

（2）常见术语。对于 R 语言应用来讲，最为常见的术语莫过于 R 语言包（package）、函数、函数中的参数以及库（library）了。关于 R 语言包，我们可以认为其是执行特定功能或命令的函数、数据、预编译代码的集合，用于完成特定的数据分析任务，通常情况下某个 R 语言包仅仅围绕某个特定的应用展开，不可能面面俱到，函数主要用于具体的分析功能，而函数中的参数则用于确定分析对象或设置分析的方法、范畴等。当然，千万不要把它理解为一种定义，将其作为一种说明更为合适。为了使读者更直观地理解 R 语言包、函数、函数参数的含义，我们举一个可能并不恰当但理解有效的例子。试想你既是一名外科医生，同时也是一位 R 语言使用者，作为一名外科医生，你现在的目的是用正确的药物治疗好患者的外伤；作为一位 R 语言使用者，你现在的目的是用正确的函数进行数据分析。我们再假设作为外科医生的你，有不同的几个药箱，每个药箱治疗的外科疾病是不同的，有的药箱是治疗脸部外伤的，有的药箱是治疗腿部外伤的，而且每个药箱中有不同的药品，每个药品主要针对的症状不同，如治疗腿部外伤的药箱中，有的药是治疗腿部烧伤的，有的药是治疗腿部跌伤的。当你遇到不同的外伤患者时，你需要首先明确的是患者伤在何处，如果是腿部受伤，你需要首先选择治疗腿部外伤的药箱，而不是治疗脸部外伤的药箱。随后，你打开了治疗腿部外伤的药箱，然后在该药箱中的所有药品中选择那个最适合当前状况（烧伤还是跌伤）的药品，然后根据腿部外伤患者伤情的轻重，决定用药量的大小。与作为外科医生的你相对应，现在假设你需要利用 R 语言进行数据分析，首先应根据数据分析的具体内容确定所需要的 R 语言包（药箱），在确定好 R 语言包后，需要进一步确定 R 语言包中的具体函数（药品），用以完成特定数据分析命令，进而通过设定函数中的参数（药量），选择所需要分析的数据、采用的估计方法等。不难发现，实际上，外科医生药箱的选择相当于 R 语言使用者所选择的 R 语言包，外科医生选择的药瓶相当于 R 语言使用者所选择的函数，而外科医生药量的选择则相当于 R 语言使用者所设定的函数中的参数。其对应关系如表 9 - 1 所示。

表 9 - 1　　　　　　　　　R 语言包、函数和函数中参数的理解

R 语言使用者	对应关系	外科医生
R 语言包	↔	药箱
函数	↔	药品
函数参数	↔	药量

对于库而言，它实质上是本地电脑上保存 R 语言包的目录，当需要施用具体函数进行数据分析时，需首先从库中"拿出" R 语言包 [library（包的名称）]。

（3）R 语言包的安装。R 语言是不断发展的一种数据分析工具，R 语言包也不断随着方法的更新而变化，新方法、新功能的出现都可能促使大量的 R 语言包增加到 R 官网中，这也决定了当我们下载 R 语言时，不可能将所有的 R 语言包同时下载。实际上，在某一时间节点上完全下载 R 语言官网现存的 R 语言包不是不可能，而是没有意义，因为大多数 R 语言包对于我们数据分析而言毫无必要，毕竟有学科间的差异，在学科内也有问题属性的差异。R 语言在设计之初就考虑到了这样的问题，因此，我们所下载的 R 语言仅包含了 R 语言常规的数据分析功能，如 base 包（即随着 R 语言安装而自动下载的包，无须额外安装和调用）。我们想要实现 R 语言更多的功能或某些特定的功能，需要首先将满足该功能的 R 语言包下载并安装，然后才能调用。常见的 R 语言包的安装有两种方式：第一，在 R 语言官网手动下载 R 语言包到本地，而后通过 R 或 Rstudio 安装；第二，通过 R 语言代码，让软件自动帮助我们下载并安装。我们推荐采用第二种方式安装 R 语言包，原因在于当前很多 R 语言包是已经存在的，新的 R 语言包为了编辑上的简便，在可能的情况下会优先以现存的 R 语言包作为新 R 语言包运行的支撑条件，而不是选择完全重新再编辑一遍已存在 R 语言包中的代码，这也决定了我们手动下载的 R 语言包即便安装成功，也可能无法调用，原因正是所安装的 R 语言包，其支撑的 R 语言包没有安装。对于某些 R 语言包来讲，其支撑的 R 语言包可能有几十个之多，逐一手动下载无疑费时费力，还容易出错。既然

R 语言是程序语言，何不以程序语言直接和它交流呢？不妨在代码输入区域输入如下代码试试看。

一是 install. packages（"包的名称"）。已经发布的 R 语言包也处于不断地更新和维护之中，其分析能力也会不断地增强，这可能在安装 R 语言包后需要我们不断更新处理。关于 R 语言包的更新，我们同样不建议重新下载，仍采用更为简单的方式，直接告诉 R 语言如下命令即可。

二是 update. packages（"包的名称"）。通过 R 语言包的安装与更新，我们可以再次看到 R 语言代码的语言学（英语）逻辑。

9.1.2.3　R 语言编辑时的常见错误

对于依托程序语言进行数据分析的软件而言，最不希望出现的是代码错误导致整个程序无法运行，有时甚至是一个标点或一个括号的错误。当然，R 语言带有自动报错程序，一般情况下能明确反馈错误源于何处，但我们仍然希望在编辑 R 语言代码时能准确无误，我们总结了对于 R 语言初学者而言最常见的错误，希望我们在编写 R 语言代码时能绕开这些误区。

（1）不区分大小写。R 语言代码与常见的验证码不同，R 语言严格区分英文单词、字母的大小写。如已经安装 R 语言包的函数是 install. packages（"包的名称"），以"car"包的安装为例，如果写成 Install. packages(car)，则会报错：

Error in Install. packages("car") : could not find function "Install. packages"。

R 语言已经告知我们，错误原因在于不存在 Install. packages() 这个函数。

（2）忘记加引号。R 语言函数有其特定的运行方式，改变原有函数中哪怕似乎无实质意义的引号也会引致错误。如果运行 install. packages(car)，R 语言会反馈：

Error in install. packages : object 'car' not found。

R 语言告诉我们，由于安装 R 语言包的函数中没有使用英文双引号，将所要下载的 R 语言包引起来，它无法发现我们要下载的 R 语言包。

（3）忽略括号。采用 R 语言某个包中的函数分析数据时，一般情况下，函数都应包括括号，在括号内填写需要的参数，忽略括号同样会报错。如果我们运行 install. packages"car"，R 语言会反馈：

Error : unexpected string constant in "install. packages"car""。

与之类似，当运行 install. packages（"car"，R 语言会等待，直到我们输入另一半括号"）"，再点击运行，R 语言才理解为已完成输入。

（4）中英文混用。R 语言包的开发均以英文字母作为代码输入，包括标点符号的运用也是英文格式，对于中国的使用者而言在这一点上经常会出现无心之过。如果我们运行 install. packages（"car"），此处我们已将函数括号内的双引号换为中文双引号，R 语言会反馈：

Error：unexpected input in "install. packages（""。

可以看到 R 语言提示的错误到双引号就停止了，很明显，它是在告诉我们错误出现在双引号上。实际上，当我们在函数中输入参数时，不同参数需要用逗号隔开，如果用中文逗号也是无法运行的，读者可自行尝试。

（5）调用未载入 R 语言包中的函数。很多 R 语言数据分析所用的函数都是在额外安装的 R 语言包中的，如果没有载入 R 语言包就直接调用该 R 语言包中的函数，R 语言是无法运行的。假设要调用 adf. test（）函数对数据进行单位根检验，但未调用该函数所在的 R 语言包"tseries"，R 语言会反馈：

Error in adf. test（）：could not find function "adf. test"。

R 语言找不到 adf. test（）这个函数。正如作为外科医生的你，如果连药箱都没有找到，怎么能拿出药箱中对应的药品呢。

当然，运用 R 语言进行数据分析时，我们遇到的代码错误类型可能千差万别，只有养成良好的 R 语言代码编辑习惯，在每次遇到编辑错误时反复查找、记录，才能在以后的编辑过程中少犯错误。

9.2　R 语言数据检验与可视化

在第 9.1 节中，已经介绍安装了 R 语言以及 Rstudio 软件，并对 R 语言有了初步的了解，也熟悉了 R 语言代码编辑过程中可能出现的错误，可能你已经迫不及待地想进行实践操作了。为了满足大家的好奇心，从本节开始，我们进入 R 语言的数据检验和可视化部分，当然，为了实现这一目标，我们首先从了解一些 R 语言的常用代码开始。

9.2.1　R 语言的常用代码

无论是用 R 语言进行数据分析，还是用 R 语言进行图形绘制，数据都是必不可少的重要组成部分。因此，如何赋值、如何在 R 语言中直接构建数据、如何导入外部数据就成为需要先解决的关键问题。

9.2.1.1 赋值

赋值的关键是选择赋值符号，一般而言，有三种备选方案进行赋值，以让 x = 5 为例进行说明。

第一种方式是完全符合我们数学语言逻辑的赋值方式，即在 Rstudio 中代码输入区输入 x = 5，然后运行代码，在该赋值方式中，我们采用了赋值符号是"="。第二种方式我们可以选择赋值符号"< -"（即切换到英文输入条件下，小于号紧跟着一个减号），输入 x < -5。第三种方式是第二种方式的逆向写法，我们选择的赋值符号是"- >"，在代码输入区输入 5 - > x。当然，按照第二种和第三种赋值方式的逻辑，我们很自然地想到了第一种赋值方式的逆向写法，即 5 = x，你可以试试看，这种赋值方式明显不行：

Error in 5 = x:invalid (do_set) left - hand side to assignment。

R 语言明确告诉我们，这种赋值方式无效。

相信绝大多数初学者习惯于采用第一种方式赋值，但是，最好不要采用第一种赋值方式，它在某些情况下会出错，因为"="不是标准的语法（R 语言包函数中的参数用"="）。第三种赋值方式也很不常见，也与我们正常的书写习惯不相符，第二种赋值方式才是 R 语言的标准语法，世界范围内绝大多数 R 语言使用者都将"< -"作为赋值符号，包括各种 R 语言包中的预编译代码也基本采用该赋值符号，这已经成为 R 语言使用的习惯。克服一下困难，相信你也会很快适应。

9.2.1.2 数据类型与结构

（1）数据类型。R 语言中数据类型包括数值型、字符型、逻辑型、复数型、原生型、类别型等，其中，数值型和类别型数据可能是我们数据分析中最为常见的数据类型。就数值型而言，顾名思义，数据是由数字型的数值构成的，如数据为从 1 到 100 按由小到大排列的所有整数。就类别型而言，它是用一组字母或数字来表征事物分类的属性，包括有序和无序分类（如职业）两种。以有序分类为例，可以用 Young、Middle - aged 和 Old 分别表示年轻人、中年人和老年人，也可以将其数值化，即将三者分别用"1""2""3"三个数字代表，此时的数字表征的是顺序，即随着数字的增大，年龄增大，但具体大多少不确定，只有顺序的含义，数字本身没有大小的含义。

（2）数据结构。从 R 语言数据结构来看，主要包括标量、向量、矩阵、数组、数据框等结构。标量可以简单地理解为只包含一个元素的向量，如前面赋值中的数字"5"即为一个标量，当然，也可以是字母。向量可认为是一维数组，可用于储存数值型、字符型和逻辑型等数据类型。需要说明的是，在同一个向量中，不能混合不同类型的数据。向量的构建需要函数 c( )，以从 1 到 10 按由小到大的整数组成的向量为例，代码可写为：

c(1,2,3,4,5,6,7,8,9,10)。

更简便的写法是：

c(1：10)。

当然，如在后续的数据分析中需要再次用到上述向量的话，可以采用赋值的方式，即把生成的向量储存到 y 中，以供后续使用：

y < - c(1：10)。

进一步以二维数组为例来说明矩阵和数组。在 R 语言中，构建矩阵需要用到函数 matrix( )，函数中的参数如下：

matrix(data = NA,nrow = ,ncol = ,byrow = FALSE,dimnames = NULL)。

通常而言，对于用 R 语言构建矩阵来讲，选择其中个别参数设置即可（实际上，大多数 R 语言包中的函数都有类似特征），不必完全设置，这就降低了 R 语言函数中参数设置的难度。在 matrix( )函数中，data 表示要构建函数的数据；nrow 表示构建的矩阵由多少行组成；ncol 表示构建的矩阵由多少列组成；byrow 为是否按行填充数据，默认设置为"FALSE"（否），即意为默认按列填充数据，dimnames 为命名。采用前述保存的 y 向量为例，我们要将其转换为一个 2 行 5 列的矩阵，要求按行填充数据，R 语言代码如下：

matrix(data = y,nrow = 2,byrow = T)。

可得到如下矩阵：

	[,1]	[,2]	[,3]	[,4]	[,5]
[1,]	1	2	3	4	5
[2,]	6	7	8	9	10

细心的读者应该已经发现，我们在矩阵构建过程中使用的参数与原函数所包含的参数相比是不同的，我们使用得更少，而且有所变化。数据为 y 这个参数无可非议，nrow = 2 意为矩阵设置两行，数据中总计有 10 个数字，从 1 到 10，设置为 2 行后，矩阵自动就会形成 5 列，所以就没有必要再设置参数 ncol。同理，也可以省略 nrow = 2 的设定，改为 ncol = 5，答案是一样的。最后，将 byrow 设置为 T（TRUE，逻辑语言，表示"是"，FALSE 也可以简写为 F），即数字按行填充，从而完成了要求中的矩阵设计。

下面再谈一谈数据框。实际上，数据框是更为一般的数据结构，通常用于数据分析的数据结构即为此种类型，该数据类型与在 SPSS、Stata、SAS 等软件中所看到的数据集极为类似，是在 R 语言中对数据进行分析最常见的结构。对于数据框的构建，需要用到函数 data. frame()，函数中的参数如下：

data. frame(row. names = ,check. rows = ,check. names = TRUE,fix. empty. names = TRUE,stringsAsFactors = FALSE)。

对于上述函数中的参数而言，最重要的部分恰恰是省略号所代表的部分，即不同的列向量，即前文中提到的向量。我们通过一个例子进行说明可能会更为直观。假设我们要进行的数据分析是一元线性回归，自变量为 x，因变量为 y，同时，自变量 x 是从 1 到 10 按由小到大顺序排列的整数，因变量 y 是从 10 到 1 按由大到小顺序排列的整数（重新赋值后，会掩盖原来 y 的赋值）。为了完成这项数据分析任务，我们需要首先构建包含 x 和 y 两个变量的数据框。不难发现，无论自变量 x 还是因变量 y 都是向量，因而先从 x 和 y 向量的赋值开始，然后再组合为数据框，构成分析需要的数据集。代码如下：

x < − c(1 : 10)；

y < − c(10 : 1)；

data < − data. frame(x,y)。

数据框完成后，不妨检验是否正确，可直接在 Rstudio 代码输入区输入 data，然后选择运行，检视 data 赋值是否符合要求。结果如下：

	x	y
1	1	10
2	2	9
3	3	8
4	4	7
5	5	6
6	6	5
7	7	4
8	8	3
9	9	2
10	10	1

看来没有问题，完全符合数据分析的需要，接下来就可以将该数据应用于回归分析中。需要说明的是，数据框中所包含的列向量可以是字符型、数值型或逻辑型。读者可自行试验。另外，上述不同数据结构的构建所需要用到的函数可直

接调用，无须额外安装 R 语言包。

当然，通常在进行数据分析时所用到的数据往往有很多个变量，而且有几百甚至更多的样本量，每个变量的结果也不可能像上述例子中那么简单，在数据随机抽取的情况下，每列变量的取值是相对较为"杂乱的"，那么在真实数据分析过程中如何构建数据框呢？实际上，大可不必担心，上述数据框的构建只是在逻辑上和基本知识上对 R 语言的数据结构进行介绍，在实际应用中，一般不会有数据构建这个环节，需要做的工作是将已经录入 SPSS、Excel 或文本文档中的数据直接导入 R 语言工作环境，即可使用数据，这种数据录入和应用的方式非常符合常规条件下的数据分析过程（见下一部分介绍）。

9.2.1.3　数据导入、操作与导出

外部数据导入是用 R 语言进行数据分析的关键环节，首先，在阐述外部数据如何导入的基础上，围绕所导入的数据进行相关操作，以满足在数据分析过程中可能产生的需求；其次，根据需要选择性地导出，为进一步分析数据做准备。

（1）数据导入与操作。R 语言能很容易地导入外部数据，而且所能导入的数据包括多种数据类型：统计软件类数据，如 SAS、SPSS、Stata；文本文件类数据，如 ASCII、XML、网络抓取数据；数据库类数据，如 SQL、MySQL、Oracle、Access；办公操作类数据，如 Excel 等。由于很多数据类型的导入逻辑是非常相似的，在此，仅关注文本文档（.txt）、Excel、SPSS、SAS、Stata 等几种非常常见的数据格式。当然，为了让工作量进一步降低，减少读入数据时关于数据所在路径的输入，我们可以首先设定 R 语言工作空间，如在电脑桌面建立一个文件夹，命名为"数据分析"。然后在 Studio 中依次选择"Session—Set Working Directory—Choose Directory"，选定刚才建立的文件夹即可，将外部数据复制到该文件夹下。另外，假设所有外部数据的名称都定义为"shuju"。

对于文本文档（.txt）格式的数据而言，R 语言读入非常方便，下面以一个例子来进行说明。假设原始数据是我们获得的某保险公司的数据（见图 9 - 5），有 500 个样本，共包含 4 个变量，分别为 GEN（性别，男性赋值为 1，女性赋值为 0）、AGE（年龄）、SMO（是否吸烟，吸烟赋值为 1，不吸烟赋值为 0）和 MON（投保金额，千元）。

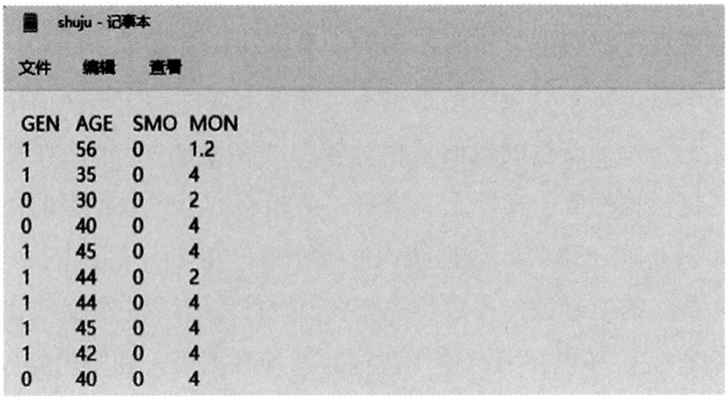
shuju - 记事本

文件 编辑 查看

GEN	AGE	SMO	MON
1	56	0	1.2
1	35	0	4
0	30	0	2
0	40	0	4
1	45	0	4
1	44	0	2
1	44	0	4
1	45	0	4
1	42	0	4
0	40	0	4

图 9 – 5　文本文档格式数据

R 语言读入数据的代码如下：

data < – read. table(" shuju. txt" ,header = T)。

函数中第一个参数要说明所需要读入数据的名称及其后缀需要用英文双引号引起来，第二个参数意为包括变量名称（一般情况下，外部数据是需要有变量名称的，否则会导致数据分析过程的麻烦）。另外，需要说明的是，上述代码是一种省略的写法，如第一个参数没有写完整，完整的表达应是 file =“shuju. txt”，但为了简便起见，在保持输入参数顺序不变的情况下，file 可以省略，但如果将 shuju. txt 置于其他参数后，即改变了原 R 语言函数中参数顺序的话，file 不可省略。

导入数据后，应大体了解数据结构、所含变量等信息，因而就需要对数据进行相应的操作。

对于全部 500 个样本而言，全部展示则太长，可只了解有几个变量以及变量名称是什么，可使用如下代码：

head(data)。

得到如下结果：

	GEN	AGE	SMO	MON
1	1	56	0	1. 2
2	1	35	0	4. 0
3	0	30	0	2. 0
4	0	40	0	4. 0
5	1	45	0	4. 0
6	1	44	0	2. 0

上述代码仅显示数据前 6 行，与原始数据一致，表明读入的数据无误。进一

步，我们希望显示数据的结构，可使用如下代码：

str(data)。

得到如下结果：

'data. frame'：500 obs. of 4 variables：

$ GEN：int 1 0 0 1 1 1 1 1 0

$ AGE：int 56 35 30 40 45 44 44 45 42 40

$ SMO：int 0 0 0 0 0 0 0 0 0 0

$ MON：num 1. 2 4 2 4 4 2 4 4 4 4

结果告诉我们，数据结构是一个数据框，有 500 个观测值（样本量），有 4 个变量，与原始数据完全一致。另外，4 个变量分别为 GEN、AGE、SMO 和 MON，而且也说明了 4 个变量的数据形式，其中 int 表示整型数据，num 表示数值数据。当然，如果后面进行数据分析时，需要将 GEN 等转变为类别变量，可以直接在函数中增加另外的函数进行操作。

数据输入后的相关操作相对较多，我们在此进行一些总结，数据输入后的相关基本操作和函数的基本功能如表 9 - 2 所示，感兴趣的读者可以自行运行。

表 9 - 2　　　　　　　　　　数据输入后操作常见的基本函数

函数	函数的功能
head( )	查看数据前 6 行
str( )	查看数据结构
length( )	查看变量的长度
dim( )	查看对象的维度
class( )	查看对象的类型
names( )	查看对象的名称
cbind( )	按行合并对象
rbind( )	按列合并对象
data [, n]	提取数据第 n 列

本教材建议使用 . txt 格式的数据读入方式：一方面是因为这种方式更简洁，函数更为清晰；另一方面是因为导入该格式的数据不需要额外安装 R 语言包。

关于其他格式的数据导入，原则上来讲大同小异，但一般需要安装新的 R 语言包，下面分别进行说明。

一是 Excel 格式数据的导入。我们需要安装 R 语言包 "xlsx"，利用其中的 read. xlsx( ) 函数，代码如下：

```
install. packages("xlsx");#包的安装

library(xlsx);#包的载入

shuju < -"c:/……/. xlsx";#数据所在路径

data < -read. xlsx(shuju,n)。#读入数据
```

上述最后一行代码中有两个参数,第一个参数表示 Excel 数据文件的路径,n 表示读入的数据是 Excel 中的第几个数据表（sheet1、sheet2…）。

二是 SPSS 格式数据的导入。我们需要安装 R 语言包"Hmisc",使用其中的 spss. get()函数,代码如下:

```
install. packages("Hmisc");

library(Hmisc);

data < -spss. get("shuju. sav",use. value. labels = TRUE)。
```

导入 SPSS 格式数据的函数中需设置两个参数,第一个参数是数据名称,第二个参数表示将带有值标签的变量转变为 R 中的因子。

三是 SAS 格式数据的导入。我们同样需要"Hmisc"包,使用的函数为 sas. get()函数,代码如下:

```
library(Hmisc);

shuju < -"c:/……";#数据所在路径

sasexe < -"c:/Program Files/SASHome/SASFoundation/……/sas. exe"

mydata < -sas. get(libraryName = shuju,member = "clients",sasprog = sasexe)。
```

导入 SAS 格式数据的函数中一般需要设置三个参数:第一个参数为数据路径;第二个参数为字符串,用于指定 SAS 数据集名称的第二部分;第三个参数为调用 SAS 系统命令的名称,包括其路径。

四是 Stata 格式数据的导入。我们需要 R 语言包"foreign",使用其中的函数 read. dta(),代码如下:

```
install. packages("foreign");

library(foreign);

data < -read. dta("shuju. dta")。
```

导入 Stata 格式的数据相对较为简单,除需要安装一个 R 语言包外,所用函数中的参数设置较为容易。

通过对比常见的不同格式的数据导入 R 语言的过程,不难看出,文本文档(. txt)格式的数据是相对来说最为简单的,这也是我们所推荐的方式,这种格式的数据导入能尽量减少在数据导入过程中所产生的错误。当然,如果数据原格式确实为其他软件的格式,如 SPSS 格式的数据,我们完全可以先粘贴到文本文

档（. txt）中，再进行导入操作即可。

（2）数据导出。数据导出可能是出于我们精简数据的需要或想要另外保存特定数据的目的。假设我们现在想生成一组新数据，新数据仅保留 GEN 和 AGE 两个变量，其余变量不需要。在已经导入数据 data 的基础上，需要先提取出数据的第一列和第二列两个变量，提取的方式参照表 9 - 2 中的函数，可将代码写为

a < - data[,1];

b < - data[,2]。

通过上述代码，已经完成了两列变量的提取，并分别储存在 a 和 b 中，接下来需要将其组合为新的数据，参照表 9 - 2 中的函数，代码写为：

newdata < - cbind(a,b)。

这样，也就完成了新数据的构建。最后，需要将其导出保存起来，所需要用到的函数为 write. csv( )（按照本教材编者的习惯，导出数据通常为 . csv 格式，可用 Excel 直接打开），代码如下：

write. csv(newdata,"xinshuju. csv")。

上述函数中：第一个参数为我们要导出的已存在于 R 语言环境中的数据名称；第二个参数为导出后数据集的名称，注意不要忘记 . csv 后缀。其实，通过上述步骤我们基本完成了数据导出，但有一点还需要进一步处理，即导出的数据其变量名称分别为 a 和 b，当然，我们可以在操作过程中直接命名完毕，也可以在数据导出后手动更改变量名称，如此就完成了数据导出过程。

9.2.2　R 语言数据检验

卡方检验、Fisher 精确检验、T 检验、组间差异的非参数检验、相关系数的计算及其显著性检验等是我们在数据分析过程中最常见的检验方式。在熟悉了 R 语言的基础操作后，我们进入 R 语言数据检验环节，仍沿用前面已经导入 R 语言中的数据 data。

9.2.2.1　卡方检验

卡方检验是用于检验二维表中行变量和列变量独立性的一种手段，其原假设是相互独立的。我们现在要检验变量 GEN 和 SMO（均为二分类变量）构成的二维表行变量与列变量的独立性，可使用 chisq. test （ ） 函数进行检验。在检验之前，需要构造出二维表，代码如下：

```
mytable < - xtabs( ~ GEN + SMO, data = data);
chisq. test(mytable)。
```

通过第一行代码（如想要了解 R 语言函数中的参数构成，请参考本章第 9.4 节帮助的内容），生成了二维表，并将该二维表保存到 mytable 中，然后通过第二行代码实现检验，结果如下：

Pearson's Chi - squared test with Yates'continuity correction

data：mytable

X - squared = 4.9752, df = 1, p - value = 0.02571

上述结果由三行构成，第一行说明我们所做的是什么检验，第二行说明需检验数据的来源，第三行为检验结果。其中，卡方为 4.9752，自由度为 1，显著性 p 值为 0.02571，达到了显著的标准。由此可以得出结论，拒绝原假设，接受备择假设，即不独立。

9.2.2.2 Fisher 精确检验

进一步采用 Fisher 精确检验对上述二维表进行检验，与卡方检验结果作对比，以期能得出更为稳健的结论。Fisher 精确检验需要用到的函数为 fisher. test( )，具体检验代码如下：

```
fisher. test(mytable)。
```

Fisher 精确检验的结果如下：

Fisher 's Exact Test for Count Data

data：mytable

p - value = 0.02156

alternative hypothesis：true odds ratio is not equal to 1

95 percent confidence interval：

1. 098417 4. 295861

sample estimates：

odds ratio

2. 111731

Fisher 精确检验的结果前几行最关键。检验结果表明，显著性 p 值仍达到显著的标准，结论与卡方检验结论一致。后面几行结果告诉我们备择假设、95% 置信区间等内容。

9.2.2.3　T 检验

假设现在要检验在男性与女性不同群体之间，其投保金额总体均值是否相等。现在，假设两个群体的数据是独立的，并且是从正态分布的总体中抽取的样本，可以采用 t. test( ) 函数进行检验，代码如下：

t. test(MON　~　GEN,data = data)。

检验结果如下：

Welch Two Sample t – test

data：MON by GEN

t = − 1. 3544,df = 383. 97,p – value = 0. 1764

alternative hypothesis：true difference in means between group 0 and group 1 is not equal to 0 95 percent confidence interval：

− 1. 3801969　0. 2542754

sample estimates：

mean in group 0　　mean in group 1

4. 782698　　　　5. 345659

上述检验结果表明，不能拒绝原假设，即在男性与女性不同群体之间，投保金额总体均值是相等的。虽然两组的均值是有差异的（见结果最后一行两组均值大小的差异），但该差异在统计学上是不显著的。需要说明的是，在上述假设中，假设两个群体的数据是独立的，所以采用的检验方式可称为独立样本 T 检验，但当独立性遭到违背，要检验配对样本时，仍可采用函数 t. test( )，只不过此时我们需要增加"配对"说明的参数"paired = TRUE"。

9.2.2.4　非参数检验

在前文独立样本 T 检验的基础上，再次进行组间差异的非参数检验。对于非参数检验而言，可以采用 wilcox 检验（秩和检验），具体检验函数为 wilcox. test( )，代码如下：

wilcox. test(MON　~　GEN,data = data)。

检验结果为：

Wilcoxon rank sum test with continuity correction

data：MON by GEN

W = 26676,p – value = 0. 08217

alternative hypothesis：true location shift is not equal to 0

上述结果如果从 10% 的显著性水平来看是显著的，即该结果否定了前面独立样本 T 检验的检验结果，这如何是好？与参数检验相比，非参数检验的精确度相对较低，一般而言，只有在无法选择参数检验的情况下才会采用非参数检验的方式。所以，当二者出现矛盾时，以参数检验结果为准。

需要说明的是，T 检验以及 wilcox 检验都是在两组之间进行的，假如我们要在多组之间比较和检验该如何进行？如果我们要进行的组间比较多于两组，可以采用 Kruskal – Wallis 检验进行比较，具体函数为 kruskal. test(y ～ A, data)，其中，y 相当于前文中的 MON 变量，A 是多分类变量。

9.2.2.5 相关系数计算及其显著性检验

在回归分析之前，通常需要对各个变量进行简单的相关系数分析，从而初步判断变量之间可能存在的关系，具体的函数为 cor( )。假设现在对 data 数据中的 4 个变量进行相关性分析，代码如下：

cor(data, method = " pearson ")。

得到的相关系数矩阵如下：

	GEN	AGE	SMO	MON
GEN	1. 00000000	0. 02663390	0. 10614422	0. 06120847
AGE	0. 02663390	1. 00000000	− 0. 01597726	− 0. 17479470
SMO	0. 10614422	− 0. 01597726	1. 00000000	0. 13923448
MON	0. 06120847	− 0. 17479470	0. 13923448	1. 00000000

相关系数计算的代码中，第一个参数即为数据，method 参数表明可以设置不同的相关系数计算方法，上述例子中给出的是 pearson 相关系数，也可以根据需要选择 "kendall" 或 "spearman" 为相关系数。

与相关系数紧密相关的一个概念是协方差，那么如何计算变量之间的协方差矩阵呢？可以采用函数 cov( ) 完成协方差的计算，代码如下：

cov(data)。

所得结果为：

	GEN	AGE	SMO	MON
GEN	0. 23558717	0. 15548297	0. 01663727	0. 1326263
AGE	0. 15548297	144. 65864128	− 0. 06205611	− 9. 3851860
SMO	0. 01663727	− 0. 06205611	0. 10428457	0. 2007240
MON	0. 13262633	− 9. 38518601	0. 20072397	19. 9289700

实际上，在得到相关系数的基础上，可能更为关心的问题是不同变量之间相

关系数是否显著，可以使用 R 语言包"psych"中的函数 corr. test( )来实现，代码如下：

install. packages("psych") ;

library(psych) ;

corr. test(data, adjust = "none") 。

所得结果如下：

Probability values

	GEN	AGE	SMO	MON
GEN	0.00	0.55	0.02	0.17
AGE	0.55	0.00	0.72	0.00
SMO	0.02	0.72	0.00	0.00
MON	0.17	0.00	0.00	0.00

通过上述结果所呈现的显著性 p 值，可以很容易地判断变量之间的显著性。

9.2.3　数据可视化

数据可视化是数据分析结果呈现的重要方式，也是 R 语言的重要功能之一。作为强大的且正在不断更新的绘图软件，展现所有 R 语言绘制图形的功能是不现实的，因此，根据 R 语言可视化初学者的特点和结合本章的主旨目标，突出了常见基本图形的绘制。当然，对图形绘制有更高要求的读者可参阅 R 语言更多优秀的绘图包，如"ggplot2"。

9.2.3.1　plot( )函数说明

对于 R 语言绘图来讲，不得不说的是 polt( )函数，该函数可以实现初级绘图由浅入深的目标，且逻辑清晰，同时，该函数也可以承接多个其他函数的数据分析结果，将其他结果可视化。先展示出 plot( )函数中的参数：

```
plot( x, y = NULL, type = "p",   xlim = NULL, ylim = NULL,
     log = "", main = NULL, sub = NULL, xlab = NULL, ylab = NULL,
     ann = par( "ann") , axes = TRUE, frame. plot = axes,
     panel. first = NULL, panel. last = NULL, asp = NA,
     xgap. axis = NA, ygap. axis = NA)
```

该函数中的参数非常之多,以至于不得不用省略号予以代替。我们进一步给出函数中参数的部分解释(从该函数的说明中导出):

x,y:the x and y arguments provide the x and y coordinates for the plot. Any reasonable way of defining the coordinates is acceptable. See the function xy. coords for details. If supplied separately,they must be of the same length.

type:1 – character string giving the type of plot desired. The following values are possible,for details,see plot:"p" for points,"l" for lines,"b" for both points and lines,"c" for empty points joined by lines,"o" for overplotted points and lines,"s" and "S" for stair steps and "h" for histogram – like vertical lines. Finally,"n" does not produce any points or lines.

xlim:the x limits (x1,x2) of the plot. Note that x1 > x2 is allowed and leads to a 'reversed axis'. The default value,NULL,indicates that the range of the finite values to be plotted should be used.

ylim:the y limits of the plot.

log:a character string which contains "x" if the x axis is to be logarithmic,"y" if the y axis is to be logarithmic and "xy" or "yx" if both axes are to be logarithmic.

main:a main title for the plot,see also title.

sub:a sub title for the plot.

xlab:a label for the x axis,defaults to a description of x.

ylab:a label for the y axis,defaults to a description of y.

ann:a logical value indicating whether the default annotation (title and x and y axis labels) should appear on the plot.

axes:a logical value indicating whether both axes should be drawn on the plot. Use graphical parameter "xaxt" or "yaxt" to suppress just one of the axes.

frame. plot:a logical indicating whether a box should be drawn around the plot.

panel. first:an 'expression' to be evaluated after the plot axes are set up but before any plotting takes place. This can be useful for drawing background grids or scatterplot smooths. Note that this works by lazy evaluation:passing this argument from other plot methods may well not work since it may be evaluated too early.

panel. last:an expression to be evaluated after plotting has taken place but before the axes,title and box are added. See the comments about panel. first.

asp:the y/x aspect ratio,see plot. window.

xgap. axis,ygap. axis:the x/y axis gap factors,passed as gap. axis to the two axis( )

calls（when axes is true,as per default）.

...

other graphical parameters（see par and section 'Details'below）.

...

上述参数解释说明较为详细，此处不再赘述，可以从一个例子出发说明 plot( )
函数的基本用法。之所以选择该函数进行说明，是因为该函数中的很多参数具有
"类"的属性，即可以触类旁通。

下面将由"浅"入"深"进行说明。假设作一个散点图，要求横轴为 x，纵
轴为 y。出于说明性考虑，先生成两个简单的向量，可以把代码写为：

x < - c(10,20,30,45,60)；

y < - c(15,25,30,40,50)；

plot(x,y)。

所得结果如图 9 - 6 所示。

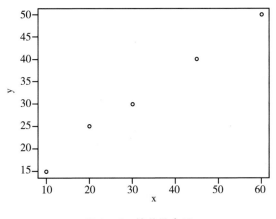

图 9 - 6　简单散点图

在图 9 - 6 的基础上，希望将各个散点用一条线进行连接。所用代码如下：

plot(x,y,type = "b")。

所得结果如图 9 - 7 所示。

增加一个参数后，原散点图变为折线图，其中，函数参数中"b"表示 both，
表达的是作图时既需要点也需要线的意思，如果仅需要线不需要显示出点，则可
将"b"替换为"l"，代码为：

plot(x,y,type = "l")。

结果如图 9 - 8 所示。

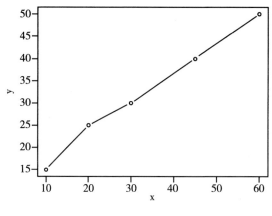

图 9 - 7 折线图

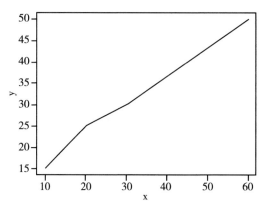

图 9 - 8 去掉点的折线图

在图 9 - 7 的基础上,希望改变"连接点"的形状,如将其变为空心圆圈,只需要再增加一个参数"pch"即可,代码如下:

plot(x , y , type = " b " , pch = 21)。

所得结果如图 9 - 9 所示。

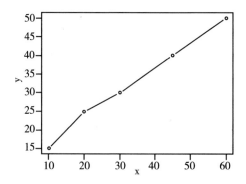

图 9 - 9 带有空心圆圈的折线图

通过参数 pch 的设置，可以改变点的形状。为了便于使用，将常用点的形状参数值给出，如图 9 – 10 所示。当然，图 9 – 10 也可以通过向 R 语言寻求帮助得到。

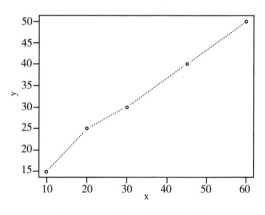

图 9 – 10 pch 参数绘制点时对应的参数值

在图 9 – 9 的基础上，希望能将线条改为点虚线，只需要增加一个参数"lty"，代码如下：

$plot(x, y, type = "b", pch = 21, lty = 3)$。

所得结果如图 9 – 11 所示。

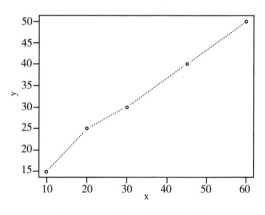

图 9 – 11 带有点虚线的折线图

改变参数 lty 的数值，可以改变相应图形的线的类型，具体数值所对应的线的类型为：0 = 无线条、1 = 实线（默认）、2 = 虚线、3 = 点虚线、4 = 点划线、5 = 长划线、6 = 双划线。

现在进一步希望将图形颜色表示为灰色，只需再增加一个参数"col"，代码如下：

$plot(x, y, type = "b", pch = 21, lty = 3, col = "gray")$。

所得结果如图 9 – 12 所示。

关于参数"col"的取值和对应的颜色相对较多，读者可通过寻求 R 语言帮助的方式查找。同时，在改变折线图颜色的基础上，也可以类似地增加参数改变坐标轴刻度文字（col. axis）、坐标轴标签名称（col. lab）、标题（col. main）、副标题（col. sub）、图形前景（fg）、图形背景（bg）等颜色。

如果感觉图 9 – 12 中点的标记过小，希望点的大小显示为原来的 2 倍，则需

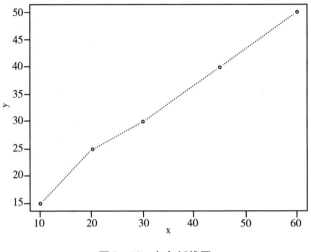

图 9 - 12　灰色折线图

另外增加一个参数"cex"，代码如下：

plot(x, y, type = "b", pch = 21, lty = 3, col = "gray", cex = 2)。

结果如图 9 - 13 所示。

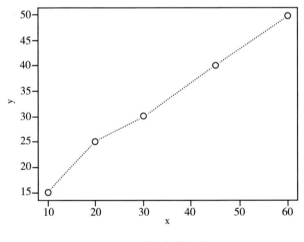

图 9 - 13　放大点的折线图

参数 cex 的默认值为 1，对其参数值大小的调整相当于是原来显示大小的多少倍，如将其设定为 2，表示大小为原来的 2 倍。同理，缩放为原来大小的 1/2，只需将该参数值设定为 0.5 即可。可参照同样的方式改变坐标轴刻度文字（cex. axis）、坐标轴标签名称（cex. lab）、标题（cex. main）、副标题（cex. sub）等的大小。另外，对于参数本身而言，其命名是有一定规律的，如对比颜色设置与图形线条大小等的设置，发现后缀是一致的，这在无形中降低了学习难度。

在将点的大小放大为原来 2 倍的基础上，希望将整个线条的宽度变为原来的 3 倍，需要另外增加参数 "lwd"，代码如下：

$plot(x,y,type="b",pch=21,lty=3,col="gray",cex=2,lwd=3)$。

所得结果如图 9 - 14 所示。

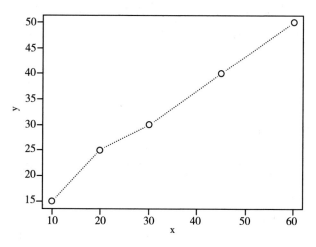

图 9 - 14　增加线条宽度的折线图

在图 9 - 14 的基础上，希望将绘图使用的字体改为粗斜体，只需额外增加一个参数 "font" 即可，代码如下：

$plot(x,y,type="b",pch=21,lty=3,col="gray",cex=2,lwd=3,font=4)$。

所得结果如图 9 - 15 所示。

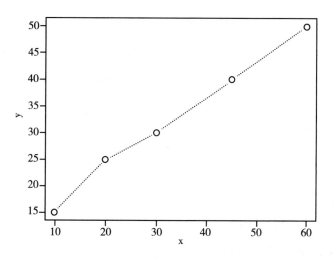

图 9 - 15　字体为粗斜体的折线图

关于字体样式的参数"font"，取值可为1到5的整数，分别对应于常规字体、粗体、斜体、粗斜体和符号字体。关于坐标轴刻度文字（font. axis）、坐标轴标签名称（font. lab）、标题（font. main）、副标题（font. sub）等字体样式的选择，同样可通过增加相应的参数完成，参数也是有规律可循的。

在图9-15的基础上，需要进一步变换横轴和纵轴的名称，不妨分别命名为"横轴"和"纵轴"，这时需要增加两个参数，分别代表两个坐标轴的名称设置参数，代码如下：

$plot(x,y,type="b",pch=21,lty=3,col="gray",cex=2,lwd=3,font=4,xlab="横轴",ylab="纵轴")$。

所得结果如图9-16所示。

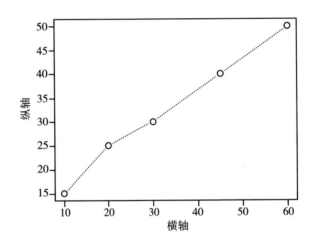

图9-16　增加坐标轴名称的折线图

在图9-16的基础上，想改变横纵坐标轴的起止刻度，横轴为0~70，纵轴为0~60，则需要额外增加两个参数，分别对应横轴和纵轴坐标起止刻度的设置，代码如下：

$plot(x,y,type="b",pch=21,$

　　　$lty=3,col="gray",cex=2,$

　　　$lwd=3,font=4,$

　　　$xlab="横轴",ylab="纵轴",$

　　　$xlim=c(0,70),ylim=c(0,60))$。

所得结果如图9-17所示。

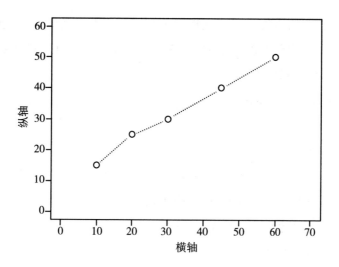

图 9 - 17　改变坐标轴起止刻度的折线图

难度逐渐增加的过程实际上相当于 R 语言函数中参数不断增加的过程。现有如下问题请各位读者思考，如果通过 plot( ) 函数完成作图，两个向量分别为 x = c(10,20, 30, 45, 60)，y = c(15, 25, 30, 40, 50)，作图要求是：以 x 为横轴，y 为纵轴，做散点图，并用点虚线将散点图中的点连接，点和线的颜色为灰色、大小为分别为默认值的 2 和 3 倍，点为空心圆，绘图字体为粗斜体，横轴和纵轴分别命名为"横轴"和"纵轴"，横轴起止刻度分别为 0 和 70，纵轴起止刻度分别为 0 和 60。

如果没有前面的步骤，直接看到的是上述作图要求的话，对于很多初学者来说可能根本无从下手，认为要求过于复杂，实际上，当一步一步改变图形的不同元素和属性时，就会发现上述要求根本没有想象得那么复杂，那不正是刚才经历的步骤吗？对于 R 语言代码来说，任何长的、复杂的代码都源自最简单的代码，有可能只有一两个参数，是在此基础上随着要求不断增加参数也不断增加的结果。如果在图 9 - 17 的基础上，进一步增加要求，如横、纵坐标轴刻度线向内，增加图形标题、副标题，去掉图形框线等等，无非是增加参数而已，没有想象得那么难，R 语言数据分析和图形绘制的关键在于掌握其运行逻辑。由于篇幅和目的的原因，关于 plot( ) 函数的说明到此为止，感兴趣的读者可以进一步探索，其功能远比我们说过的更强大。

9.2.3.2　单图

除了散点图与折线图以外，在数据分析中也会经常遇到直方图、条形图、核密度图等，分别予以说明。

（1）直方图。直方图是通过在横轴上划分一定数量的组，并在纵轴上显示相应的频数，展示的是连续型变量的分布。在 R 语言中，直方图可用 hist( ) 函数绘制。hist( ) 函数代码如下：

```
hist(x, breaks = "Sturges",
    freq = NULL, probability = ! freq,
    include. lowest = TRUE, right = TRUE,
    density = NULL, angle = 45, col = "lightgray", border = NULL,
    main = paste("Histogram of", xname),
    xlim = range(breaks), ylim = NULL,
    xlab = xname, ylab,
    axes = TRUE, plot = TRUE, labels = FALSE,
    nclass = NULL, warn. unused = TRUE)。
```

根据前面对 plot( ) 函数的部分说明，我们发现，当看到 hist( ) 函数中的参数时就不再感到陌生了。实际上，这也是我们首先要了解 plot( ) 函数的关键所在。我们仍以本章前面已导入的 data 数据为例进行说明。现在要作的图形是 AGE 变量的直方图，为了简便起见，先将 data 数据中的变量放置于 R 语言数据环境中，即可直接通过变量名称确定所用数据，不用再从 data 数据中提取 AGE 变量，则代码如下：

```
attach(data);
hist(AGE)。
```

所得结果如图 9 – 18 所示。

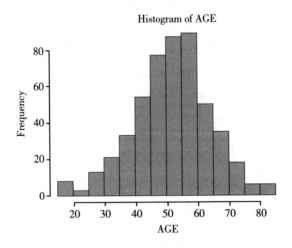

图 9 – 18　年龄变量的直方图

在图 9 - 18 的基础上，希望改变图形颜色为黑色，并在图形上增加概率密度曲线，曲线线条宽度设定为默认值的 2 倍，颜色设定为灰色，并用封闭框线把整个图形围起来。这里面我们需要用到几个增加的函数，即 density( )、lines( ) 和 box( )，其中，density( ) 负责把数据转变为概率密度，lines( ) 负责添加概率密度曲线，box( ) 负责作出封闭框线，具体代码如下：

hist(AGE, freq = FALSE, col = " gray1") ;

lines(density(AGE) , col = " gray" , lwd = 2) ;

box( )。

首先，通过 hist( ) 函数中参数 freq 将图 9 - 18 中的纵轴转变为概率密度，而后通过函数 lines( ) 增加概率密度曲线，用函数 box( ) 增加框线，结果如图 9 - 19 所示。至于如何改变坐标轴名称、标题等，参照函数中参数进行设置即可，不再过多说明。

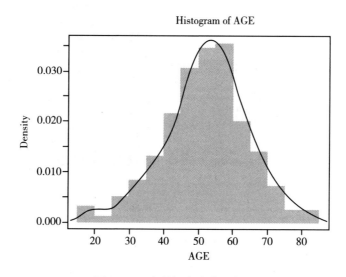

图 9 - 19　年龄概率密度函数图

（2）条形图。条形图主要展示的是类别变量的频数，R 语言中可使用 barplot( ) 函数进行绘图，该函数的具体参数如下：

```
barplot( height, width = 1, space = NULL,
    names. arg = NULL, legend. text = NULL, beside = FALSE,
    horiz = FALSE, density = NULL, angle = 45,
    col = NULL, border = par( " fg" ) ,
    main = NULL, sub = NULL, xlab = NULL, ylab = NULL,
    xlim = NULL, ylim = NULL, xpd = TRUE, log = " " ,
```

axes = TRUE, axisnames = TRUE,

cex. axis = par("cex. axis"), cex. names = par("cex. axis"),

inside = TRUE, plot = TRUE, axis. lty = 0, offset = 0,

add = FALSE, ann = ! add && par("ann"), args. legend = NULL)。

我们仍然看到了很多熟悉的参数。既然绘制的对象是类别型变量的频数，必然要求在绘制图形前对变量进行分类处理，仍以 data 数据为例进行说明。假设要绘制性别条形图，观察男性（数字 1 表示）和女性（数字 0 表示）的频数，我们先测算不同性别的人数，可采用 table( )函数完成，具体代码如下：

counts < − table(GEN)；

barplot(counts)。

所得结果如图 9 − 20 所示。

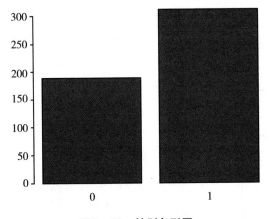

图 9 − 20 性别条形图

如果需要将图 9 − 20 中的显示方式改为横向，只需改变参数"horiz"，令其取值"TRUE"即可。

在上述条形图的基础上，可能对堆砌条形图更感兴趣，如可能想要将不同性别中是否吸烟的人数全都反映在条形图上，仍要计算出两个变量的二维表，所用函数仍是 table( )，同时，由于堆砌条形图的存在，颜色的区分就变得很重要，我们要在条形图作图函数中增加颜色参数的使用，具体代码如下：

counts < − table(GEN, SMO)；

barplot(counts, col = c("gray", "gray1"),

　　legend = rownames(counts))。

所得结果如图 9 − 21 所示。

上述函数中 legend 参数的含义是，为所做出的堆砌条形图增加图例，此时的

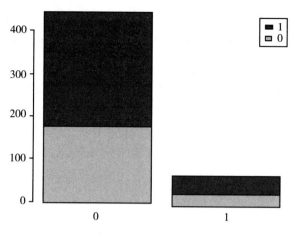

图 9 − 21 堆砌条形图

横坐标为 SMO 变量，即 0 表示不吸烟者，1 表示吸烟者。在不吸烟者中，黑色代表 1（男性）、灰色代表 0（女性）。当然，上述图形如果为了表达更为清晰，请读者按照前面讲过的逻辑，增加相应参数完成。

现在将堆砌条形图修改为分组条形图，只需要调整 barplot( ) 函数中的参数，令"beside"参数取值"TRUE"即可，同时，也增加了横轴为 SMO 变量以及纵轴为 Frequency 的说明，代码如下：

```
barplot( counts,
    xlab = "SMO", ylab = "Frequency",
    col = c( "gray", "gray1" ),
    legend = rownames( counts ), beside = TRUE )。
```

所得结果如图 9 − 22 所示。

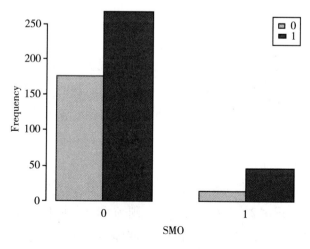

图 9 − 22 分组条形图

（3）核密度图。对于核密度图来说，我们已经见过将变量转变为其概率密度的函数 density( )，而后仅需要用 plot( ) 函数作图即可。以 data 数据中 AGE 变量为例进行说明，代码如下：

d < − density(AGE) ;

plot(d)。

或者直接写为更简便的形式：

plot(density(AGE))。

结果如图 9 – 23 所示。

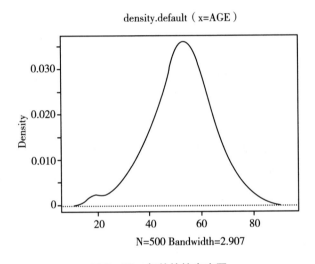

图 9 – 23　年龄的核密度图

至于如何修改图形中的参数，从而改变图形的展示，请参照 plot( ) 函数参数的设置。

9.2.3.3　组图

在绘制好图形后，需要报告或展示时，为了说明问题的需要或出于美观方面的考虑，有可能需要将不同图形组合到一张整图上，这时需要用到在一张图纸上进行图形分块或切分的函数 par( )。该函数的应用相对较为简单，我们可使用如下代码：

par(mfrow = c(m,n))。

函数中，m 代表将图纸划分为几行，n 代表划分为几列。如果要将 4 个小图放在一张图纸上，采用 2×2 的排列方式，则 m 和 n 均赋值为 2，若需要将 4 个小图从上到下依次排列，则可将 m 和 n 分别赋值为 4 和 1。假设需要将 4 个小图采用 2×2 的排列方式绘制于一张图纸上，4 个图分别如图 9－18、图 9－19、图 9－22和图 9－23 所示，使用如下代码实现：

```
par( mfrow = c( 2 ,2 ) ) ;
hist( AGE ) ;
hist( AGE , freq = FALSE , col = "gray1" ) ;
lines( density( AGE ) , col = "gray" , lwd = 2 ) ;
box( ) ;
barplot( table( GEN , SMO ) ,
     xlab = "SMO" , ylab = "Frequency" ,
     col = c( "gray" , "gray1" ) ,
     legend = rownames( counts ) , beside = TRUE ) ;
plot( density( AGE ) ) ;
par( mfrow = c( 1 ,1 ) ) ;
detach( data ) 。
```

所得结果如图 9－24 所示。

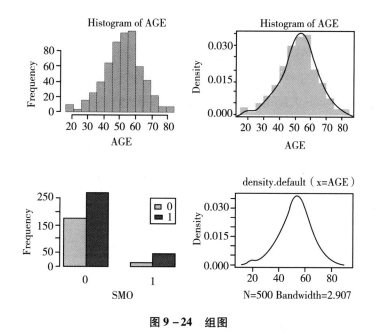

图 9－24　组图

在上述代码的最后，使用 par（mfrow = c（1，1）），目的是做完图形后参数设置保持原来的状态，避免下次作图可能导致该图形仅有原图形的 1/4 大小，使用 detach（data）是为了保持良好的 R 语言代码写作习惯，避免命名新变量时与已存在的变量名称重复，覆盖掉原来的数据。

在本节中，仅说明了 R 语言绘图的基本功能，特别是与本章目标相一致的功能，但不得不说的是，R 语言绘图功能远超过本节所涵盖的内容，本节只是希望能为读者利用 R 语言绘制更高级的图形铺路。

9.3 金融统计与数据分析的 R 语言应用

在对 R 语言的基本操作以及基本统计检验熟悉了以后，相信对 R 语言的代码不再陌生。既然如此，在本节给出全书相关图形、数据分析模型等的相关代码，以供读者再现全书结果，同时，在再现全书结果的过程中，也能进一步熟悉 R 语言的应用。

9.3.1 第 1 章 R 语言代码

9.3.1.1 图 1－6R

```
library( readxl) ;
data < - read_excel("例 1.3 终值. xlsx") ;
plot( data $ 'shi jian1' ,data $ zhongzhi1 ,type = "l" ,lty = 1 ,xlab = "时间
(年)" ,ylab = "一元人民币的终值" ,ylim = c(0,35)) ;
lines( data $ 'shi jian1' ,data $ zhongzhi2 ,lty = 2) ;
lines( data $ 'shi jian1' ,data $ zhongzhi3 ,lty = 3) ;
lines( data $ 'shi jian1' ,data $ zhongzhi4 ,lty = 4) ;
legend( "topleft" ,inset = 0. 05 ,c("i = 0" ,"i = 5%" ,"i = 10%" ,"i = 15%") ,
lty = c(1,2,3,4) ,bty = "n")。
```

9.3.1.2 图 1－7R

```
library( readxl) ;
data < - read_excel("例 1.3 现值. xlsx") ;
plot( data $ 'shi jian1' ,data $ xianzhi1 ,type = "l" ,lty = 2 ,xlab = "时间
(年)" ,ylab = "一元人民币的现值" ,ylim = c(0,1)) ;
lines( data $ 'shi jian1' ,data $ xianzhi2 ,lty = 3) ;
lines( data $ 'shi jian1' ,data $ xianzhi3 ,lty = 4) ;
```

legend("topright", inset = 0.05, c("i = 5%", "i = 10%", "i = 15%"), lty =
c(2,3,4), bty = "n")。

9.3.2　第 3 章 R 语言代码

9.3.2.1　图 3 – 1

library(readxl);

data < – read_excel("图 3 – 1 整理后数据. xlsx");

hist(data $ lr,xlab = "对数收益率",ylab = "频率",breaks = 30,main = " ");

hist(data $ lr,xlab = "对数收益率",ylab = "频率",breaks = 50,main = " ")。

9.3.2.2　图 3 – 2

library(readxl);

data < – read_excel("图 3 – 2 整理后数据. xlsx");

hist(data $ lr,xlab = "对数收益率",ylab = "频率",breaks = 30,main = " ",
col = NULL)。

9.3.2.3　图 3 – 3

library(readxl);

data < – read_excel("图 3 – 3 整理后数据. xlsx");

plot(density(data $ lr),xlab = "对数收益率",ylab = "密度",main = " ")。

9.3.2.4　图 3 – 6

library(readxl);

library(faraway);

library(fBasics);

data < – read_excel("图 3 – 6 整理后数据. xlsx");

halfnorm(data $ lr,ylab = "样本数据值",main = " ")。

9.3.2.5　图 3 – 7

a < – seq(1,250,1);

t < – rank(a)/length(a);

```
q < - qnorm(t,mean = mean(a),sd = sd(a));
plot(q,a,xlab = " ",ylab = " ");
abline(0,1,col = 1,lwd = 2)。
```

9.3.2.6 图 3 – 8

```
library(readxl);
data < - read_excel("图 3 – 8 整理后数据 . xlsx");
data1 < - read_excel("图 3 – 6 整理后数据 . xlsx");
qqplot(data1 $ lr,data $ lr,xlab = "上证指数对数收益率",ylab = "工商银行
对数收益率");
abline(0,1,col = 1)。
```

9.3.2.7 图 3 – 14

```
library(readxl);
data < - read_excel("图 3 – 8 整理后数据 . xlsx");
hist(data $ lr,main = NULL,nclass = 30,xlab = "对数收益率",ylab = "频
率")。
```

9.3.2.8 图 3 – 15

```
library(readxl);
data < - read_excel("图 3 – 8 整理后数据 . xlsx");
library(fBasics);
d1 = density(data $ lr,na. rm = T);
range(data $ lr,na. rm = T);
x = seq( -0. 1,0. 1,0. 001);
y1 = dnorm(x,mean(data $ lr,na. rm = T),stdev(data $ lr,na. rm = T));
plot(d1 $ x,d1 $ y,xlab = "对数收益率",ylab = "密度");
lines(x,y1,lty = 2)。
```

9.3.3 第 4 章 R 语言代码

9.3.3.1 案例一

```
library(readxl);
```

data < - read_excel("例 4.1 数据 . xlsx") ;

plot(data $ bobeifugailv, data $ shouyilv, pch = 19, xlab = "拨备覆盖率", ylab = "收益率") ;

plot(data $ buliangdaikuanlv, data $ shouyilv, pch = 19, xlab = "不良贷款率", ylab = "收益率") ;

plot(data $ hexinzibenchongzulv, data $ shouyilv, pch = 19, xlab = "核心资本充足率", ylab = "收益率") 。

9.3.3.2　案例二

(1) 图 4 - 4。

library(readxl) ;

data < - read_excel("例 4.5 数据 . xlsx") ;

cor(data) 。

(2) 图 4 - 5。

model < - prcomp(data[,1 :7], center = T, scale. = T) ;

summary(model) 。

(3) 图 4 - 6。

eigen(cor(data)) $ vectors。

9.3.3.3　案例三

(1) 图 4 - 7。

library(readxl) ;

data < - read_excel("例 4.5 数据 . xlsx") ;

cor(data) 。

(2) 图 4 - 8。

library(psych) ;

model < - principal(data, rotate = "none", nfactors = 2) ;

model。

(3) 图 4 - 9。

model < - principal(data, rotate = "varimax", nfactors = 2) ;

model。

9.3.3.4 案例四

(1) 图 4 – 10。

```
library(readxl);
data < – read_excel("例4.5数据.xlsx");
scale(data)。
```

(2) 图 4 – 11 至图 4 – 13。

```
distance  < – dist(data);
model < – hclust(distance, method = "single");
plot(model, hang = – 1, xlab = "距离", ylab = "高度")。
model < – hclust(distance);
plot(model, hang = – 1, xlab = "距离", ylab = "高度")。
model < – hclust(distance, method = "average");
plot(model, hang = – 1, xlab = "距离", ylab = "高度")。
```

9.3.3.5 案例五

(1) 距离判别。

```
library(readxl);
mydata1  < – read_excel("mydata1.xlsx");
mydata2  < – read_excel("mydata2.xlsx");
mydata3  < – read_excel("mydata3.xlsx");
source("discriminiant.distance.R");
discriminiant.distance(mydata1, mydata2, mydata3, var.equal = TRUE)。
```

(2) Bayes 判别。

```
library(readxl);
mydata1  < – read_excel("mydata1.xlsx");
mydata2  < – read_excel("mydata2.xlsx");
mydata3  < – read_excel("mydata3.xlsx");
source("discriminiant.bayes.R");
discriminiant.bayes(mydata1, mydata2, mydata3, rate = 5/5, var.equal = TRUE)。
```

(3) Fish 判别。

```
library(readxl);
mydata1  < – read_excel("mydata1.xlsx");
```

```
mydata2 < - read_excel("mydata2.xlsx");
mydata3 < - read_excel("mydata3.xlsx");
source('discriminiant.fisher.R');
discriminiant.fisher(mydata1,mydata2,mydata3)。
```

（4）距离判别函数。

```
discriminiant.distance < - function(TrnX1,TrnX2,TstX = NULL,var.equal =
FALSE){
        if (is.null(TstX) = = TRUE) TstX < - rbind(TrnX1,TrnX2)
        if (is.vector(TstX) = = TRUE)   TstX < - t(as.matrix(TstX))
        else if (is.matrix(TstX) ! = TRUE)
        TstX < - as.matrix(TstX)
        if (is.matrix(TrnX1) ! = TRUE) TrnX1 < - as.matrix(TrnX1)
        if (is.matrix(TrnX2) ! = TRUE) TrnX2 < - as.matrix(TrnX2)
        nx < - nrow(TstX)
        blong < - matrix(rep(0,nx),nrow=1,byrow=TRUE,
                    dimnames=list("blong",1:nx))
        mu1 < - colMeans(TrnX1); mu2 < - colMeans(TrnX2)
        if (var.equal = = TRUE   || var.equal = = T){
        S < - var(rbind(TrnX1,TrnX2))
        w < - mahalanobis(TstX,mu2,S) - mahalanobis(TstX,mu1,S)}
        else{
        S1 < - var(TrnX1); S2 < - var(TrnX2)
        w < - mahalanobis(TstX,mu2,S2) - mahalanobis(TstX,mu1,S1)}
    for (i in 1:nx){
      if (w[i]>0)
        blong[i] < - 1
      else
        blong[i] < - 2}
    blong}。
```

（5）Bayes 判别函数。

```
discriminiant.bayes < - function(TrnX1,TrnX2,rate=1,TstX = NULL,var.equal =
FALSE){
        if (is.null(TstX) = = TRUE) TstX < - rbind(TrnX1,TrnX2)
```

```
if (is. vector(TstX) = = TRUE)    TstX < - t(as. matrix(TstX))
else if (is. matrix(TstX) ! = TRUE)
    TstX < - as. matrix(TstX)
if (is. matrix(TrnX1) ! = TRUE) TrnX1 < - as. matrix(TrnX1)
if (is. matrix(TrnX2) ! = TRUE) TrnX2 < - as. matrix(TrnX2)
nx < - nrow(TstX)
blong < - matrix(rep(0, nx), nrow = 1, byrow = TRUE,
                dimnames = list("blong", 1:nx))
mu1 < - colMeans(TrnX1); mu2 < - colMeans(TrnX2)
if (var. equal = = TRUE  || var. equal = = T) {
    S < - var(rbind(TrnX1, TrnX2)); beta < - 2 * log(rate)
    w < - mahalanobis(TstX, mu2, S) - mahalanobis(TstX, mu1, S)
}
else {
    S1 < - var(TrnX1); S2 < - var(TrnX2)
    beta < - 2 * log(rate) + log(det(S1)/det(S2))
    w < - mahalanobis(TstX, mu2, S2) - mahalanobis(TstX, mu1, S1)
}
for (i in 1:nx) {
    if (w[i] > beta)
        blong[i] < - 1
    else
        blong[i] < - 2}
blong} 。
```

（6）Fisher 判别函数。

```
discriminiant. fisher < - function(TrnX1, TrnX2, TstX = NULL) {
    if (is. null(TstX) = = TRUE)      TstX < - rbind(TrnX1, TrnX2)
    if (is. vector(TstX) = = TRUE)    TstX < - t(as. matrix(TstX))
    else if (is. matrix(TstX) ! = TRUE)
    TstX < - as. matrix(TstX)
    if (is. matrix(TrnX1) ! = TRUE)   TrnX1 < - as. matrix(TrnX1)
    if (is. matrix(TrnX2) ! = TRUE)   TrnX2 < - as. matrix(TrnX2)
    nx < - nrow(TstX)
```

blong < − matrix(rep(0 ,nx) ,nrow = 1 ,byrow = TRUE,

　　　　　　dimnames = list("blong" ,1:nx))

n1 < − nrow(TrnX1) ; n2 < − nrow(TrnX2)

mu1 < − colMeans(TrnX1) ; mu2 < − colMeans(TrnX2)

S < − (n1 − 1) * var(TrnX1) + (n2 − 1) * var(TrnX2)

mu < − n1/(n1 + n2) * mu1 + n2/(n1 + n2) * mu2

w < − (TstX − rep(1 ,nx) %o% mu) % * % solve(S ,mu2 − mu1) ;

for (i in 1:nx) {

　if (w[i] < = 0)

　　blong[i] < − 1

　else

　　blong[i] < − 2}

blong}。

9.3.4　第 5 章 R 语言代码

9.3.4.1　图 5 − 3

library(readxl) ;

data < − read_excel("图 5 − 3. xlsx") ;

plot(data $ X 值 ,data $ Y 值 ,pch = 19 ,xlab = "x" ,ylab = "y") ;

model < − lm(data $ Y 值 ~ data $ X 值) ;

abline(model)。

9.3.4.2　图 5 − 4

library(readxl) ;

data < − read_excel("图 5 − 4. xlsx") ;

plot(data $ X 值 ,data $ Y 值 ,pch = 19 ,xlab = "x" ,ylab = "y") ;

model < − lm(data $ Y 值 ~ data $ X 值) ;

abline(model)。

9.3.4.3　图 5 − 5

library(readxl) ;

```
data < - read_excel("图 5 - 5. xlsx");
plot(data $ X 值, data $ Y 值, pch = 19, xlab = "x", ylab = "y");
model < - lm(data $ Y 值 ~ data $ X 值);
abline(model)。
```

9.3.4.4　案例一

```
library(readxl);
data < - read_excel("案例一. xlsx");
attach(data);
model1 < - lm(Y1 ~ X1 + X2 + X3);
summary(model1);
model2 < - lm(Y2 ~ X1 + X2 + X3);
summary(model2)。
```

9.3.5　第 6 章 R 语言代码

```
library(readxl);
data < - read. excel("第 6 章 案例分析数据. xlsx");
data1 < - log(ts(data, start = 1995));
plot(data1[,2], xlab = "year", ylab = "lcje");
plot(data1[,3], xlab = "year", ylab = "lcons");
plot(data1[,4], xlab = "year", ylab = "lfi");
plot(data1[,5], xlab = "year", ylab = "lgdp")。
library(tseries);
adf. test(data1[,2]);
adf. test(diff(data1[,2]));
adf. test(diff(diff(data1[,2])));
adf. test(data1[,3]);
adf. test(diff(data1[,3]));
adf. test(diff(diff(data1[,3])));
adf. test(data1[,4]);
adf. test(diff(data1[,4]));
adf. test(diff(diff(data1[,4])));
```

```
adf. test( data1[ ,5]);
adf. test( diff( data1[ ,5]));
adf. test( diff( diff( data1[ ,5])));
EG1 < - lm( data1[ ,2] ~ data1[ ,3]);
summary( EG1);
r < - residuals( EG1);
adf. test( r)。
```

9.3.6　第 7 章 R 语言代码

```
library( forecast);
library( readxl);
library( xts);
data < - read. excel( "第 7 章 案例分析数据 . xlsx");
data1 < - xts( data $ kaipanjia, as. Date( data $ jiaoyiri, format = '% Y/% m/% d'));
acf( data1);
pacf( data1);
a < - na. omit( diff( data1));
acf( a);
pacf( a);
auto. arima( data1)。
```

9.3.7　第 8 章 R 语言代码

9.3.7.1　图 8 - 1 和图 8 - 2

```
library( xts);
library( readxl);
data < - read. excel( "第 8 章 案例一分析数据 . xlsx");
data1 < - xts( data $ r, as. Date( data $ date, format = '% Y/% m/% d'));
plot( data1, bty = 'l', xlab = "交易日", ylab = "r");
r < - na. omit( data1);
```

```
acf(r);
r. abs < - abs(r);
acf(r. abs)。
```

9.3.7.2 案例一

```
library(xts);
library(forecast);
library(lmtest);
library(readxl);
data < - read. excel("第8章 案例一分析数据. xlsx");
data1 < - xts(data $ r,as. Date(data $ date,format = '% Y/% m/% d'));
r < - na. omit(data1);
arima(r,order = c(1,0,0));
arima(r,order = c(2,0,0));
arima(r,order = c(3,0,0));
arima(r,order = c(4,0,0));
coeftest(arima(r,order = c(4,0,0)));
a < - arima(r,order = c(3,0,0),method = "CSS");
coeftest(a);
library(FinTS);
e < - residuals(a);
for(i in 1:3) print(ArchTest(e,lag = i));
e2 < - e * *2;
acf(e2);
pacf(e2);
for(i in 1:10);
print(Box. test(e2,lag = i));
arima(e2,order = c(1,0,0));
arima(e2,order = c(2,0,0));
arima(e2,order = c(3,0,0));
arima(e2,order = c(4,0,0));
coeftest(arima(e2,order = c(4,0,0)));
library(tseries);
```

```
b < - garch( r,order = c(0,3) ) ;
summary( b ) ;
library( fGarch ) ;
c < - garchFit( +1 ~ garch(1,1) ,data = r) ;
summary( c ) ;
library( xts ) ;
d < - ( fitted( c ) )^2 ;
library( xlsx ) ;
write. xlsx( d,file = "d. xlsx",sheetName = "Sheet1" ) ;
shuju < - read_excel( "d. xlsx" ) ;
shuju1 < - xts( shuju $ y,as. Date( shuju $ year,format = '% Y/% m/% d') ) ;
plot( shuju1,type = 'l',ylab = 'Conditional Variance,one - step',xlab = 'year') 。
```

9. 3. 7. 3　案例二

```
library( xts ) ;
library( urca ) ;
library( readxl ) ;
data < - read. excel( "第 8 章 案例二分析数据. xlsx" ) ;
data1 < - xts( data $ hs,as. Date( data $ date,format = '% Y/% m/% d') ) ;
summary( ur. df( data1,type = c( "none" ) ) ) ;
data2 < - na. omit( diff( data1 ) ) ;
summary( ur. df( data2,type = c( "none" ) ) ) 。
sh < - data[ ,2] ;
sz < - data[ ,3] ;
hs < - data[ ,4] ;
y. mat < - data. frame( sh,sz,hs ) ;
vecm < - ca. jo( y. mat ) ;
summary( vecm ) 。
```

9. 3. 7. 4　表 8 - 1 至表 8 - 2

```
library( vars ) ;
dsh < - diff( sh ) ;
```

```
dsz < - diff(sz);
dhs < - diff(hs);
data. new < - data. frame(dsh,dsz,dhs);
VARselect(data. new,lag. max = 4);
var < - VAR(data. new,lag. max = 4,ic = "AIC");
summary(var);
coef(var);
library(rmgarch);
library(xts);
library(vars);
meanSpec < - list(armaOrder = c(0,0),include. mean = FALSE,archpow = 1);
distSpec < - c("mvnorm");
varSpec < - list(model = "sGARCH",garchOrder = c(1,1));
spec1 < - ugarchspec(mean. model = meanSpec,variance. model = varSpec);
mySpec < - multispec(replicate(3,spec1));
mspec < - dccspec(mySpec,VAR = F,robust = F,lag. max = NULL,lag. criterion =
c("AIC"),dccOrder = c(1,1),distribution = distSpec);
fdcc12 < - dccfit(data = data. new,mspec,fit. control = list(eval. se = TRUE));
show(fdcc12)。
```

9.3.7.5 图 8 – 16 至图 8 – 18（动态条件相关系数图）

```
library(xts);
library(vars);
library(readxl);
data < - read. excel("第 8 章 案例二分析数据. xlsx");
sh < - xts(data $ sh,as. Date(data $ date,format = '% Y/% m/% d'));
sz < - xts(data $ sz,as. Date(data $ date,format = '% Y/% m/% d'));
hs < - xts(data $ hs,as. Date(data $ date,format = '% Y/% m/% d'));
dsh < - diff(sh);
dsz < - diff(sz);
dhs < - diff(hs);
data1 < - na. omit(data. frame(dsh,dsz));
```

```
data2 < - na. omit( data. frame( dsh,dhs) ) ;

data3 < - na. omit( data. frame( dsz,dhs) ) ;

library( rmgarch) ;

meanSpec < - list( armaOrder = c( 0 ,0) ,include. mean = FALSE,archpow = 1 ) ;

distSpec < - c( " mvnorm" ) ;

varSpec < - list( model = " sGARCH" ,garchOrder = c( 1 ,1 ) ) ;

spec1 < - ugarchspec( mean. model = meanSpec,variance. model  =  varSpec) ;

mySpec < - multispec( replicate( 2 ,spec1 ) ) ;

mspec < - dccspec( mySpec,VAR = F,robust = F,lag. max = NULL,lag. criterion =
c( " AIC" ) ,dccOrder = c( 1 ,1 ) ,distribution = distSpec) ;

fdcc1 < - dccfit( data = data1 ,mspec,fit. control = list( eval. se = TRUE) ) ;

plot( fdcc1 ) ;

fdcc2 < - dccfit( data = data2 ,mspec,fit. control = list( eval. se = TRUE) ) ;

plot( fdcc2 ) ;

fdcc3 < - dccfit( data = data3 ,mspec,fit. control = list( eval. se = TRUE) ) ;

plot( fdcc3 ) ;

dcorm1 < - rcor( fdcc1 ) ;

summary( dcorm1 ) ;

dcorm2 < - rcor( fdcc2 ) ;

summary( dcorm2 ) ;

dcorm3 < - rcor( fdcc3 ) ;

summary( dcorm3 ) 。
```

当然，在上述代码中，如果读者习惯于读取文本文档格式的数据，请将不同章节中所对应的数据粘贴到文本文档中读取即可。

9.4　R 语言的自主学习路径

授之以鱼不如授之以渔。正如本章开篇所言，本章的主要目的不仅在于为读者完全复现前面章节中的数据分析结果，更希望通过对于 R 语言的介绍使读者能获得一种能力，即通过 R 语言的自我学习具有独立完成本教材之外的其他数据分析和实践的能力，从而在数据分析的路上走得更远。我们将结合编者对 R 语言学习的理解谈谈粗浅的认识，以供参考。

只学不用很难行稳致远。编者在最初接触 R 语言时有两种心理：一是数据分析过程中传统的固化软件确实难以满足需求；二是挑战自我，学习一种带有编程性质的数据分析工具。在上述心理驱动下，编者确实坚持了下去，但在具体数据分析时，往往优先选择固化软件，对自己所学习的 R 语言往往信心不足：能用 R 语言完成全部数据分析过程吗？遇到问题无法解决岂不是浪费很多时间？这样的态度使编者每次数据分析时都瞻前顾后。后来想想实在没有必要，如果学而不用，那不意味着前期所投入的时间都浪费了吗？这才是更大的时间成本。于是，编者努力克服这种畏难心理，尝试在一篇发表论文的数据分析中完全应用 R 语言进行数据分析，然而，毕竟是第一次尝试，数据分析的过程有点困难，但通过查阅相关资料完全可以克服困难。自此以后，编者的数据分析基本依赖于 R 语言。其实，想要在 R 语言学习的道路上行稳致远，从第一次使用它时开始就要下定决心。

"抄袭"是为了更好地创造。对于不以编程为职业的大多数人来说，学习 R 语言，并能用 R 语言自主编辑程序是非常困难的事。想要在一定程度上实现自主编辑程序，"抄袭"应该是第一步，当然，这个"抄袭"指的是模仿其他人已经写好的程序代码，仿照其逻辑，拆解代码的结构以及明晰不同代码结构所表征的功能，在这个过程中我们会逐渐形成自己编辑 R 语言代码的习惯。对于执行相同的命令，R 语言可以有很多种代码编辑的方式，如果我们要进行一元线性回归，数据包括自变量 x 和因变量 y 两个变量，并保存于名为"data"的文本文档中，在利用 R 语言导入数据后，需要进行回归分析并给出回归结果，至少有如下两种方式可供选择。

第一，多行代码的方式：

model $<-$ lm$(y \sim x, data = data)$；

summary$(model)$。

第二，通过合并上述代码完成：

summary$(lm(y \sim x, data = data))$。

实际上，从简单程度而言，第二种方式会相对简单，只需要一行代码即可，但从理解的角度而言（嵌套式代码的理解应从内向外），显然第一种方式更好理解。如果认为第二种嵌套式的编程方式难以理解，那就不如按照第一种方式编写代码，至少逻辑非常清晰。通过"抄袭"其他人的 R 语言代码，逐渐形成自己编辑代码的习惯，可极大地节省编辑代码的时间，也可降低 R 语言代码编辑过程中的出错率，更容易创造出属于自己的 R 语言包（包括公开或仅做自己使用的）。

实践是检验真理的唯一标准。在 R 语言的学习过程中，秉持一颗探索的心源于对 R 语言本身开放性的认识，在数据分析过程中也不必完全照搬已存在的代码程序，可进一步在已存在的代码程序基础上，不断修改函数中的参数，不断试错，观察结果有什么新的变化，说不定我们可能"发现"更合理的分析方式。此外，也要强调多个 R 语言包的联合应用，如对于某个 R 语言包而言，本身不存在图形输出的函数，但说不定我们可以利用其他类似的 R 语言包中存在的图形输出函数来输出前者分析的结果，从而实现了对前者功能的拓展。尽信已有代码不如无代码，实践才是检验 R 语言应用合理性的唯一标准。

最后，在 R 语言学习过程中，如何寻求帮助也不可不谈。对于 R 语言的自主学习来讲，最大的问题可能在于遇到问题时如何寻求帮助。实际上，我们有很多途径可以获得帮助。

第一，可以通过充分挖掘 R 语言官网的内容，发现 R 语言之美，找到相关的帮助，如利用"CRAN Task Views"来排序 R 语言包，根据分析目的，可以找到相对应的 R 语言包，进一步，也可以发现包中的案例，将其代码应用于我们自己的数据分析过程。当然 R 语言官网中也包含了 FAQs 的选项，里面有大量的信息供我们查阅。

第二，可以在 The R Journal（https：//journal. r – project. org/）上找到很多详细、有用的信息（在 R 语言官网上可直接发现其链接），在该期刊上发表的文章都经过了严格评审，几乎每一篇文章都对应某个 R 语言包，文章内容会从理论和案例两个角度阐明其适用性和应用性。

第三，可以在人大经济论坛（https：//bbs. pinggu. org/）上找到"计量经济学与统计论坛五区"，选择"R 语言论坛"，这里有很多热心的 R 语言爱好者回答关于 R 语言的各种疑问，也有很多 R 语言资源和经验可供交流分享。

第四，求助于 R 语言本身。既然 R 语言是人机交互式软件，同样也可以与 R 直接交流，探寻解决问题之法。假设不了解某 R 语言包中函数如何用于数据分析，如 base 包中的 lm 函数（base 包不用单独调出，其他安装的包应提前调出——library（）），我们可以用代码"？lm"进行询问，R 语言的回复如图 9 – 25 所示。

在说明文档中，我们看到了 lm（）函数是用于拟合线性回归模型的，而且也能找到函数中具体的参数需要什么、如何设置，最后，也能看到具体的应用案例。通过这样的方式，很多情况下我们的问题都能自行解决。

不得不说的是，作为世界性的开源软件，一方面，由于 R 语言有着非常多的国内外资源和讨论区，在本教材中难以一一告知；另一方面，由于 R 语言对每个人来讲都是"不同的"，希望留给读者更多开发的空间，期望读者伴随 R 语言自主学习的过程而不断自我提升，了解更多数据分析方法，掌握更高级的 R 语言应用技巧，享受属于自己的 R 语言的独特魅力。

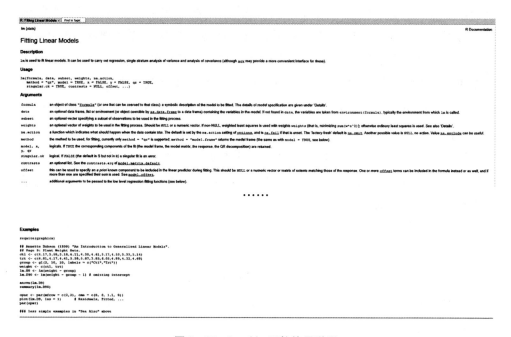

图 9 – 25　lm（）函数使用说明

本章小结

　　本章从尝试打消读者"恐惧"心理入手，对 R 语言进行了简要介绍，最后以 R 语言编辑时的常见错误结束，从而构成本章"R 语言入门"的核心内容，希望读者能对 R 语言有大致的了解。随后是本章的技术性内容，涉及 R 语言中数据导入与导出、数据的基本检验方法、常见图形绘制方法等相关代码，内容虽较为粗浅，却希望能实现将 R 语言初学者从"门外"引向"门内"的目的。在了解 R 语言基本操作的基础上，给出了本教材中模型运行结果的 R 语言代码，通过这些代码，读者能够再现本教材的分析结果，强化了理论知识与实践应用之间的联系。最后，进行了内容的延伸，也是本教材编者尝试给出的 R 语言学习建议，主要目的是拓展 R 语言对于读者而言的应用范畴，期望读者通过本教材的阅读，不仅学会了本教材中模型如何运用 R 语言实现，更重要的是，寄希望于能让读者在 R 语言的广阔天地里走得更远，得到本教材以外的其他模型结果。当然，正如本章开篇所言，本章内容的安排，既有逻辑关联，也保持了一定的独立性，更方便具有不同目标的读者阅读。

课后习题

1. 请尝试使用图 9 – 5 所给出的数据，采用多元线性回归模型分析性别、年龄和是否吸烟三个变量对投保金额的影响，写出相应的 R 语言代码并给出回归结果。

2. 请编写 R 语言代码，按照新的要求重新绘制图 9 – 24。

（1）组图中右上角和左下角图形互换位置；

（2）原右上角图形去边框，并将图色从"黑色"改为"红色"；

（3）左上角图形的图题命名为"年龄直方图"。

3. 请使用第 7 章数据，尝试采用两种方式确定 ARIMA 模型中（p，d，q）的阶数，并给出 R 语言代码。

4. 请以图 9 – 5 中给出的数据为基础，将投保金额变量按照均值分为高、低两组，其中，高于均值赋值为 1，表示投保金额高；低于均值赋值为 0，表示投保金额低。而后将性别、年龄和是否吸烟三个变量作为自变量，投保金额的高低作为因变量，自行查找如何使用二项 Logit 模型再次进行回归，写出 R 语言代码并给出回归结果。

附　录

　　为帮助读者更好地理解教材内容并进一步掌握 R 语言相关知识，附录部分提供整个教材所用数据及编者汇总的一些 R 语言常见错误。

　　1. 扫描下方二维码下载各章节实例数据。

　　2. 扫描下方二维码查看 R 语言常见错误汇总。

参考文献

［1］陈强. 高级计量经济学及 Stata 应用［M］. 2 版. 北京：高等教育出版社，2014.

［2］邓小平文选（第三卷）［M］. 北京：人民出版社，1993.

［3］华东师范大学数学科学学院. 数学分析（上册）［M］. 5 版. 北京：高等教育出版社，2019.

［4］贾俊平. 统计学：基于 SPSS［M］. 北京：中国人民大学出版社，2019.

［5］李子奈，潘文卿. 计量经济学［M］. 4 版. 北京：高等教育出版社，2015.

［6］汪慧玲，陈南旭，王节等. 统计学［M］. 北京：科学出版社，2020.

［7］Bachelier L. Théorie de la spéculation［C］//Annales scientifiques de l'École normale supérieure. 1900.

［8］Barberis N, Shleifer A, Vishny R. A model of investor sentiment［J］. Journal of financial economics，1998，49（3）：307 – 343.

［9］Black F, Scholes M. The pricing of options and corporate liabilities［J］. Journal of political economy，1973，81（3）：637 – 654.

［10］Daniel K, Hirshleifer D, Subrahmanyam A. Investor psychology and security market under-and overreactions［J］. the Journal of Finance，1998，53（6）：1839 – 1885.

［11］De Bondt W F M, Thaler R. Does the stock market overreact?［J］. The Journal of finance，1985，40（3）：793 – 805.

［12］De Long J B, Shleifer A, Summers L H, et al. Noise trader risk in financial markets［J］. Journal of political Economy，1990，98（4）：703 – 738.

［13］Fama E F. The behavior of stock-market prices［J］. The journal of Business，1965，38（1）：34 – 105.

［14］Galton F. Typical laws of heredity［C］. Royal Institution of Great Britain，1877.

［15］Grossman S J, Stiglitz J E. Information and competitive price systems［J］.

The American Economic Review, 1976, 66 (2): 246 –253.

[16] Jegadeesh N, Titman S. Returns to buying winners and selling losers: Implications for stock market efficiency [J]. The Journal of Finance, 1993, 48 (1): 65 –91.

[17] Sharpe W F. Portfolio theory and capital markets [M]. McGraw – Hill College, 1970.

[18] Stephen R. The arbitrage theory of capital asset pricing [J]. Journal of Economic Theory, 1976, 13 (3): 341 –360.

[19] Williams J B. The theory of investment value [R]. 1938.

敬 告 读 者

　　为了帮助广大师生和其他学习者更好地使用、理解、巩固教材的内容，本教材配课件，读者可关注微信公众号"经济科学网"获取相关信息。

　　如有任何疑问，请与我们联系。

QQ：16678727

邮箱：esp_bj@163.com

教师服务 QQ 群：606331294

读者交流 QQ 群：391238470

经济科学出版社

2023 年 6 月

经济科学网

教师服务 QQ 群

读者交流 QQ 群

经科在线学堂